KB128435

관광학개론

최창현 | 임선희

박영사

머리말

관광은 사람과 사람이 만나는 행위이며, 문화와 문화를 체험하게 하는 활동으로서 상호이해와 세계평화를 진작시키는 역할을 수행하고 있다. 관광은 국가 간 교류를 통해 사회적 가치를 공유하며 관광객 각자에게는 중요한 교육활동이며 의사소통의 활동으로서 늘 새로운 문화와 공간을 보고, 경험하고, 교류하고자 하는 욕구로 확장되어 가고 있다.

물론 관광현상 속에서 생겨나는 환경과 문화파괴, 관광자와 지역주민 사이의 갈등 등 부정적인 부산물들이 그 의미들을 탈색시키는 점은 비판적 측면에서 관광현상의 문제점들을 지적하고, 새로운 대안을 모색하는 연구는 지속적으로 이루어져야겠지만 현대인들이 일상에서 벗어나려는 욕구와 SNS의 파격적인 변화 그리고 교통수단의 지속적인 발전은 현대인들이 관광을 통해 삶의 긍정적 에너지를 충전하고 재생하는 것이 자연스럽게 느껴지도록 하고 있다. 이러한 현상은 관광산업이 다양한 조직으로 끊임없이 변모하고 발전하는 원인이 되며 관광산업체들에 대해 기존에 존재하지 않았던 조직형태로의 변화를 요구하고 있다.

그동안 관광학에서는 다양한 교재가 출간되었으나 관광산업에서 절실하게 필요한 조직관리 및 인사행정을 위한 HRM 분야를 좀 더 확장하여 연구할 수 있는 저서의 필요성을 느끼던 차에 이렇게 조직관리론과 인사행정 분야에 도움이 될 수 있는 풍부한 자료를 담은 교재를 만들 수 있게 되어 기쁘게 생각한다.

이 책에서는 제1장에서 관광의 기초개념과 관광학의 학문적 성격을 다루었고 제2장에서 관광의 역사와 최근의 추세를 보완하였으며 제3장에서는 조직에 대한 정의를 다루었고 제4장에서 조직관리론의 변화과정을, 제5장에서는 조직관리와 인사관리를, 제6장에서는 조직 내 종사원들의 평가과정에 관하여 살펴 보았다. 제7장에서는 관광산업에서 날로 중요성이 강화되는 환경변화를 다루었고, 8장부터 12장까지는 보편적인 관광산업체들을 개괄적으로 소개하였다.

무엇보다 이 책을 출간함에 있어 새로운 도전인 조직과 관광의 융합적 내용을 담은 저서를 출간할 수 있도록 특별히 기회를 주신 박영사의 대표님을 비롯하여 배근하 대리님의 부단한 노고에 감사를 드린다. 이 책을 통하여 배움을 함께하고 있는 독자 모두에게도 지면을 빌어 감사의 말씀을 올린다.

2019년 2월

곧 시작될 캠퍼스의 진달래 무리를 기다리며

지은이들

차 례

CHAPTER

01

관광이란 무엇인가?

01 관광이란 무엇인가?

사람과 사람이 만나는 행위이며, 문화와 문화를 체험하게 하는 활동으로서 '관광'은 상호이해와 세계평화를 진작시키는 역할을 수행하고 있다. 세계관광기구(UNWTO)의 통계에 따르면, 국제관광객 수가 2012년 최초로 10억 명을 돌파한 이래 2016년에는 전년대비 3.9% 증가한 12억 3,500만 명으로 집계되었으며 2016년의 국제관광 수입은 전년대비 2.6% 증가한 1조 2,200억 달러를 기록하였다(문화체육관광부, 2017).[1] 이미 관광은 보편적인 사회현상이 되고 있으며 교류를 통해 사회적 가치를 공유하는 중요한 교육활동이며 의사소통의 활동으로 인식된다. 하지만 보편화되는 관광현상 속에서 생겨나는 환경과 문화파괴, 관광자와 지역주민 사이의 갈등 등 부정적인 부산물들이 그 의미들을 탈색시키기도 한다. 본 장에서는 관광의 개념과 관광활동 그리고 관광의 의미를 설명하고, 비판적 측면에서 관광현상의 문제점들을 지적하고, 새로운 관광의 형태와 추세를 조망해 보고자 한다.

새로운 문화와 공간을 보고, 경험하고, 교류하고자 하는 욕구는 인간을 이동시켜 왔다. 관광은 일상생활의 여가보다 적극적인 측면을 갖는다. Kelly & Godbey(1992)는 여가사회학에서 관광은 레저활동의 형태로서 점점 우리 대중문화의 한 부분을 형성하고 있으며, 경제적인 측면에서 국가별 · 지역별 거대산업이 되고 있다고 설명한다.

---

1 2016년 기준 관광동향에 관한 연차보고서(문화체육관광부, 2017.8).

SECTION 01 관광의 개념

1 관광의 개념정의

관광의 개념에 대해 세계관광기구(World Tourism Organization)는 개인이 일상적 생활환경을 벗어나서 1년을 넘지 않는 기간 동안 여가, 사업 그리고 다른 목적 등으로 여행하고 머무는 활동으로 정의한다. McIntoch, Goeldner, & Ritchie(1995)는 관광관계를 중심으로 정의하고 있는데, 관광자나 다른 방문자들을 유치하는 과정에서 관광자, 관광사업공급자, 지역정부, 지역사회의 교류에서 발생하는 현상과 관계의 총체라고 규정한다. 본 장에서는 관광을 일정 기간 동안 일정 공간을 벗어나는 이동을 전제로, 다른 사람과 자연과 문화 등을 즐기는 행위와 이로 인해 발생되는 현상과 관계의 총체라고 정의한다.

여가활동과의 관계에서 관광활동은 시간적 · 공간적 범위를 확대한 적극적 여가활동으로 정의할 수 있다. 관광의 유형은 크게 네 가지로 나눈다. 국제관광(international tourism), 내국관광(internal tourism), 국내관광(domestic tourism), 그리고 국민관광(national tourism)이다. 국제관광은 비거주자들이 특정 나라에 방문하는 인바운드 관광(inbound tourism)과 거주자들이 다른 나라를 방문하는 아웃바운드 관광(outbound toruism)으로 구분된다. 내국관광은 거주자들이 자신들의 나라 안을 방문하는 형태이다. 국내관광은 내국관광과 인바운드 관광이 결합된 형태이고, 국민관광은 내국관광과 아웃바운드 관광을 포함한 관광유형이다(WTO, 2002).

2 대표적 관광의 정의

1) 쉴레른(H. Schulern, 1911년) –최초로 정의

관광이란 일정한 지역 혹은 타국에 들어가 머물다가 나가는 외래객이 유입되는 체재이다.

2) 보르만(A. Bormann, 1931년)

관광이란 '견문 · 휴양 · 유람 · 상용 등의 목적 또는 기타 특수한 사정에 의하여 정주지를 떠나는 것'이다. 그는 특히 이동을 강조하였다.

3) 오길비(F. W. Ogilvie, [관광객 이동론] 1933년)

관광객이란 '1년을 넘지 않는 기간 동안에 집을 떠나서 그 기간 동안 돈을 소비하되, 돈을 벌지 말아야 한다'고 하는 귀환예정소비설을 주장하였다.

4) 글릭스만(R. Glucksmann, [일반관광론] 1935년)

관광이란 체재지에서 일시적으로 머무르고 있는 사람과 그 지역에 살고 있는 사람들과의 여러 가지 관계의 총체이다.

5) 일본 관광정책심의위원회 보고서(1969년)

관광이란 '자기의 자유시간 안에서 감상, 지식, 체험, 활동, 휴양, 참가, 정신교육 등을 추구하는 인간의 기본적 욕망을 충족시키기 위한 행위'이다.

3 관광의 어원

1) 동양에서의 어원

관광은 중국의 주나라 시대(서기전 12세기~13세기)의 책 역경(易經)에서 타국을 돌아다녀 그 지방의 풍속제도를 관찰한다는 뜻이다. 우리나라의 경우 고려 예종 11년 '사회적 · 문화적 활동으로 문물제도를 시찰하는 것'이었다. 우리나라 최초의 관광법은 1961년 제정된 관광사업진흥법이다.

2) 서양에서의 어원

Tourism은 라틴어의 tornus(순회하다)에서 파생되어 1746년 turn이 1760년 tour로 바뀌면서 tourism으로 발전하였다. 즉, 순회여행을 뜻하였다. 여행(travel)이라는 단어는 travail(수고, 노고)과 마찬가지로 중노동(heavy labor)을 뜻하는 어원을 가지고 있다.

표 1-1 서양의 사전적 관광유사 용어

용어	정의	특징
Tourism	• 관광여행, 관광사업	• 상업적 목적 여행
Tour	• 시찰 따위를 위한 여행	• 계획에 의한 주유여행
Sightseeing	• (명승지) 구경, 관광, 관람	
Travel	• (나라, 지방) 따위를 여행	• 장거리, 미지의 곳 여행
Journey	• 비교적 장기간에 걸친 육로여행, 여정	• 목적, 기간, 수단 따위와 관계없이 여행을 뜻하는 일반적인 말
Trip	• 일반적으로 짧은 여행	• 관광, 사용 따위의 비교적 짧은 여행 • 왕복여행
Excursion	• 당일의 짧은 여행	• 단체할인의 주유여행 • 당일여행
Voyage	• 장거리의 선박여행, 항공여행	• 해로, 공로의 긴 여행
Junket	• 공금으로 하는 호화유람여행	• 관비여행
Jaunt	• 놀기 위한 짧은 여행, 위안여행	• 가정, 직장을 떠나 즐기는 짧은 여행 (자동차 이용)

Picnic	• 야외에서 식사를 함께하며 즐기는 소풍, 들놀이	
Hiking	• 장거리 보행여행	• 도로여행(식사지참 없음) • 오락, 군사훈련 등
Pilgrimage	• 순례, 성지 여행	• 신앙심 동기의 성지, 사원 명소, 고적 방문의 긴 여행
Recreation	• 휴양, 기분전환, 오락에 의한 원기회복	• 놀이의 형태
Leisure	• 일이나 의무로부터 해방된 자유로운 여행	
Expedition	• 탐험, 학술연구 등 일정한 목적을 가진 여행	• 조직 단체여행
Cruise	• 유람선들의 순항, 순양	• 장기간 순항유람선 여행
Camping	• 야외에서 천막을 치고 지냄	• 특별한 의미없이 여행
Wandering	• 장거리여행(만유, 방랑)	
Traverse	• 횡단여행	
Exploration	• 탐사, 답사, 탐험여행	
Rove	• 유랑, 방랑	

4 관광자(Tourist)의 범주

그림 1-1 관광자의 범주

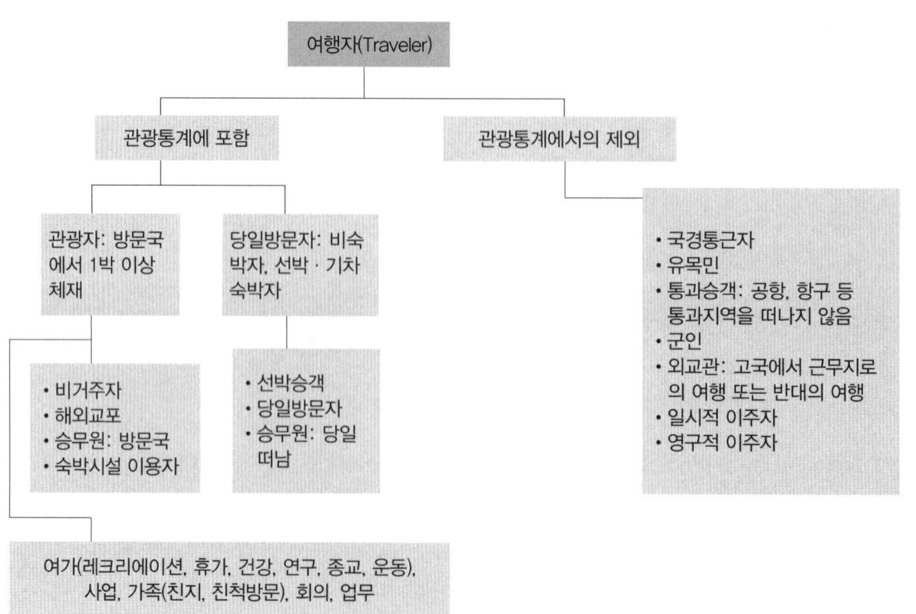

SECTION 02 관광의 개념체계

관광(觀光)에 대한 개념적 정의를 내릴 때에는 정의 주체에 따라 여러 가지 관점이 다양하게 나타날 것으로 본다. 가령 관광지 개발 계획자가 파악하는 관광에 대한 개념은 사회학자나 산업계, 정부, 개별적 국민의 각 입장과 차이가 있다.

관광이라는 개념에 대한 다양한 관점에 수반되는 시각적 편차도 이에 따라 크게 나타난다. 관광 분야에 종사하는 사람들이 쉽게 관광의 개념이나 효과에 대한 정의를 내리기를 주저하는 반면, 관광 분야의 비종사자는 역설적으로 "관광은 사적 영역의 비즈니스다", "관광은 환경을 파괴한다", "관광은 외화획득의 유용한 수단이다"라는 식으로 해석하고 이를 피력한다.

따라서 본 연구에서는 기존의 선행 연구를 토대로 관광의 개념에 대해 살펴보고 정책대상으로서의 관광을 설명코자 한다.

1 관광자를 중심으로 한 관점

초기 관광학에서 관광 현상을 이해하던 주도적 관점으로서 베르네커(G. Bernecker)가 관광을 주체와 객체로 대별한 연구를 수행했는데, 여기에 관광 개념 모형의 완성 측면에서 매체 등의 개념 요소가 추가되면서 일반화되었다. 베르네커 관광 체계의 중심은 관광주체론으로 "관광의 주체는 인간이다. 관광자의 욕구, 소망, 기대와 관념이 인간으로서 관광자를 실현시킴에 즈음하여 관광이라는 총체적인 경제 현상 가운데 있는 것이다"라고 주장하고 있다. 동 개념 체계에서는 관광객의 관광대상(tourism object)으로 자연, 풍습, 인정, 문화, 사적을 들고 있으며, 관광매체(tourism media)는 공간적 매체인 교통 수단, 도로, 교통 시설과 여행사, 홍보 등의 기능적 매체와 구분된다. 이상의 관광자를 중심으로 한 관점은 관광을 사회 현상, 또는 경제 현상으로서, 단순히 현상적 이해를 용이하게 하려는 시도 수준에 머무르고 있다.

2 관광계획을 중심으로 한 관점

특정 지역의 관광지 개발 계획을 수립할 경우, 유용한 관점으로 이용되어 온 체계로서 건(Gunn)의 개념 체계를 원형으로 삼고 있다(Gunn, 1979).

건의 시스템은 관광현상을 기능적 체계로 인식하고 체계의 구성 요소로서 관광객, 교통기관, 매력물, 서비스 및 시설 정보 및 관광 현상에 가장 큰 영향을 주는 정부나 기업 등의 역할에 대해서는 충분히 설명하고 있으나 이들을 통해 발생하는 정치,

그림 1-2 건(Gunn)의 관광의 기능적 시스템

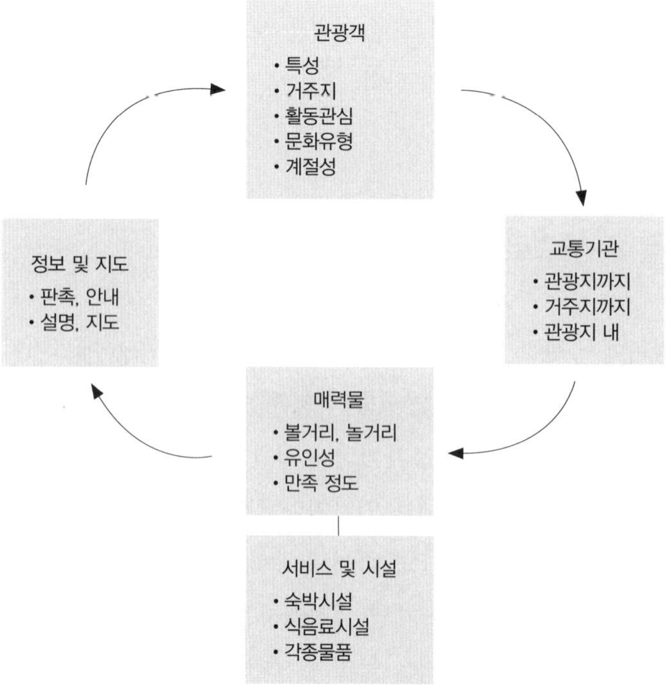

자료: Clare A. Gunn. 1979. *Tourism Planning*. New York: Crane, Russak & Company, Inc., p. 36.

사회, 경제, 문화 측면 등의 영향관계는 간과하고 있는 것으로 보여진다. 이것은 당초 동 체계가 관광지 계획을 염두하여 개발되었다는 점에서 이해될 수 있다.

3 관광산업의 경영을 중심으로 한 관점

관광 현상을 관광시장, 관광목적지, 여행, 마케팅 등 네 가지 요소로 구분한 체계로 밀과 모리슨(Mill & Morrison)에 의해 제안되었다.

그림 1-3 밀과 모리슨의 관광체계

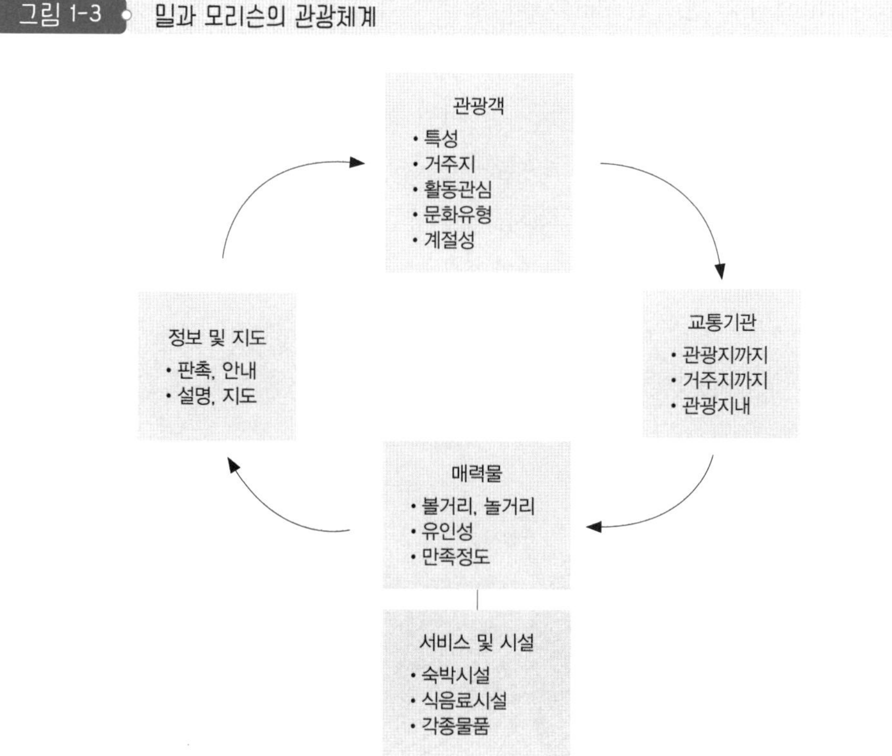

동 체계의 특징은 시장의 분석, 시장 세분화, 표적 시장의 결정, 마케팅 목표의 결정, 상품 개발, 유통 정책, 가격 정책, 판촉 전략의 구상 등 마케팅의 제단계에 적정하게 이용할 수 있도록 현상을 모형화했다.

또한 관광정책 및 관광행정을 목적지 요소에 포함시킴으로써 정책적 관점의 관광 현상을 개념화했다.

4 지리적 영역을 중심으로 한 관점

레이퍼(Leiper)와 반 도른(Van Doorn)에 의해 각각 제안된 모형으로서 기본적 체계는 관광배출지와 관광목적지의 양축을 중심으로 하고 있다.

관광요소 측면에서 양자의 입장은 레이퍼의 경우 관광배출지, 관광목적지, 관광객, 경유 루트, 관광 사업 등 다섯 가지로 구분하는 동시에 이들 요소 간 연계성을 인정하고 광역 환경으로서 물리, 사회, 경제, 정치, 기술 부문 등의 영향을 비중 있게 보고 있다.

반 도른의 경우에는 관광객, 관광자원과 시설의 공급, 관광 매개체, 사회 생태적

그림 1-4 레이퍼의 관광개념체계

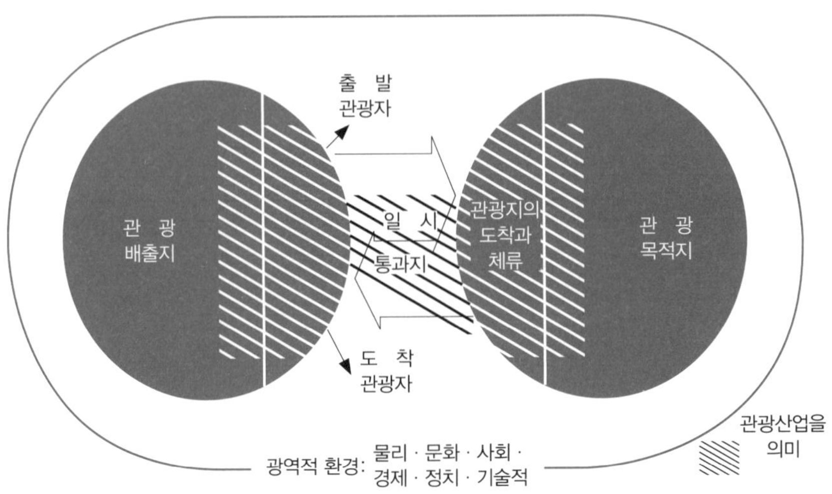

자료: Neil Leiper, *op. cit.*, p. 404.

그림 1-5 반 도른의 관광개념체계

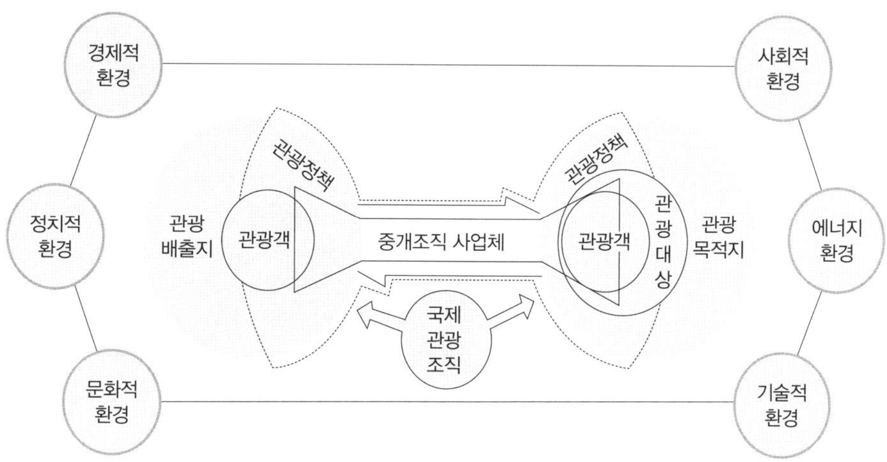

주: 점선은 관광정책의 영역을 나타냄.
자료: Joseph W. M. van Doorn, "Can Futures Research Contribute to Tourism Policy?", *Tourism management*, Vol. 13, No. 3, 1982, p. 154.

배경 등 네 가지 요소를 제시하면서 환경의 각 부문에 관광기업과 준공공 및 민간조직을 포함하고 있다.

SECTION 03 관광의 긍정적 및 부정적 영향

적극적인 레저활동으로서 관광은 다른 문화접촉과 이해, 지식의 습득, 자아성취라는 개인적인 측면의 의의뿐만 아니라 교류의 과정에서 친밀감과 유대감의 증대, 상호이해를 통한 세계평화의 증진, 그리고 국가 · 지역 사이에 경제가치를 분산시키는 사회적 · 경제적 의의를 갖는다. 관광이 가진 편익과 부정적 측면을 분석해 보자. 우

선 초기 관광의 영향과 효과에 대한 연구에서 가장 많이 수행된 것이 경제적인 효과를 분석하는 것이다. 관광활성화와 관광개발을 위한 당위성을 확보하기 위한 노력으로도 볼 수 있다. 우선 국가와 지역에 경제적 수익이 발생한다. 국제관광은 앞에서 언급한 바와 같이 2001년도 전 세계에 약 4천 6백 20억 달러로 하루에 13억 달러의 경제효과를 발생시켰다(WTO, 2002). 한 국가의 입장에서도 흔히 비유되듯이 외국관광객 1명은 반도체 257개나 컬러 TV 18대를 파는 것과 같은 효과이며, 외국관광객 5명의 유치는 승용차 1대의 수출과 비견되는 효과를 지니고 있다(김정만, 1999). 또한 관광산업은 인적서비스에 기초하기 때문에 고용을 증대하는 직접적인 효과와 지역간 · 국가간 경제가치를 이전하는 효과가 있다. 부정적인 경제적 측면에서는 관광지역의 물가상승, 토지가격의 상승, 관광자나 산업으로 인한 쓰레기 등 오염처리 비용의 증가, 경제적인 수익의 집중화와 수익의 지역외로 누출(leakage)되는 현상 등이 문제점으로 지적된다. 생태환경적 측면에서는 대중관광(mass tourism)의 도래와 함께 부정적인 효과들이 증가하고 있다. Mader(1988)는 6000대의 자동차가 글리델워드(Grindelwald)에 올 때 80,000리터의 가솔린이 소모되면서 9톤의 일산화탄소, 1.3톤의 탄화수소, 1.7리터의 질소, 그리고 24파운드의 납이 발생된다고 한다(Ryan, 1991). 또한 관광지를 조성하기 위해 대단위의 생태환경이 숙박시설과 위락시설로 변하는 현상들이 나타나고 있다. 한편 상대적으로 관광은 다른 산업에 비해, 서비스와 소프트웨어에 기반하기 때문에 상대적으로 환경훼손이 적으며, 관광수입을 통해 다시 지역의 생태계를 보전하는 기금을 조성한다는 측면에서 긍정적으로 평가되기도 한다. 실제로 생태관광(ecotourism)과 그린투어리즘(green tourism) 등의 새로운 관광의 형태에서는 생태환경과 관광활동을 공존하게 만들려는 시도로 상호편익을 주는 방향으로 추진되고 있다.

잘 보존되고 있는 사례: 일본의 니꼬(日光) 국립공원

SECTION 04 관광능률성

관광산업은 국가경제에 대한 기여도가 높은 고부가가치 산업이다. 국내총생산 중 관광산업이 차지하는 비중은 선진국이 10.7%인 데 반해 한국은 5.1%이다. 이러한 현실은 관광산업의 능률성을 향상시켜야 할 필요성을 제기하고 있다. 좀 더 낙관적으로 보면, 높은 성장 잠재력을 가지고 있다. 이러한 맥락에서 문재인정부는 2016년의 재방외래관광객수 665만명을 2022년 1,500만 명으로 증가시키는 것을 목표로 하고 있다.

전통적인 의미에서 경쟁력은 경쟁관계에 있는 대상에 대한 상대적 우위 정도를 의미한다. 따라서 어느 한 국가의 관광경쟁력은 경쟁관계에 있는 다른 국가에 대한 상대적 우위 정도를 뜻한다. 일반적으로 관광경쟁력은 기후, 가용 호텔수, 각종 관광편의시설 수준뿐만 아니라 물가, 환률, 서비스의 질, 청결성, 신변안전도, 출입국관리시스템 및 문화적 요소도 크게 작용한다. 이 절에서는 상대적 우위 정도를 평가하는 능률성 평가방법에 입각하여 각 국가의 관광능률성을 비교 분석하고자 한다.

1 각국의 관광능률성 분석

일반적으로 능률성은 투입에 대한 산출의 비율로 정의된다. 산출은 어떤 활동이나 업무수행의 직접적 결과를 의미하고, 투입은 이러한 활동을 위하여 사용되는 인적, 물적자원을 의미한다. 결국 효율성을 높이기 위해서는 일정한 투입으로부터 최대의 산출을 생산하거나 일정한 산출에 대한 최소한의 투입으로부터 달성된다. 이러한 효율성을 측정하기 위하여 흔히 사용되는 지표로는 단위원가, 순편익, 비용편익비 등이 있다. 공공서비스 평가에서 능률성 기준의 적용을 위한 방법을 좀더 구체적으로 살펴보면, 가장 일반적인 것들로서 매 투입단위당 완성한 업무단위의 수로 표시된 비, 이용 가능한 자원의 양에 대한 실제 활용자원의 양의 비, 효율성 지수 등이 있다. 비영리조직을 대상으로 한 DEA 연구가 외국의 경우와는 달리 국내에서의 몇 안 되는 이유는 DEA 연구가 은행과 금융기관을 중심으로 한 서비스 업체에 초점을 맞추었기 때문이다. 이들 연구는 피평가단위로 선정된 동일 시중은행에 소속된 영업점이나 각 은행들이 동질적인 것으로 간주하였으나 실제로 각 지점이 위치한 장소나 경영환경의 차이에 따라 발생하는 이질적인 요소를 고려하지 못한 한계를 지니고 있다. DEA는 비영리 의사결정단위(DMU: Decision Making Unit)의 상대적 효율성을 측정할 목적으로 Charnes, Cooper & Rhodes(1978)에 의해 개발되었고, 그 이후 공공기관의 능률성평가 등에 널리 적용되어 왔다. 여기서 상대적이란 말은 한 조직의 효율성이 다른 조직의 효율성에 따라 정해진다는 것을 의미하며, 이는 곧 준거집단(reference group)이 되는 다른 유사 조직들과의 비교를 통해 조직의 효율성을 측정하는 것을 말한다. 바로 이러한 점에서 이 분석법은 국가나 자치단체 간의 벤치마킹 시 어느 면에서 어느 국가나 자치단체를 벤치마킹하는 것이 좋은지를 규명하는 한 방법으로도 활용될 수 있다.

DEA를 이용하여 각국의 관광산업 능률성 평가를 시도한 연구는 기후, 가용 호텔

표 1-2 각국 관광의 상대적 능률성을 평가하기 위한 연구자와 투입/산출변수

연구자	투입변수	산출변수
구문모, 남장근, 이상직, 박진수, 조희문(1999)	• 기후, 가용 호텔수, 각종 관광편의시설, 물가, 환율, 서비스의 질, 청결성, 신변안전도, 출입국관리 시스템 및 문화적 요소	관광수지, 관광객수
이상직, 이태희, 김우곤(2000)	• 관광호텔, 여행업, 항공, 국제회의산업, 크루즈산업, 쇼핑관광	
조한철(1991)	• 관광자원, 관광시설, 가격, 접근 및 용이성	
지봉구(2001)	• 사회전반의 정보화	관광경쟁력
본 연구	• 인터넷호스트, 휴대폰, 전화회선 등의 기술 • 인구밀도, CO_2배출, 환경조약 등의 환경 • 관광고용, 관광종사자 등의 인적자원 • 구매력, 세금, 호텔비 등의 가격 경쟁력	관광객수 관광수입

* 통계자료는 세계여행 및 관광협회(WTTC: World Travel & Tourism Council)의 TSA(Tourism Satellite Account)와 Competitiveness Monitor 자료 등을 이용하여, Frontier Analyst Professional Edition Version 3.1.5를 이용하여 분석하였음.

수, 각종 관광편의시설 수준뿐만 아니라 물가, 환율, 서비스의 질, 청결성, 신변안전도, 출입국관리 시스템 및 문화적 요소를 비교분석한 구문모, 남장근, 이상직, 박진수, 조희문(1999)의 연구, 관광호텔, 여행업, 항공, 국제회의산업, 크루즈산업, 쇼핑관광 등의 투입변수와 관광수지 및 관광객수라는 산출변수로 분석한 이상직, 이태희, 김우곤(2000), 조한철(1991), 그리고 사회 전반의 정보화와 관광경쟁력의 관계를 분석한 지봉구(2001) 등의 연구를 들 수 있다. 이외에 호텔산업의 능률성을 평가한 연구로는 홍봉영, 김강정(2004)과 심동희, 김형경, 김재준(2001) 등의 연구가 있다. 이 글은 인터넷호스트, 휴대폰, 전화회선 등의 기술, 인구밀도, CO_2배출, 환경조약 등의 환경, 관광고용, 관광종사자 등의 인적자원, 구매력, 세금, 호텔비 등의 가격 경쟁력을 투입 변수로, 관광객수와 관광수입을 산출변수로 28개 국가의 관광능률성을 분석한다.

2 DEA에 의한 관광능률성 평가 및 결과 분석

기존 연구는 주로 그 쌍대정리(Duality theorem) 및 간편성으로 인해 산출극대화 모형을 이용했고, 규모에 대한 고정수확(CRS: Constant Returns to Scale)을 가정하여 자원 등의 투입을 임의로 통제할 수 있다고 가정하고, 산출을 고정한 채 투입을 극소화한 모형으로 고정규모수확 산출극대화(CRSOMax: CRS Output maximization) 방법을 주로 사용하고 있다. 그러나 많은 연구가 규모의 경제에 의한 능률성(scale efficiency)을 분리하지 않고 전반적인 기술적 효율성만을 다루고 있다. 하지만 각 국가는 인적 및 물적 자원에 있어 강제적인 요소가 많아 규모의 경제가 제도적으로 강하게 나타나는 특성이 있다. 따라서 이 연구에서는 앞서 설명한 네 가지 능률성 개념 외에 두 가지 규모능률성 개념을 도입한다.

6개의 능률성 개념에 입각한 여섯 가지 방법은 가변규모수확 산출극대화(VRSOMax), 가변규모수확 투입극소화(VRSIMin), 고정규모수확 산출극대화(CRSOMax), 고정규모수확 투입극소화(CRSIMin), 산출극대화 규모능률성(CRSOMax/VRSOMax), 투입극소화규모능률성(CRSIMin/VRSIMin)이다.

1) 자료의 구성

본서에서는 각 국가의 능률성을 측정하기 위해 28개 국가들의 2003년 자료를 이용하였다. 각 국가의 자료는 세계여행 및 관광협회(WTTC: World Travel & Tourism Council)의 TSA(Tourism Satellite Account)와 Competitiveness Monitor 자료 등을 이용하였다. 또한 이상에서 언급한 능률성 프론티어를 나타내기 위하여 단일산출물 · 다수투입물의 틀을 이용하고 있다.

2) DEA 분석

한국을 포함한 28개 각국 관광의 능률성을 측정하였다. 각각 고정규모수확 산출극대화 기술능률성(CRS)과 가변규모수확 산출극대화 기술능률성(VRS)으로 각국 관광의 능률성을 측정하였으며, 이 두 가지 능률성의 측정값을 나눈 규모능률성(scale of efficiency, CRS/VRS)을 측정하였다. 분석 프로그램으로서는 Frontier Analyst Professional Edition Version 3.1.5를 이용하였다.

(1) 각국 관광산업의 능률성 측정

2003년을 대상으로 각국 관광능률성을 측정하기 위해 CRS(min in CCR)와 VRS(min in BCC)의 형태로 28개국 관광자료로 분석을 실시하였다. 〈표 1-3〉의 각 의사결정단위별, 즉 각 국가별 능률성 평가 및 분석결과, 미국을 비롯한 3개 의사결정단위가 가장 높은 상대적 능률성을 보이고 있다. 여타 의사결정단위의 수치는 벤치마킹(benchmarking)의 대상으로 삼을 수 있는 준거 의사결정단위(Reference DMU)와 비교한 상대적 능률성 값이다. 능률성 측정결과는 〈표 1-3〉에 정리되어 있다.

28개 각국 관광의 능률성 평균을 살펴보면 2003년의 CRS의 평균은 43.40이며, VRS의 평균은 97.11로 나타났다. 규모능률성(Scale Efficiency)의 평균은 0.43이다. 고정규모수확 기술능률성(CRS)은 규모의 비능률성이 내포되어 있어, 규모의 비능률을 제거한 것이 가변규모수확 기술능률성(VRS)이다. 생산가능영역이 가변수확을 가정한 경우 관광산업의 평균 능률치인 가변규모수확 기술능률성(VRS)이 97.11%이므로 2.89%

표 1-3 각국 관광의 능률성 지수

순위(2003년)		기술능률성 (CRS)	순위(2003)		기술능률성 (VRS)	규모능률성(SE)
1	중국	100.00	1	중국	100.00	1
	프랑스	100.00	1	프랑스	100.00	1
	미국	100.00	1	미국	100.00	1
2	스위스	81.78	1	스위스	100.00	0.8178
3	스페인	79.35	2	스페인	98.12	0.8087
4	이탈리아	68.83	4	이탈리아	93.89	0.7330
5	영국	57.40	3	영국	94.06	0.6102
6	멕시코	51.40	5	멕시코	90.57	0.5675
7	이집트	44.77	1	이집트	100.00	0.4477
8	모로코	42.49	1	모로코	100.00	0.4249
9	독일	38.10	10	독일	87.75	0.4341
10	브라질	35.19	1	브라질	100.00	0.3519
11	일본	34.59	1	일본	100.00	0.3459
12	폴란드	32.14	1	폴란드	100.00	0.3214
13	오스트리아	34.41	11	오스트리아	86.93	0.3958
14	인도	31.16	1	인도	100.00	0.3116
15	인도네시아	29.59	8	인도네시아	87.79	0.3370
16	캐나다	28.02	17	캐나다	74.65	0.3753
17	터키	25.18	9	터키	87.76	0.2869
18	헝가리	21.89	19	헝가리	70.21	0.3117
19	네덜란드	17.37	14	네덜란드	83.37	0.2083
20	포르투갈	16.08	16	포르투갈	74.80	0.2149
21	한국	10.91	13	한국	86.48	0.1261
22	호주	10.57	15	호주	75.54	0.1399
23	스웨덴	10.27	6	스웨덴	88.22	0.1164
24	아일랜드	9.82	7	아일랜드	87.81	0.1118
25	체코	8.76	18	체코	70.30	0.1246
26	노르웨이	8.41	12	노르웨이	86.50	0.0972
	평균	43.40		평균	97.11	0.43

가 운영의 비능률이다. 규모 능률성지표는 각 국가가 얼마나 규모의 경제에 입각하여 운영되는가를 측정하는 것으로 평균 .43으로 규모의 비능률은 57%에 이른다. 관광산업에 있어 규모의 비능률성이 운영상의 비능률성보다 훨씬 크다는 것을 알 수 있다.

미국, 프랑스, 중국 등의 국가들이 기술능률성 및 규모능률성에서 1위를 차지하고 있으나, 전반적으로 다른 국가들은 투입변수들이 과다 투입되고 있음을 알 수 있다.

〈그림 1-6〉은 가격경쟁력에 있어서의 생산가능영역 분석결과이다. 프랑스와 미국이 가장 가격경쟁력이 높고, 그 다음이 스위스, 스페인, 이태리 및 영국순이다.

〈그림 1-7〉은 환경부문에 있어서의 생산가능영역 분석결과이다. 프랑스와 미국의 능률성이 높고, 그 다음이 중국, 스페인, 이태리순이다.

아시아 5개 국가들을 살펴보면 중국이 비교 대상 국가 중 가장 능률적이고, 그 다음 일본, 인도네시아, 인도, 한국순으로 나타났다. 한국이 아시아 국가 중 가장 능률성이 낮다.

아시아 지역의 각국 관광부문의 능률성에 있어서의 잠재적 발전가능성을 보기 위

그림 1-6 Frontier 분석: 가격경쟁력

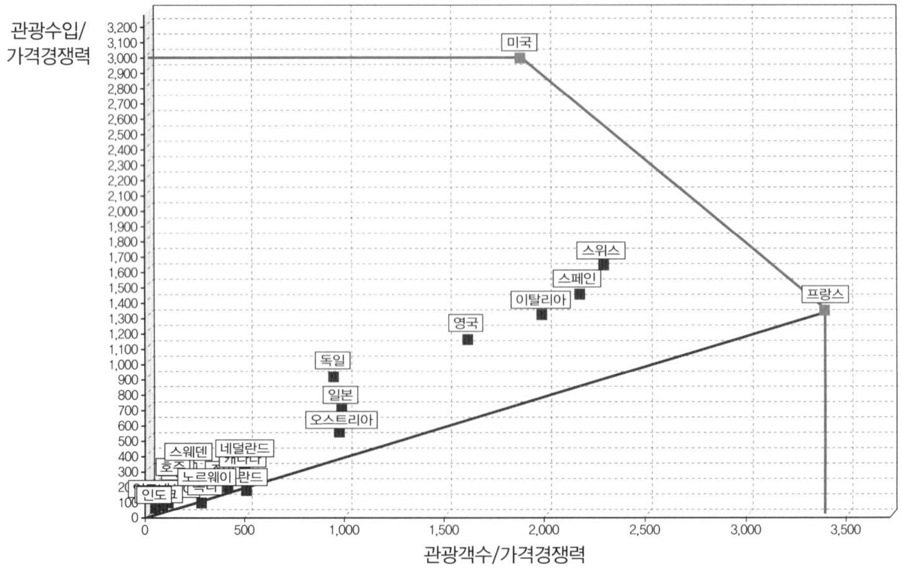

그림 1-7 Frontier 분석: 환경

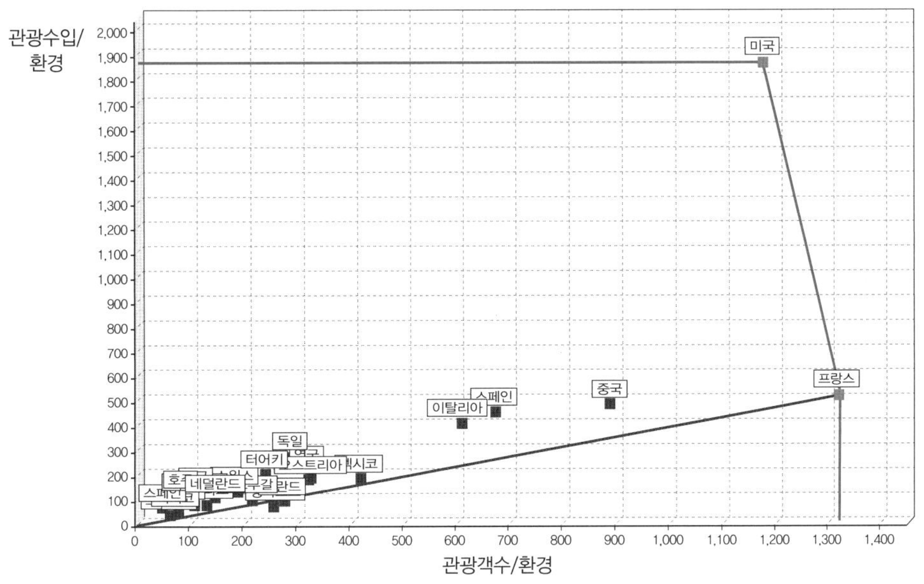

표 1-4 아시아 국가의 능률성지수

국가	기술능률성(CRS)	기술능률성(VRS)	규모능률성(SE)
한 국	10.91	86.48	.126
중 국	100	100	1
인 니	29.59	87.79	.34
일 본	61.42	70.62	.35
인 도	43.22	44.10	.31

해 능률성 제고방안을 생각해 보지 않을 수 없다. 현재 투입과 산출의 변수에 대해 필요한 부분과 필요하지 않은 부분에 대해 분석해 보고자 한다. 이를 위해 향상 잠재성 분석을 실시해 보고자 한다.

(2) 아시아 지역의 관광 향상잠재성

아시아 지역의 5개 국가를 중심으로 향상잠재성(potential improvements)을 분석해 보았다. '향상잠재성'이란 각 국가의 투입과 산출의 자료를 가지고 어느 국가가 얼마나 발전의 가능성을 가진 투입과 산출의 자료를 가졌는가에 대한 역량을 평가하는 것이다. 한국, 일본의 순서로 향상잠재성을 파악했으며 이에 대한 결과는 아래와 같다.

우선 한국의 경우 벤치마킹(benchmarking)의 준거 의사결정단위(reference DMU)와 비교해 투입변수인 인터넷 호스트, 휴대폰, 전화 회선 등의 기술측면은 89%나 과다투입되고 있어 89%를 줄일 수 있고, 인구밀도, CO_2 배출, 환경조약 등의 환경 측면은 90% 과다 투입되고 있으며, 관광고용, 관광종사자 등의 인적자원 측면은 89%나 과다투입되고 있다. 또한, 구매력, 세금, 호텔비 등의 가격 경쟁력측면은 89% 줄여야 1위 국가군의 수준이 된다. 또한 관광수입은 18%를 증가시킬 수 있는 잠재적 가능성을 보이고 있으나, 관광객수에는 변함이 없다.

〈그림 1-8〉에서 좌측의 (-)수치는 투입의 감축 가능성을, 우측의 (+)수치는 산출의 잠재적 가능성을 의미한다. 〈그림 1-8〉은 한국의 향상잠재성을 나타내준다.

일본의 경우 각 투입 및 산출 변수별 실제치와 목표치, 그리고 향상잠재성은 다음과 같다. 우선 벤치마킹(benchmarking)의 준거 의사결정단위(reference DMU)와 비교해 투입변수인 인터넷 호스트, 휴대폰, 전화 회선 등의 기술측면은 92%나 과다투입되

그림 1-8 한국의 능률성 향상 잠재성(가변규모)

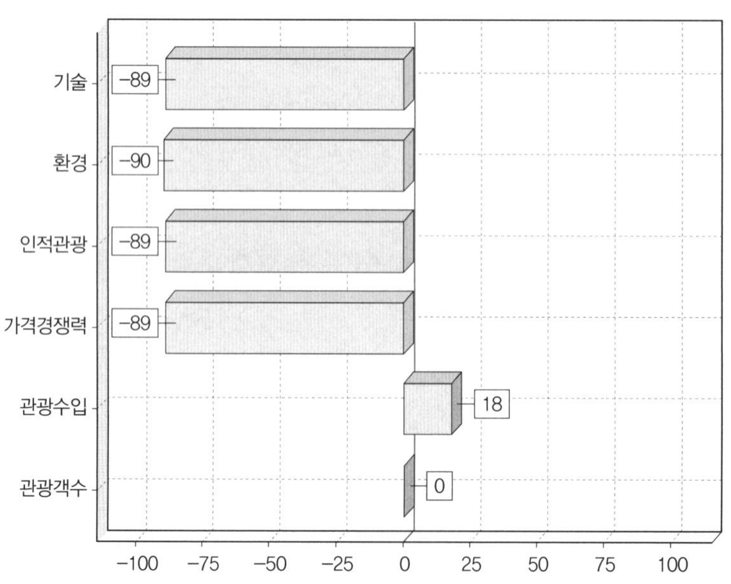

고 있고, 인구밀도, CO_2 배출, 환경 조약 등의 환경측면은 91% 과다 투입되고 있으며, 관광고용, 관광종사자 등의 인적자원 측면은 69% 줄이는 것이 좋다. 또한, 구매력, 세금, 호텔비 등의 가격 경쟁력 측면은 65% 줄이는 것이 바람직하다고 볼 수 있다. 그러나 투입변수에 대한 정책적 조치를 취해도 상대적 능률성은 변함이 없다.

차후의 연구에서는 국가 표본수를 확대하고, 다른 투입변수와 산출변수를 추가하는 방안을 생각해 볼 수 있다. 이 글에서 제시한 투입과 산출변수는 까다롭거나 문제시 될만한 변수를 제시하지 않았다. 다만 각국 관광산업의 공통점을 찾아 낼 수 있는 변수만을 제시하여 가장 기초적인 부분에 있어서의 공통된 측정 단위라 생각된다. 기초적인 부분이 해결되지 않고 다른 것들이 발전한다고 하여도 그다지 높은 능률성을 보이지 못 할 것이라 생각된다. 다른 국가의 관광산업의 발전 부분을 한국은 유심히 보고 한국에 맞는 발전계획을 중 · 장기적으로 세워야 할 것이다.

그림 1-9 일본의 능률성 향상 잠재성(가변규모)

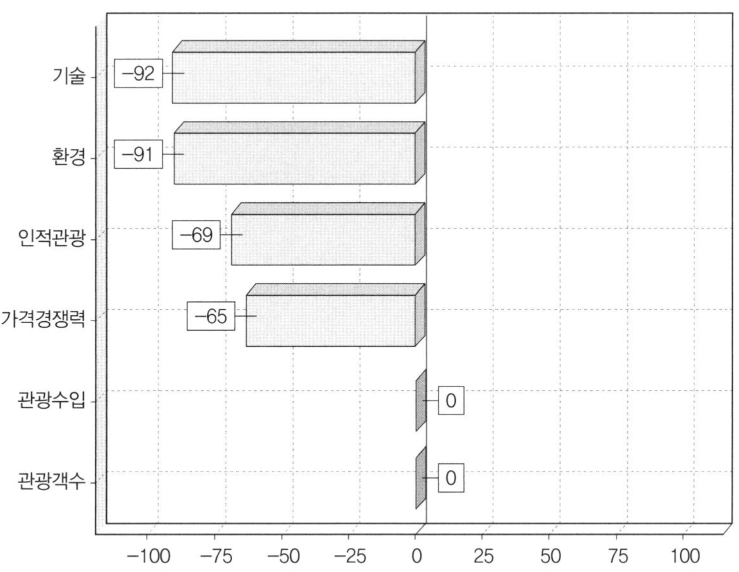

SECTION 05 관광 협치(Governance)

1 관광과 협치의 중요성

한 국가의 관광산업은 일반인에게 보여줄 가치가 있는 유형 및 무형의 자산 혹은 유산, 관광산업의 주체인 민간인의 의식과 서비스 정신 혹은 호텔과 같은 관광기제, 그리고 정부의 적절한 지원 등의 변수에 기초하고 있다. 오늘날 정부의 실패로 인해 공공부분의 개혁이 제기되고 있는 시점에서 관광산업도 예외일 수는 없다. 이런 의미에서 거버넌스(Governance) 이론은 관광산업의 진흥을 위한 효율적인 민 · 관 협력의 방안을 모색한다는 측면에서 시사하는 바가 크다. 정부와 민간 부문 간의 상호의존과 자연스런 정책조정을 핵심 개념으로 하고 있는 거버넌스(Governance) 이론은 21세기 정보화 및 세계화 시대의 민 · 관 협력 방안을 제시하여 준다는 측면에서 관광산업과 관련된 민과 관의 관계를 연구하는 본서의 취지에 부합하는 점이 많다. 본서에서는 거버넌스(Governance) 이론에 기초하여 한국 관광산업의 바람직한 미래상을 민 · 관 협력 차원에서 고찰해 보기로 한다.

역사적으로 정부의 역할은 마치 시계추처럼 정부역할의 확대와 축소를 반복해왔다. 20세기 중반에는 시장실패(market failure)에 대한 대응으로서 정부 개입(government intervention)의 확대가 이루어졌다. 정부의 능력에 대한 신뢰가 극에 달하여 사회의 거의 모든 부분에 정부의 입김이 강한 거대정부(big government)가 주종을 이루어 왔다. 그러나 20세기 중반에 들어서며, 각국 정부들은 여러 가지 이유로 그 한계를 드러내게 되었고 어디에서나 '작은 정부(small government)'의 움직임이 거세게 일어나고 있다. 그 자리를 메우는 기제로서 '협치(governance)'[2]가 부상하여 여러 측면에서 중요한 공헌

2 governance에 대한 적절한 용어는 아직 합의되어 있지 않다. governance에 대해 공치(共治), 국정관리(國政管理), 치리(治理), 국가경영(國家經營), 협치(協治) 등으로 표현하고 있으며 우리나

을 하고 있다. 즉, 정부 개입의 강화는 또 다른 정부실패(government failure)나 정책실패(policy failure)를 초래했으며 이에 대한 대응으로서 최근 협치가 새로운 패러다임으로 논의되고 있다.

이는 정부정책과정에서 규제 중심의 정부 역할로부터 공존 또는 공생 중심의 네트워크 구성이라는 의미로 파악할 수 있다.[3] 협치를 논의하는 데 있어서 Jessop(2000)은 시장과 국가의 이원론에서 출발하여 시장실패와 국가실패를 모두 극복하는 새로운 방식으로 이해하고 있다. 즉, 국가와 시장 양자가 모두 다양하고 복잡한 경제적, 정치적, 사회적 문제를 다루는 데 실패하여, 이들의 대안으로 협치가 시장과 국가 중간의 방식으로서 제 3의 길로 나타난 것이라 주장한다.

이러한 협치의 개념과 이론이 등장하게 된 주요 배경은 세계화, 정보화, 민주주의, 신자유주의의 확산 및 국가의 기능변화 등으로 요약할 수 있다. 세계화와 정보화라는 새로운 질서의 도래는 기존 국민국가와 산업화에 익숙한 통치방식과 시스템을 전면적으로 바꿀 것을 요구하고, 이에 부응하여 각 나라에서 공동체 운영의 기본질서를 바꾸는 과정에서 등장한 것이 거버넌스, 즉 협치인 것이다.

라 언어적 표현에 있어서 '함께 다스림', 또는 '더불어 다스림'으로 번역하는 것이 가장 적절하다고 볼 수 있다. 한자어로 표현하자면 협치(協治), 통치(統治)와 유사하지만 '통치(統治)'란 의미가 다분히 과거 중앙집권적 체제의 권위주의적이며 관료적인 냄새가 강하기 때문에 적절하지 않을 수도 있다. '협(協)'이란 뜻은 '화합하다', '함께하다'의 의미를 내포하므로 화합하여 다스린다는 말로서 따라서 이 글에서는 governance를 협치(協治)로 표현하기로 한다.

3 최근의 행정학자들은 협치(governance)를 행정이나 정책의 대체어로 사용하기를 원한다(Kettl, 1993; Osborne & Gaebler, 1992). 위 학자들은 기존의 행정 또는 정책이 정부중심의 독점과 계층제(hierarchy)를 전제로 한 것이라고 비판하고 새로운 행정 방식으로서 팀워크(team work)와 참여(participation)를 강조하고 있다. 따라서 협치는 공공 부문에서 복잡한 조직 체계들 간의 상호 작용의 형태를 강조하고 조직과 제도가 서로 융합되어 공적활동에 기여하려는 것을 의미한다고 할 수 있다(김석준 외, 2002).

2 협치(Governance)에 대한 이론적 검토와 관광협치

1) 협치의 다차원성 및 관점의 다양성

협치의 개념은 국가 내부의 운영체제나 그 방식에 관한 것을 중심으로 제기되었으나, 점차 그 차원을 다양화 시켰다. 세계화와 지방화가 동시에 다차원적으로 추진되는 세계화(globalism), 지역주의(regionalism), 국가주의(nationalism) 및 지방주의(localism) 등이 공존하는 시대가 되면서 협치도 이에 중첩하여 대응하는 다차원성으로 나타난 것이다(김석준 외, 2000). 협치는 다차원성이라는 측면에서 국제적 협치(global governance), 지역적 협치(regional governance), 국가적 협치(national governance), 지방적 협치(local governance) 등으로 구분될 수 있다. 이들의 개념적 특성을 예시하면 다음과 같다.

국제적 협치(global governance)는 세계체제 수준에서의 정치, 군사, 경제, 과학기술, 환경, 통상, 보건, 관광, 문화, 스포츠 등과 관련한 협치를 다루는데 대표적인 국제기구로 WTO, WTTC, UN, UNDP, UNESCO, OECD, ILO 등이 있으며, 이들의 영향력도 다양하다. 지역적 협치(regional governance)는 PATA, EU, NAFTA, APEC, ASEM, ASEAN, NATO 등과 같은 지역을 단위로 하는 정치, 경제, 군사안보, 문화 등의 협치를 의미한다. 지역적인 블록의 형성이 가속화되면서 지역안보나 지역 내 경제이익을 도모하기 위한 지역의 협치 요구가 증가하고 있다. 국가적 협치(national governance)는 일반적인 협치를 다루는 것이다. 이는 국민국가를 단위로 하는 것으로 세계화와 정보화의 진전은 점차 전 세계의 협치나 지역의 협치와의 조화와 공존을 필요로 하게 되었다. 지방적 협치(local governance)는 세계화와 민주주의 진전에 따라 지방자치가 심화, 확산하면서 중시되는 부분이다. 국민들이 직접 참여하고 결정하겠다는 참여민주주의의 욕구 증대로 나타나면서 지방 차원에서 지방정부, 지방기업 및 지방NGO들을 중심으로 새롭게 나타난 것이 지방의 협치이다.

또한 협치 이론 분석에는 세 가지 접근법이 있는데, 첫째 국가 중심의 협치, 시장 중심의 협치 및 시민사회 중심의 협치로 나눌 수 있다(김석준, 2000). 이는 각각의 논리가 통치의 질서에 따라 움직이는 것을 나타냄을 의미하는데, 국가중심은 관리주의적

그림 1-10 관광 협치의 제수준

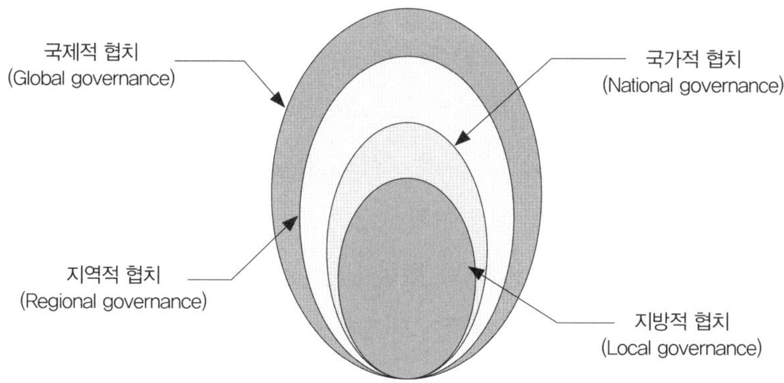

관점에서의 통치 질서, 시장중심은 자본주의나 경제의 원리에 의한 통치 질서, 시민사회 중심은 민주주의적 관점에서의 통치 질서로서 이는 협치 이론의 세 가지 접근법이 각각의 논리가 분명함을 나타낸다.

협치는 환경의 변화에 따라 시장실패에서 국가실패로, 그리고 국가실패에서 새로운 통치과정의 등장으로 이어지는 순환론적 반응으로 등장하였다기보다는 관련행위자들의 목적 지향적이고 의식적, 능동적인 노력의 결과라고도 볼 수 있다(Jessop, 1998). 따라서 협치는 국가중심의 조정양식이 한계에 처한 상황에서 국가와 시장 및 시민사회를 구성하는 주체들의 영향력 정도에 따라 실제로 다양한 모습으로 나타날 수 있다.

2) 협치의 개념 정의

협치에 대한 연구는 그 개념 정의에 대한 합의의 결여뿐만 아니라 차원성에 대한 합의가 결여되어 있다. 협치에 대한 문헌조사를 해보면 다양한 개념정의를 찾아 볼 수 있다. 협치의 사전적 정의를 살펴보면, American Heritage Dictionary에 의하면 "통치(governing)의 행위, 과정 및 권력 또는 정부"로, Oxford English Dictionary는 "통제나 권위를 적용 대상에 행사하기 위해 필요한 통치의 행위나 방식 또는 규제체제"로 정의한다(Streeten, 1996). 그리고 세계은행(World Bank, 1992; 1997)은 "국정운영을 위한 정치적 권력행사" 또는 "발전을 위해 한 국가의 경제 · 사회적 자원들을 관리하는 권력행사의 방식"으로 정의하고 있다. UNDP(1997)는 "협치란 한 국가 내의 모든 수준에서 국정을 관리하기 위해 경제적 · 정치적 · 행정적 권한(authority)을 행사하는 것으로 볼 수 있다. 그것은 사회 내의 시민들과 집단들이 자신들의 이해 관계를 밝히고 그들의 법적인 권리를 행사하며 자신들의 의무를 다하고 그들 간의 견해 차이를 조정할 수 있는 기구, 과정, 제도로서 구성된다"고 정의하고 있다. 또한 이명석(2002)은 협치를 공통의 문제해결을 위한 사회적 조정방법으로 정의하고 있다.

일반적으로 협치는 기존의 행정 이외에 통치를 위한 제도 · 방법 · 도구는 물론 시민과 정부의 관계 및 국가의 역할까지 포함하는 개념으로 이해되고 있다. 협치의 개념은 오늘날의 행정이 시장화 · 분권화 · 네트워크화 · 기업화 · 국제화를 지향함에 따라 종래의 집권적 관료 구조에 바탕을 둔 전통적 행정을 대체하는 개념으로 사용되고 있다(이종수, 2000). 그리고 Rhodes(2000)는 기업 또는 국가의 감사, 투명성, 정보공개 등의 절차를 강조하는 '기업지배구조(corporate governance)'와 '좋은 협치(good governance)', 민간경영기법에 의한 정부관료제 관리효율성 제고를 강조하는 '신공공관리론(NPM: New Public Management)', 정부/시민사회/시장 간의 경계변화를 강조하는 '국제적 상호관계(international interdependence)'와 '사회-사이버네틱 체제(socio-cybernetic system)' 그리고 네트워크(network) 등의 일곱 가지 정의를 제시한다. Lynn 등(2001)은 협치를 "공적인 방법으로 비용이 충당되는 재화와 용역의 공급을 제한 · 처방 · 허용하는 법률, 규칙, 사법적 결정 및 행정적 처리의 체제(regime)"라고 정의한다. 이렇듯 여러 기관과 학자들은 각각의 개념적 토대를 마련해 놓고 이를 해석하고 연구하고 있다. 확실하게 정해지거나 통일된 개념은 아직까지 보이지 않지만 협치의 내용과 그 구성은 거의 비슷해 보인다.

협치의 수준에는 국제적 협치(global governance), 지역적 협치(regional governance), 국가적 협치(national governance), 지방적 협치(local governance) 등의 네 가지 수준으로 구분되어 있다. 이제까지 협치에 관한 연구는 이 네 가지 수준 중 주로 국가적 협치 및 지방적 협치에 국한되어 왔다. 먼저 국제적 협치(global governance)의 개념정의를 살펴보면 Gordenker와 Weiss(1996)는 개별국가가 독자적으로 해결할 수 없는 사회적, 정치적 이슈를 효과적으로 처리하기 위한 노력이라고 본다. 그리고 Young(1994)는 독립적 행위자로 구성된 국제사회에서 갈등을 해결하고 상호협조를 목적으로 하는 게임의 규칙을 정할 수 있는 사회제도를 수립하고 운영하는 것이라 보았으며, 글로벌 거버넌스 위원회(Commission on Global Governance, 1995)에서는 개인과 제도, 공공부문과 민간부문에 걸쳐 공동관심사를 다루는 다양한 방법의 총화로서, 상호 대립하는 다양한 이해관계를 해결하기 위한 협조적이고 지속적인 과정이라고 본다. 또한 Lake(1996, 1999)는 국제적 협치를 무정부적 동맹관계(anarchic alliance)로 해석하고 있다.

지역적 협치(regional governance) 수준에서의 개념정의를 살펴보면 Gamble과 Payne(1996), Hettne(1999)는 현재의 세계 정치경제의 급증하는 상호의존성에 대응하여, 기존의 국가뿐만 아니라 시장 및 사회적 행위자들을 중요한 참여자로 포함하고 있으며, 정치, 경제, 사회, 문화, 환경 등 다양한 분야의 이슈들을 다루고 있다고 보고 있다. 그리고 Hottne과 Soderbaum(2000)은 동지회(club of friends), 군사정권 및 군사지도자 간의 협치(military regime and warlord governance), 기업들 간의 초국가적 협치(trans-state governance)로 지역적 협치를 해석하고 있다.

국가적 협치(national governance) 수준에서는 Peters(1998)는 정부조직이 계층제 형태를 띠고 있을 때 이에 대한 대안으로 사용되는 정부운영 모형을 협치라 보았으며, Osborne과 Gaebler(1992)는 관료주의적 전통적 행정에서 기업가적 정부(신공공관리, NPM)로의 변환을 국가적 협치로 보았다. 그리고 Bjork과 Johansson(2000)은 국가가 중요한 행위자로 남아 있으며 협치이론은 국내 정치체제에 초점이 맞추어져 있음을 상기시키고 있다. Bowornwathana(1997)는 신 민주 협치 패러다임(new democratic governance paradigm), 즉 최소국가를 구체화하여 보다 적은 이슈를 다루는 보다 작은 정부, 세계적 비전과 신축성을 가진 정부, 책임 있는 정부, 공정한 정부를 국가적 협치로 보고 있다.

지방적 협치(local governance) 수준에서는 Barber(1999)는 '시민사회의 강력한 협치는 각 개인을 계도하고 권한을 강화하며 시장(marketplace)을 길들일 수 있다'라고 본다. 전종섭(2000)은 '개인의 참여뿐만 아니라 단체나 결사, 그리고 기관의 광범위한 참여를 통해 시민사회를 발전시키는 방법이라 할 수 있다'고 보며, Ehrenber(1999), Janoski(1998), Keane(1998), O'Connell(1999), Seligman(1992)은 '시민, 사회단체, 정부, 시장 간의 사회적 상호작용'이라고 본다. Habermas(1984), Rawls(1996), Sandel(1996)은 '지역사회가 온정적이면서도 식견있는 진정한 지자체정신(communal spirit)을 형성하지 않고는 협치의 과정은 효과적이거나 지속적이라고 말할 수 없다'라고 본다. 이

글에서는 국가적 수준 및 국제적 수준에서의 협치에 국한하여 UNDP(1997)와 World Bank(1997)의 개념에 주로 입각하며 협치개념을 조작화 한다.

3) 관광협치 모형

관광의 개념에 대해 세계관광기구(World Tourism Organization)는 개인이 일상적 생활환경을 벗어나서 1년을 넘지 않는 기간 동안 여가, 사업 그리고 다른 목적 등으로 여행하고 머무는 활동으로 정의한다. McIntoch, Goeldner, & Ritchie(1995)는 관광관계를 중심으로 정의하고 있는데, 관광자나 다른 방문자들을 유치하는 과정에서 관광자, 관광사업공급자, 지역정부, 지역사회의 교류에서 발생하는 현상과 관계의 총체라고 규정한다.

이러한 관점에서 협치 이론 분석의 세 가지 접근법이 있는데 첫째, 정부 중심의 협치, 시장(관광업계 등) 중심의 협치 및 지역시민사회 중심의 협치로 나눌 수 있다(김석준, 2000: 61-102). 이는 각각의 논리가 통치의 질서에 따라 움직이는 것을 나타내는 것을 의미하는데, 정부 중심은 관치주의적 관점에서의 통치 질서, 시장 중심은 자본주의나 경제의 원리에 의한 통치 질서, 시민사회 중심은 민주주의적 관점에서의 통치 질서로서 이는 협치 이론의 세 가지 접근법이 각각의 논리가 분명함을 나타낸다. 이러한 모형을 수평적 관계 모형이라 하는데, 정부중심이론이란 관료주의 형태의 국가에서

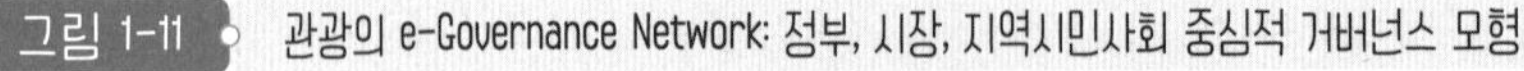
그림 1-11 관광의 e-Governance Network: 정부, 시장, 지역시민사회 중심적 거버넌스 모형

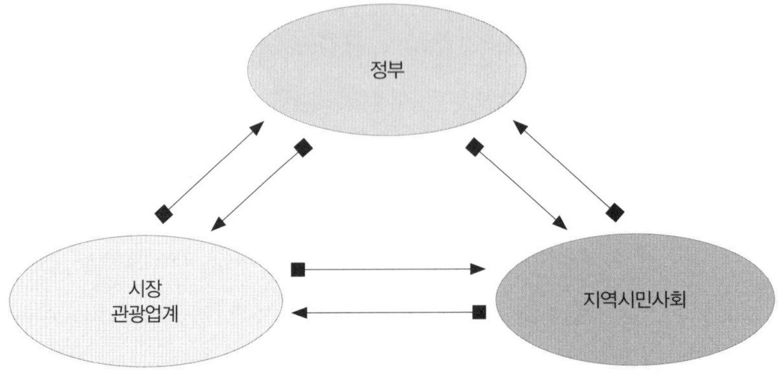

자본주의 형태의 시장으로 그리고 민주주의 형태의 시민사회로 전환되는 것을 말한다. 시장중심이론이란 자본주의 시장형태에서 민주주의의 시민사회로 그리고 관료주의의 국가 형태로 전환되는 것을 시장중심이론이라 하며, 지역시민사회 중심이론이란 민주주의 시민사회에서 자본주주의 시장으로 그리고 관료주의 국가 형태로 전환되는 것을 말한다.

이러한 협치관계는 〈그림 1-12〉에서 보는 바와 같이 관광관련 기관의 공동협력 체계의 구축에서도 찾아볼 수 있다. 이러한 협력체계는 관련기관별로 업무기능과 역할분담을 통해 협력체계를 구성하고 있는데, 이 경우 민간부문은 역내국가나 국제기구와의 국가협력에 있어서 중앙/지방정부와 관광공사와 같은 공공부문을 지원하는 역할을 담당하게 되며, 이러한 구성요인들이 국내관광환경을 구성한다고 볼 수 있다.

이때 역내국가와 국제기구는 협력대상으로서 역할하는데, 특히 국제기구의 경우는 그 성격에 따라 직접적인 협력대상이 된다고도 볼 수 있으며, 간접적인 협력매체로서 역할을 한다고 볼 수도 있다. 또한 지방정부의 국제관광협력 대상이라는 차원에서 역내국가의 의미는 보다 구체화될 수 있는데, 중앙정부와, 지방정부 그리고 민간차원이 그것이다.

그림 1-12 관광관련 기관의 공동협력체계

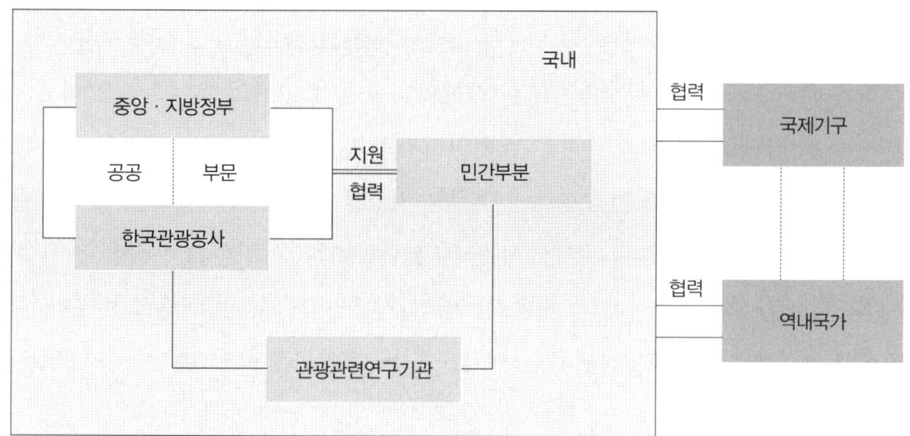

자료: 한국관광공사, 「관광수지 흑자달성을 위한 관광진흥방안 연구」, 1993, 369쪽.

그림 1-13 국제관광의 환경시스템

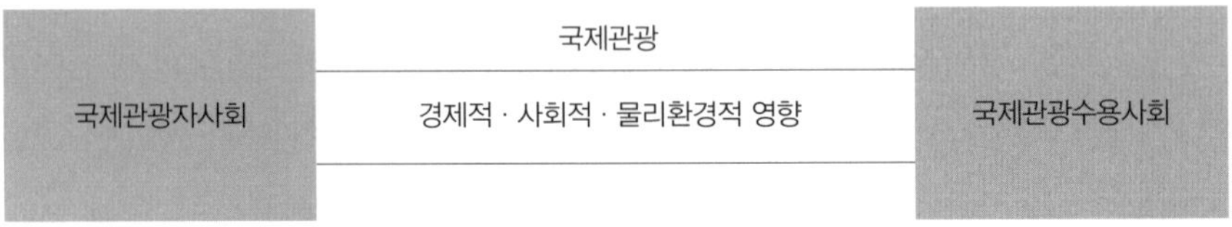

국제관광자사회	국제관광 경제적 · 사회적 · 물리환경적 영향	국제관광수용사회

자료: 金철용 · 이연택, 「국제관광론」(서울: 21세기한국연구재단, 1996), 195쪽.

이밖에 해외공동마케팅활동의 구성체계[4]도 이와 유사한 형태의 협력체계를 보여주고 있다. 국제관광협력환경은 국제관광의 영향이 발생하게 되는 환경시스템 분석에 의해서도 그 시사점을 발견할 수 있다. 앞에서도 지적하였듯이 국제관광영향의 대상은 관광배출지로서 국제관광자사회와 관광목적지로서 국제관광수용사회를 모두 포함해야 한다고 보고, 그 영향의 범위를 경제, 사회문화, 물리적 환경까지 확대할 경우 국제관광환경은 다음 〈그림 1-13〉과 같이 도식화된다.

이러한 환경구성체계는 국제관광이 관광주체와 관광대상 모두에게 영향을 미친다는 점에서 국제관광협력의 협력주체와 협력대상에게 협력을 통해 발생하는 협력효과를 설명하는 데 도움을 준다고 생각된다. 그러나 국제관광협력이라는 관점에서는 이러한 영향이 어떠한 경로를 통해 이루어지고 있는지, 즉 협력매체에 대한 설명이 부족한 것이 현실이다.

협력체계의 측면에서 관광조직 간의 협력체계를 Pearce의 조직간 분석을 위한 개념틀과 Selin과 Debbie의 관광파트너십 진화모델을 통해 고찰하면 다음과 같다.

Pearce는 1980년대 초기 이후로 스페인관광의 제도적 틀에 발생되어온 변화를 검토함으로써 정치적 변혁이 관광개발에 미치는 영향을 연구하고자 새로운 중재자 수준의 자치커뮤니티와 NTO와의 관계에서 출현한 관광조직을 조직 간 분석을 통하여 검토하였다.[5] 다음 〈그림 1-14〉는 개방시스템의 접근법이 적용된 관광조직 간 분석에 대한 틀로서, 관광조직망은 광범위한 사회-정치-경제 환경 내에 존재하며, 관광환경

4 한국관광공사, 위의 책, 327쪽.
5 D. Pearce, "Tourism and the Autonomous Communities in Spain," *Annals of Tourism Research*, 24(1), pp. 156~176.

그림 1-14 관광조직의 네트워크

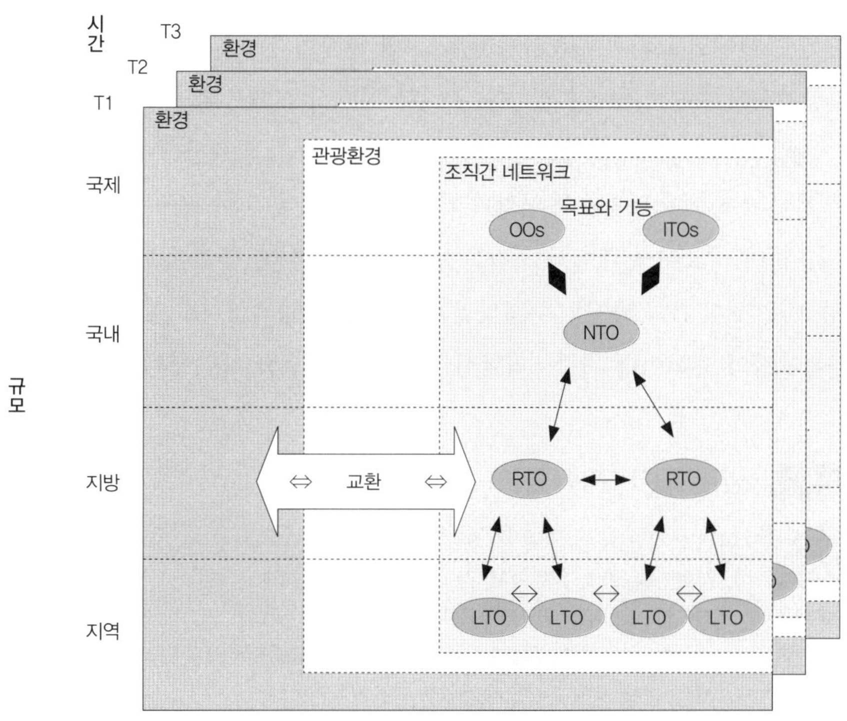

OO 해외지국(Overseas Office)
ITO 국제관광기구(International Tourist Organization)
NTO 국가관광기구(National Tourist Organization)
RTO 지방관광기구(Regional Tourist Organization)
LTO 지역관광기구(Local Tourist Organization)

자료: Douglas Pearce, "Tourism and the Autonomous Communities in Spain," *Annals of Tourism Research*, 24(1), p. 157.

(tourism context)은 그 하위체계를 구성하는 것으로 나타난다.

조직의 환경은 내부환경과 외부환경으로 분류할 수 있다. 조직의 외부환경은 조직의 의사결정이나 투입/산출의 변환과정에 영향을 미치는 정도에 따라 일반환경과 과업환경으로 구분한다. 일반환경이란 사회 내의 모든 조직에 일반적으로 나타나는 것으로서 그 범위가 넓고 조직에 미치는 영향이 간접적인 특성을 갖고 있는 정치, 경제, 사회문화 자원 기술 관련 환경이며, 과업환경이란 한 조직이 전략수립 및 목표달성에 관한 의사결정을 내릴 때 직접적으로 영향을 미치는 환경으로서 개개의 조직에 따라 고유하게 나타나는 환경이다. 본서에서 주목을 하는 점은 일반환경보다 도관광협회가 활성화 되기 위한 조건으로서 과업환경의 개선을 목표로 하는 것이다.

이러한 연계체계는 조직들 사이에서 뿐만 아니라 네트워크의 구성원과 보다 광범위한 환경 사이에도 교환관계를 가지며, 규모와 시간이라는 영역도 포함하고 있다.

관광조직은 관광조직에게 영향을 주거나 상호작용하는 외재적 현상과 강제력에 따라서 지역수준에서부터 국제수준까지 다양한 수준에서 발생하는데, 외적 상황의 역동적 특성이 조직적 네트워크의 변화를 가져온다고 본다. 또한 구조, 목적, 기능, 자원을 관광조직의 네트워크 내에서 조직을 변화시킬 수 있는 중요한 변화요인으로 간주하고 있으며, 조직 간의 관계는 수직적일 수도 있고 수평적일 수도 있다고 본다.

관광행정의 개혁이나 관광조직혁신은 국가의 경쟁력 차원에서도 중요한 문제라

표 1-5 활용 가능한 지역 내 민간조직

구분	내용
시민단체	사회단체, 학교, 교육단체, 종교단체, 자원봉사단체
연구회	지역연구회, 문학회, 향토문화보존회
상공단체	상공회의소, 지역관광협회, 스포츠 레저단체, 업종지역별 주민조합
공공단체	시청, 군청, 농협, 임협, 수협, 지역금융기관연합회
기타	노인회, 복지단체, 주부클럽

표 1-6 관광분야의 민간조직과 활동

민간조직	목적과 활동내용
한국관광업협회	▶ 국제관광진흥 및 각종 경진대회 등 관광진흥사업 ▶ 교육에 관한 업무(국내여행안내원, 관광숙박업의 현관, 객실 식당접객 종사원과 관광종사원) ▶ 방송매체를 통한 건전관광홍보 ▶ 외국관광관련 인사초청 및 관광객 유치단 파견 등 국제협력 사업 추진
한국일반여행업협회	▶ 내 · 외국인여행자의 여행업무개선 및 서비스향상 도모 ▶ 여행업발전을 위한 조사, 연구, 홍보 활동
한국특수관광업협회	▶ 기지촌 및 항만에 소재한 외국인 유흥음식점 관리 ▶ 업계의 건전한 발전과 회원의 복지증진 도모
한국카지노관광업협회	▶ 카지노업무의 개선 및 카지노 이용자에 대한 서비스 향상 ▶ 카지노업 발전을 위한 조사, 연구, 홍보활동
한국관광연구원	▶ 정부의 관광정책활동과 관광업체 육성의 효율적 지원 ▶ 정책대안 제시를 위한 조사연구 수행

할 수 있다. 국가의 경쟁력은 생산성, 효율성, 수익성의 요소를 의미하며 삶의 질을 제고하고 사회적 후생을 증가시키는데 강력한 수단(Competitiveness Advisory Group, 1999)을 의미하는데, 이는 국가 차원의 생산성 향상을 의미하고, 또 다른 의미로는 세계시장의 요구에 맞춰 고부가가치 상품과 서비스를 생산함으로써 모든 국민들의 실질소득을 증가시킬 수 있는 국가의 능력(U.S. Competitiveness, 2001)을 의미한다. 이 의미는 국가혁신의 기능확대에 주력하는 국가 경쟁력의 특성을 말한다. 그리고 영토 내에서 활동 중인 기업들에게 국내적, 세계적 경쟁력을 유지하게 해 주는 환경을 제공하는 국가의 능력(The World Competitiveness Yearbook, 2000)을 국가경쟁력이라 하는데 여기서는 기업을 지원하는 국가능력을 중시하는 국가 경쟁력의 특성을 말한다. 국가 경쟁력은 정부경쟁력, 기업경쟁력, 국민의 경쟁력의 3자가 제고되어야만 전체 국가경쟁력이 향상된다고 할 수 있다. 국가경쟁력 향상이 실질적인 효과를 거두기 위해서는 인권, 부패방지, 시민사회의 참여, 정책결정과정의 투명성 등 국가적 협치(national governance) 개선이 필요하다는 입장이다.

4) 협치개념의 조작화

이 글에서는 앞서 논의한 개념 정의를 바탕으로 협치를 특정국가 내에서 권한이 행사되는 방법을 결정하는 시민참여 방식, 정부정책 및 제도로 정의한다. 이렇게 정의된 협치개념을 실증적으로 분석하기 위해 조작화된 지표는 다음과 같다.

협치의 세 가지 지표란 시민의 참여(Citizen Voice), 관광인프라(Tourism Infrastructure), 관광업지표(Tourism Industry Index)이다.

첫째, 시민의 참여(Citizen Voice)는 시민의 참여(citizen participation)를 강조하는 참여적 정부를 반영하는 지표라 할 수 있다. 여기에서 참여란 모든 남녀가 직접적으로 혹은 자신들의 이해를 대표하며 정통성을 가진 중간 단체들을 통해 정책결정에 목소리(voice)를 가져야 한다는 뜻이다. 이 지표를 측정하기 위해서는 관광참여지수(Tourism Participation Index), 문맹률지수(Literacy Index), 관광고용(Tourism Employeement, % of labour force) 등의 자료가 활용되었다. 둘째로 관광인프라는 관광 기반시설을 반영해 주는 지표라 할 수 있다. 이 지표를 측정하기 위해서는 구매력지수(Purchasing Power

표 1-7 관광협치 개념의 지표

관광협치의 구성인자	관광협치지표 (Tourism Governance Index)	내용	출처 (Source/Institution)
시민 (Citizen)	시민의 참여 (Citizen Voice)	1. 관광참여지수(Tourism Participation Index) 2. 문맹률지수(Literacy Index) 3. 관광고용(Tourism Employeement % of labour force)※※	http://www.wttc.org
정부 (Government)	관광인프라 (Tourism Infrastructure)	1. 구매력지수(Purchasing Power Parity) 2. 세금(Tax % value added of industry and service) 3. 도로지수(Road Index) 4. 위생지수(Sanitation Index, % of population)	
관광업계 (시장)	관광업지표 (Tourism Industry Index)	1. 호텔비(Hotel Price, US$ ranking) 2. 인적관광지수(Human Tourism Index) 3. 관광종업원(Tourism Employee, 노동인구 중 관광종사자%)	

※※ World at a Glance
출처: Gooroochurn, N. & G. Sugiyarto(2003)이 사용한 지표 중 일부.

Parity), 세금(Tax, % value added of industry and service), 도로지수(Road Index), 위생지수(Sanitation Index, % of population) 등의 자료가 활용되었다. 셋째로 관광업지표(Tourism Industry Index)란 관광업계의 역량을 나타내는 지표라 할 수 있다. 이 지표를 측정하기 위해서 호텔비(Hotel Price, US$ ranking), 인적관광지수(Human Tourism Index), 관광종업원(Tourism Employee, 노동인구 중 관광종사자%) 등의 자료가 활용되었다.

5) 관광협치의 국가 간 비교분석

관광협치의 국가 간 비교분석을 위해 다음과 같은 연구가설을 설정해 보았다.

가설 1: 관계기반 협치(relation-based governance)에 입각한 아시아 국가는 규칙기반 협치(rule-based governance)에 입각한 선진국보다 관광협치 수준이 낮을 것이다.

가설 1-1: 관계기반 협치에 입각한 아시아 국가는 규칙기반 협치에 입각한 선진국보다 시민참여 수준이 낮을 것이다.

가설 1-2: 관계기반 협치에 입각한 아시아 국가는 규칙기반 협치에 입각한 선진국보다 관광인프라 수준이 낮을 것이다.

가설 1-3: 관계기반 협치에 입각한 아시아 국가는 규칙기반 협치에 입각한 선진국보다 관광업지표 수준이 낮을 것이다.

가설 1은 '규칙기반에 입각한 나라들은 법과 제도 아래 모든 일들이 이루어질 경우 관계기반의 협치 국가보다 선진국일 것이다'라는 가설로서 합리적이고 공식적인 정부의 행동은 관습적 행동 및 비공식적 관계보다 발전 지향적일 것이기 때문이다.

가설 2: 1인당 국민총소득(GNI per Capita)이 낮은 국가는 1인당 국민총소득이 높은 국가보다 협치 수준이 낮을 것이다.

가설 2-1: 1인당 국민총소득이 낮은 국가는 1인당 국민총소득이 높은 국가보다 시민참여 수준이 낮을 것이다.

가설 2-2: 1인당 국민총소득이 낮은 국가는 1인당 국민총소득이 높은 국가보다 정부정책 수준이 낮을 것이다.

가설 2-3: 1인당 국민총소득이 낮은 국가는 1인당 국민총소득이 높은 국가보다 법 · 제도 수준이 낮을 것이다.

가설 2는 1인당 국민총소득이 낮은 국가는 대부분 중 · 후진국으로서, 선진국의 규칙기반 협치와 중 · 후진 국가의 관계기반 협치 중 어느 협치의 행태가 발전 지향적인가에 대한 가설이다. 이는 규칙기반 협치가 잘 되어 있는 국가가 당연히 선진국의 발판을 가질 수 있고 일인당 국민 소득도 높아지기 때문이다.

관광협치와 아시아 국가 · 선진국 · 기타국가들 간의 관계를 알아보기 위해 아시아국가 5개국과 선진국가 13개국 그리고 기타국가 8개국가 등 총 26개 국가를 대상으

표 1-8 아시아 국가 · 선진국 · 기타국가들 간의 변량분석 결과

협치지표(0~100%) (governance Index)	아시아 (평균)	선진국 (평균)	기타국가 (평균)	전체 (평균)	한국 (평균)	F^*
대상국가	5개국	13개국	8개국	26개국		
관광 참여	.44	13.32	6.9	8.87	1.08	1.73
구매력	25.85	46.45	28.3	36.9	19.03	3.39
세금	17.53	30.32	40.77	31.07	23.89	5.3
인적관광지수	10.89	21.33	19.25	18.68	0	1.63
호텔비	32.64	31.61	61.54	31.79	45.4	.017
관광종사자수	2.8	5.08	3.63	4.20	2	2.88
도로	7.18	38.08	23.73	27.72	5	4.82
위생	55.49	94.92	86.1	84.62	59.78	14.5
문맹률	.78	.95	.89	.90	0.83	8.29
관광고용	8.03	12.86	9.58	10.92	8.38	4.9
시민	9.26	27.13	17.37	20.69	10.29	3.06
정부	106.04	209.77	178.89	180.32	107.7	11.73
관광업계	46.32	58.01	54.41	54.66	47.4	.84
관광협치	53.87	98.31	83.56	85.22	55.13	13.87

* α 〈 .05

로 변량분석(ANOVA)을 실시하였다(〈표 1-8〉 참조). 전체적으로 세 국가군[6]은 통계적으로 유의미한 차이를 보였다.

대부분 선진국들은 평균점수가 높은 것으로 나타났으며, 아시아 국가와 기타국가들은 선진국가보다 낮은 평균점수를 나타냈다. 대부분의 선진국들은 관광협치의 3개 지표가 높은 평균으로 나타나고 있는데 이는 관광협치가 잘 이루어지고 있다는 의미

6 이 글에서는 먼저 49개 국가를 대상으로 유사한 협치 프로필을 가지는 국가군을 추출하기 위해 군집분석(cluster analysis)을 실시하였다. 다차원 척도에 의한 군집분석의 경우 척도를 표준화시켜야 하므로, 본 연구에서는 여섯 가지 협치 척도의 측정치들을 다시 표준화된 점수(Z-score)로 변환시켜 군집분석을 실시하였다. 그리고 각 국가들을 여섯 가지 협치 유형에 있어서의 유사성(similarity)에 따라 내적 동질성을 갖는 국가군으로 군집화시키기 위해 본 연구에서는 계층적 군집화(hierarchical clustering) 기법 가운데 Ward 방법을 사용하였다(Afifi & Clark, 1984). 일반적으로 군집분석을 시행할 경우 표본조직들을 가장 동질적으로 묶어주는 적정 군집수를 결정해야 한다. 본 연구에서는 ① 덴드로그램(Dendrogram)에 의한 연구자의 판단, 그리고 ② 사후적인 분산분석(ANOVA)과 Scheffe의 다중범위검증(multiple range tests) 결과를 기초로 하여 3개의 군집을 도출하였다.

로 생각할 수 있다.

전체적으로 보면 아시아 5개 국가의 관광협치지표 평균은 85.22이며, 선진 13개 국가의 경우에는 98.31 그리고 기타 8개 국가들은 83.56이다. 선진국의 관광협치에 대한 평균은 아시아 국가나 기타국가들에 비교가 될 정도로 많은 차이를 보이고 있다. 한국의 경우 55.13으로 아시아 국가들의 평균보다도 낮은 수치를 보이고 있음을 알 수가 있다.

시민의 참여와 관광인프라 및 관광업지표 등에서 선진국가들과 아시아 국가, 기타국가, 한국을 비교해 보았을 때 아주 많은 격차가 있는데, 협치지표에서 한국이나 아시아 국가들이 무엇을 어떻게 바꾸어 나가야 하는지를 단편적으로 알려준다고 생각한다. 이러한 협치지표를 근거로 하여 생각해 보면 규칙기반 협치를 시행하는 선진국가들은 관계기반 협치를 시행하는 아시아 국가나 기타국가들에 비해 경제적이나 정치적인 면에 대해서 우월성을 지니고 있다고 볼 수 있겠다. 또한 측정오차를 최소화하기 위해 복수지표로 Huther와 Shah(1998)의 협치의 질 지표(governance quality index)를 사용하여 분석한 결과도 통계적 유의성과 분석결과는 유사하게 나왔다.

다음은 일인당 국민총소득(GNI per Capita)과 협치와의 변량분석 결과이다 (〈표 1-9〉 참조). 26개국의 대상국가에서이며 일인당 국민총소득 $4,000미만, $5,000미만, $5,000 이상으로 나누어 협치와의 관계를 분석하였다. 먼저 일인당 국민총소득 $4,000미만의 국가는 5개 국가였으며, $4,000에서 $5,000미만의 국가는 2개 국가, $5,000이상의 국가는 19개 국가였다.

전체적으로 일인당 국민총소득의 세 가지 소득군은 통계적으로 유의미한 차이를 보였다. 일인당 국민소득이 높은 나라가 선진국인만큼 이 분석에서도 3개의 관광협치지표의 관계에서도 단연 높은 평균점수가 나왔다. 일인당 국민 소득과 협치 간에 관계가 존재한다는 실증적 결과를 나타내고 있다.

관광협치 개념이 지니는 다양성과 다차원성을 분석적으로 이해한다면 개념의 혼란을 줄일 수 있다. 또한 이론의 공고성에서도 기여할 수 있을 것이다. 협치 개념은 시민참여라는 인자와 관광인프라라는 인자, 그리고 관광업지표라는 인자 등의 세 개의 인자로 구성되어 있다.

이 글에서는 관광협치를 세 개의 인자로 보고, 변량분석 등을 통한 관광협치의 국

표 1-9 일인당 국민총소득(GNI per Capita)과 협치와의 변량분석

협치지표(0~100%) (governance Index)	일인당 국민총소득 ($4000미만)	일인당 국민총소득 ($5000미만)	일인당 국민총소득 ($5000이상)	전체	한국	F^*
대상국가	5개국	2개국	19개국	26개국		
관광참여	.39	8.45	11.15	8.87	1.08	1.18
구매력	12.90	22.1	44.78	36.9	19.03	8.64
세금	24.51	43.15	31.54	31.08	23.89	1.22
인적관광지수	7.21	27.62	20.76	18.68	0	4.48
호텔비	26.84	38.4	32.39	31.79	45.4	.85
관광종사자수	2.8	4	4.58	4.19	2	1.46
도로	9.06	31.1	32.27	27.72	5	2.45
위생	57.17	93.96	90.87	84.62	59.78	9.91
문맹률	.75	.94	.94	.9	0.83	13.52
관광고용	6.62	9.18	12.24	10.92	8.38	6.88
시민	7.76	18.56	24.32	20.69	10.29	2.51
정부	103.64	190.3	199.45	180.32	107.7	10.40
관광업계	36.85	70.16	57.73	54.66	47.4	5.12
관광협치	49.48	92.96	93.83	85.22	55.13	17.68

* $\alpha < .05$

가 간 비교분석을 실시한 결과 아시아 국가 · 선진국 · 기타국가군은 통계적으로 유의미한 차이를 보였다. 이러한 연구결과가 시사하는 정책적인 함의는 규칙기반 협치를 시행하는 선진국가군이 관계기반 협치를 시행하는 아시아 국가군에 비해 더 좋은 관광협치를 한다고 볼 수 있다는 것이다.

아시아 국가 · 선진국 · 기타국가들 간의 일인당 국민총소득과 협치와의 변량 분석에서 보면 한국은 일인당 국민총소득이 거의 일만 달러 수준에 이르는데도 일인당 국민소득 오천불 미만인 국가와 거의 대등한 수치를 나타내고 있다. 이러한 자료를 보아 현재 한국의 규칙기반 관광협치의 제도정비가 시급한 실정임을 나타내고 있다. 이 연구의 한계는 다른 변수에 미치는 인과관계를 다루지는 못하였지만, 조작화된 협치지표를 활용하여 관광협치가 정부의 관광정책 성과 혹은 국가 관광경쟁력 등에 미치는 영향을 분석하는 차후연구의 기초가 될 수 있을 것이다.

CHAPTER

02

관광 조직은 왜 필요한가?

관광 조직은 왜 필요한가?

SECTION 01 조직의 필요성

"현대조직만이 인간을 이롭게 할 수 있다."

조직은 현대사회에 있어서 중추적인 역할을 하며 사회적, 정치적, 경제적 그리고 많은 경우에 있어서 개인적 목적을 달성하기 위한 중요한 수단으로 작용한다. 사(私)부문의 조직은 우리의 생활이 좀 더 편리할 수 있도록 다양한 소비재 및 서비스를 생산, 처리, 판매한다. 공공부문의 조직은 우리를 범죄와 불안전한 소비제품, 오염된 공기나 물 등으로부터 보호해 주며, 외부 침략에 대한 국방의 역할과, 도로 및 공항의 건설-유지 및 우리의 후세들에 대한 교육과 사회의 전반적인 삶의 질이 향상되도록 다양한 서비스 등도 제공해준다. 의미 있는 직무, 소득보장, 성취, 인정감 및 성장 등과 같은 개인적인 목표 또한 조직을 통해서 달성된다.

그러나 현대사회의 조직은 이와는 반대되는 어두운

측면도 지니고 있다. 왜냐하면 인간에게 나쁜 것도 대부분 현대조직을 통해 만들어지기 때문이다. 불법적이고 위험한 마약, 도처에 만연된 인권탄압, 그리고 유독성 화학쓰레기 등도 또 다른 조직적 산물이다. 개개인에게 있어서는 소속된 조직의 목적에 자신의 목적을 기꺼이 종속시키고 순응하고 복종해야만 하는 부담이 있다.

칼 마르크스 시대로부터 현재에 이르기까지 많은 저술가들은 현대조직을 특징짓는 비인격화와 전문화가 노동자의 스트레스, 궁극적으로는 소외감이라는 엄청난 대가를 치르게 하였다고 주장해 왔다. 정치체제의 경우 공공정책을 수행하기 위해 대규모의 관료제조직에 의존해야 할 필요성은 모든 수준의 정보의 대응성, 대표성 그리고 책임성에 대한 문제를 제기해 왔다. 정치가, 대중매체 그리고 이익집단은 종종 이러한 조직들이 공공부문에 있어서의 낭비와 비능률의 중요한 원인이 되어 왔다고 주장한다.

현대사회에 대한 조직의 총체적인 기여도를 어떻게 평가하든지간에 조직에 대한 이해와 조직이 운영되는 방식에 대한 이해는 개인과 사회의 생존, 성공 그리고 행복을 결정하는 가장 중요한 요인 중의 하나일 것이다. 조직의 역할은 행정학과 공공정책에 있어 똑같이 중요하다. 행정이란 조직과 조직 내의 인간에 대한 관리를 주된 임무로 하며 거의 모든 공공정책이 조직에 의해 수행된다. 따라서 현대행정학에 있어서 점점 심화되는 재정적 자원의 희소성 대안으로 공공서비스 전달체계의 질을 유지하고 향상시키기 위한 공공조직의 이해와 공공조직의 개선이 필요하다(Heffron, 1989).

SECTION 02 사회구성망 이론적 관점에서 본 조직의 필요성

흔히 전체는 부분의 합보다 크다고 하는데 이는 부분이 상호연관되어 구조, 즉 사회적 구성망을 형성함으로써 기능적으로 구조화되기 전보다 관계수 및 관계도가 증가하기 때문이다. 이러한 설명은 구조기능주의와 유사하다.

조직구성원의 관계수는 성원수가 산술급수로 늘어날 때 기하급수적으로 증가한다.

$$r = nC2 = \frac{n(n-1)}{2}$$

n=성원수

r=성원관계수

그러나 이 r은 잠재적 관계수 PR(No. of Potential Relationships)이지, 현실적 관계수 RR(No. of Real Relationships)는 아니다.

조직관리 여부에 따라 RR은 더욱 더 증대 가능하다.

RR=PR+alpha

조직의 공식적 구조만을 나타내주는 조직도표는 조직내부의 구성망을 제대로 반

그림 2-1 의사소통 구성망(Communication Network)의 유형

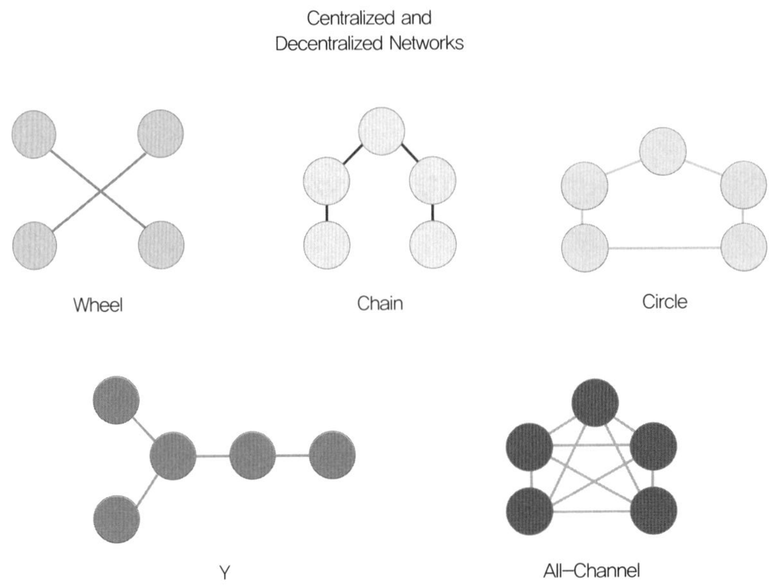

영해 주지 못하므로 복잡한 조직실체의 일부인 껍데기만을 보여주고 있을 뿐이다. 조직의 구조와 구성망 간에는 뗄 수 없는 불가분의 관계가 있음에도 불구하고 이제까지의 조직연구는 주로 조직의 공식구조에 초점을 두고 있다.

고전적 조직이론인 행정관리학파의 조직관리원칙을 보자. 부하직원은 오직 한 명의 상사로부터 명령을 받아야 한다는 명령단일의 원칙(the unity of command principle)과 상의하달식 의사소통(top-down or downward communication)에 대한 강조는 조직구성망의 유형과 방향을 통제하기 위한 의도이다. 따라서 바퀴형 의사소통망과 같은 집권화된 망이 능률지향적 고전이론과 부합된다.

인간관계론에서 중시하기 시작한 비공식집단과 하의상달식(bottom-up) 의사소통 등은 조직망 내의 비공식연결이나 상호성에 주목하기 시작했음을 의미한다. 그러나 고전 및 신고전 이론가들은 조직을 구성망으로서 파악하지는 못했다.

행태론자인 Simon은 고전적 관리원칙이 마치 격언처럼 상호모순된다는 점을 지적하면서, 처방적인 관리원칙의 제시보다는 의사결정에 대한 기술적 분석에 초점을 두어야 한다고 주장한다. 예를 들면, 통솔범위의 원칙은 수평적 관계의 복잡도를 감소시켜 주기는 하나, 수직적 권한계층제를 증가시켜 결국 더 큰 조정문제를 야기한다는 것이다.

그림 2-2 여러 조직구조

모형 1 Model 1	경직된 관료제 (The Rigid Bureaucracy)
모형 2 Model 2	고위관리팀을 갖는 관료제 (The Bureaucracy with a senior "management" team)
모형 3 Model 3	프로젝트팀과 기동타격대를 갖는 관료제 (The Bureaucracy with Project Organization)
모형 4 Model 4	행렬조직 (The Matrix Organization)
모형 5 Model 5	느슨하게 연결된 유기체적 네트워크 (The Loosely-coupied Organic Network)

자료: Morgan(1989), Creative Organization Theory SAGE.

관료제를 예견한 Weber는 “관료제는 개인적, 감정적, 비합리적 요소를 배제하고 비인간화될수록, 더 완벽해진다”라고 주장하였는데, 이는 구성망의 특질 중 관계의 강도를 제거함을 의미한다. 그러나 문화적 영향을 강조하는 학자들의 경우, 구성망의 밀도, 밀집도, 상호성(정계와 재계의 주고받기식 결탁, 즉 정경유착관계), 그리고 강도(혈연, 지연, 학연 등의 개인적 유대관계) 등의 특질을 중요시 하고 있다.

생각해볼 문제

1. 다음 필자의 조직생활 경험담을 읽고, 여러분들의 경험을 이야기해 보자.

필자가 처음 대우 수입부에 입사했을 때이니까 1984년 7월 5일로 기억된다.

입사 첫날: 과장님이 무역영어 책을 주고 3~4일 후부터 업무처리에 지장이 없도록 읽어 보라고 한다. 무역영어 공부하느라 시간가는 줄 모르는 사이 4일이 지났다.

입사 4일째: 다른 회사로 업무 인수인계도 없이 이직한 전임자의 수입관계 서류철을 과장님으로부터 받고 업무처리 시작하다. 대부분의 조직이 분업의 원리에 입각하여 전문화, 세분화된 업무만을 처리하는 기능적 조직이었으나 수입부는 직무특성상 담당관제를 취하고 있어 담당관 이외에는 다른 직원이 취급하는 수입품목에 대해 모르므로 업무에 대해 물어 볼 수도 없어 막막하기만 하다.

5일째: 그 당시 출퇴근 시간은(최소한 법적으로는?) 9시부터 5시까지였으나, 8시 30분에 아침조회를 하고 7시에 퇴근하게 되어 있었다. 그러나 퇴근버스가 8시에 출발하니 실질적인 퇴근시간은 8시인 셈이다.

갓 입사한 신입사원이라 일찍 출근한답시고 8시 20분경에 출근해 보니 이미 부장님을 위시한 고참들이 와 있다. 8시 20분부터 12시 10분까지 정신없이 일하고 점심식사하러 회사 구내식당에 가려고 고개를 들어보니 아직도 일에 몰두하고 있는 고참들이 많다. 12시 30분이나 되어서야 식사하러 가는 사람들도 많다. 식사도중 같이 입사한 ROTC 동기들을 만나 마파람에 게눈 감추듯 식사를 마치고 12시 50분경에 사무실에 돌아와 보니 다른 사람들은 웬 점심을 그리도 빨리 먹는지 공식적인(?) 점심시간인데도 일을 하고 있다. 다시 일을 시작해 허기가 느껴져 시계를 보니 아직 5시밖에 안되었다. 10여 일 전에 제대한 군생활을 생각하며 까짓 국방부 시계도 거꾸로 매달아 놔도 돌아가는데 곧 8시 퇴근시간이 오겠지 생각하며 다시 일에 몰두한다. 그런데 이게 웬 일인가? 8시가 다 되어가도 부장님이 퇴근할 기미가 보이지 않는다. 드디어 8시 50분경 부장님이 퇴근하고 그 뒤를 이어 9시 10분경 과장님이 퇴근한 후 10시가 다 되어서야 고참들이 퇴근한다. 나의 퇴근시간은 10시.

입사 두달째쯤: 이젠 어느 정도 업무도 파악되어 간다. 열심히 일하면 한 두어시 정도면 과학적 관리법을 주장한 Taylor가 말한 소위 하루의 적정 업무량(afair day's work)을 다 완수할 수 있다. 그러나 입사 후 얻은 첫 번째 경험은 열심히 일해 하루일과를 너무 빨리 끝내버리면 퇴근할 때까지 남은 시간이 너무 지루하고 곤혹스럽다는 것이다. 그 당시 사무실은 한 100명 정도가 일하는 아주 넓은 방이었는데, 사무실문을 열고 들어가면 맨 뒤에 부장, 그 앞에 과장, 그리고 사원순으로 배열되어 있었다. 신입사원은 맨 앞에 앉아 모든 사람들의 시선을 뒤통수에 받을 수밖에 없었다. 일을 빨리 끝내도 뒤통수가 따가와 마음놓고 자리를 비우고 타부서에 근무하는 동기들과 담소하거나, 자리에서 신문도 볼 수 없다. 그래서 체득한 비법은 소위 테일러가 그의 명저『과학적 관리의 원칙』에서 주장한 체계적 파업(systematic strike)을 하는 것이다. 즉 하루 업무의 80% 정도만 빨리 해 놓고 20%는 아껴두었다가 퇴근시간 전까지도 열심히 일하는 것처럼 보이면 그날의 뒤통수는 따갑지 않다는 것이다

합리적으로 업무를 처리하도록 고안된 관료제라는 미명하에 제도화된 무책임 같은 비합리적인 일들이 벌어지고 있는 것이다. 바로 이러한 이유가 필자가 조직관리에 대해 연구한 동기이다.

CHAPTER

03

조직이란 무엇인가?

조직이란 무엇인가?

SECTION 01 전통적인 조직의 정의

1 Newton의 기계론적 우주관에 입각한 기계로서의 조직

고전적 조직이론은 조직의 목적이 합리적인 방법에 의해 세부적인 과업으로 분할(분업의 원리에 입각한 세분화 및 전문화)될 수 있을 뿐만 아니라 조직의 총체적인 목적 달성을 위해 재결합(통합 및 조정)될 수 있다고 본다. 이러한 개념의 발상은 전체가 원자로 분할될 수 있고 또한 그 분할된 원자는 다시 전체로 재결합될 수 있다는 원자론 및 기계론(atomism and mechanism)을 근간으로 단순하고 질서정연한 세계관을 갖는 Newton의 기계론적 패러다임(Newtonian mechanical paradigm)에 입각한 것이라 볼 수 있다. 이는 근대를 움직인 기본적인 사상체계로서 사회제반에 지대한 영향을 미쳤다. 조직론적 견지에서

볼 때 Weber는 이러한 패러다임에 의거한 법률적, 합리적인 관료제조직(legal-rational beaurocracy)이 점점 증대되는 것은 역사적인 불가피성에 의한 것이라고 굳게 확신하고 있다.

흔히 조직은 "일정한 공동목표를 합리적으로 달성하기 위해 형성된 분업과 통합의 활동체제를 갖춘 사회적 단위의 협동체제"라고 정의된다. 조직의 개념적 특성은 목표지향성, 분업과 통합의 합리적 활동체계, 구조와 과정을 포함한 사회적 단위, 그리고 일정한 경계(boundary)가 있어 환경과의 상호작용을 나타낸다.

조직에 대한 앞의 정의를 유추한다면, 행정조직은 일정한 행정목표를 달성하기 위해 분업과 통합의 활동체계를 갖춘 사회적 단위로 정의할 수 있다. 행정조직의 범주에는 국가행정조직, 지방자치단체 및 공공단체의 행정조직, 정부투자기관, 국회, 법원, 선거관리위원회, 헌법재판소 등을 포괄한다(이종수 외, 1993).

조직 개념은 갈등주의 이론에 입각하면 "갈등적이고 상충적인 목표를 합리적(때로는 비합리적)으로 달성하기 위해 형성된 분업과 통합의 활동체제를 갖춘 사회적 단위의 갈등체제"라고 정의할 수도 있다.

2 조직이란?

통합적 조직의 정의: ① 공통의 목적, ② 합리적으로 달성하기 위한 2인 이상의, ③ 협동체제이다.

3 주요 학자들의 견해

조직에 관한 다섯 가지 정의이다.

1. Weber: 특정한 목적을 가지고 그 목적을 달성하기 위하여 구성원 간에 상호 작용하는 인간들의 협동집단이다.

2. Barnard: 공동의 목표를 달성하기 위해 노력을 바칠 의욕을 지닌 2인 이상의 인간들이 상호 의사전달하는 집합체이다.
3. Katz와 Kahn: 공동의 목표를 가지고 내부관리를 위한 규제장치와 외부환경관리를 위한 적응구조를 발달시키는 인간들의 집단이다.

4. Cohen과 March 및 Olsen: 문제를 찾아내 선택하는 것, 의사결정상황에서 공표되는 그러한 문제에 관한 쟁점과 구성원들의 감정, 해결 가능한 쟁점에 관해 제시되는 해결책, 그러한 업무를 수행하고자 하는 의사결정자 등 이러한 네 가지 요소가 무원칙과 무작위적으로 연결되어 있는 집합체이다.

5. Weick: (조직화란) 현저하게 상호연관된 행위를 통해서 모호성을 감소시키는 데 있어 그 타당성이 합의된 문법이다.

SECTION 02 조직정의의 새로운 해석

1 진화하는 유기체로서의 조직

조직이란 다양한 욕구의 만족을 추구하면서 보다 넓은 환경 속에서 존재해가는 살아있는 체제이다. 이 관점에서의 조직은 환경과의 끊임없는 교환을 수행하는 유기체의 이미지로 조직에 대한 개방적이고 유동적인 시각을 갖게 해준다.

아메바 조직은 "큰 기업을 작은 조직의 집합체처럼 운영한다"는 기본 발상아래 전 조직원이 각자의 능력, 개성, 가능성을 최대한 발휘하고 개발하도록 한다. 이를 위해 조직을 고정화시키지 않으며, 자율성과 유연성을 바탕으로 조직편성의 변경, 분할, 증식이 수시로 일어난다. 어떤 조직이든 하나 이상의 기능이나 목적을 가질 수 없다는 원칙을 유지하며, 어떤 아메바가 활동 중에 새로운 기능이나 목적이 추가되면 또 다른 아메바로 분열시킨다. 단위조직의 구성원은 두 명부터 수백 명 단위까지 있으나 보통 열 명 정도로 구성되며, 독립채산단위로 운영되고 조직 운영에 대한 모든 권한이 조직 자체에 이양되어 있다.

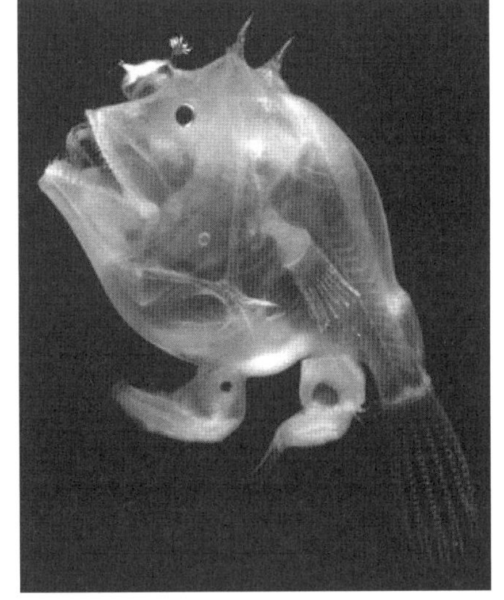

교세라는 업무의 특성상 관리 부문과 R&D 부문은 아메바 조직으로 운영하지 않으며, 회사의 성장과 함께 아메바의 수가 증가해 각 아메바들 간에 의사 소통이 어려워짐에 따라 이를 극복하기 위해 로테이션 연수를 강화하고, 경영이념을 조직하부까지 침투시키기 위해 가치관 교육을 수시로 실시하며, 간담회와 방침설명회도 자주 갖는다. 또,

아메바들 간에 여러 가지 문제로 의견이 대립되면 상부에서 조정을 하지 않고 자유로이 대결을 시켜 강한 쪽의 의견을 따르게 하는 자유경쟁시스템을 운영한다. 다시 말해, 아메바 조직은 하드 차원에서는 분할을 하되 소프트 차원에서는 통합을 도모하는 발상이다.

세포분열형은 일정 규모가 되면 세포가 분열되듯이 자동적으로 다시 작은 규모로 분리되는 조직 형태이다. 각각의 개별 조직은 분명한 형태를 지니고 있으나, 조직의 전체 틀은 정형이 없는 형태이며 전체로는 거대한 조직을 이루고 있으나, 각 조직은 별개의 독자성을 갖고 있으며, 지속적인 세포 분열을 통해 비슷한 규모의 조직들이 존재한다. 특징으로는 거대 조직이면서도 기존 거대 조직이 갖는 문제점을 해결하고 있으며 하나의 거대 조직 하에서는 힘든 다양한 사업 모델을 적용할 수 있고, 이는 창조적 사업 아이디어의 창출과 도전을 가능하게 한다. 또한 개별 사업 부문의 경영자가 보다 기업가적 정신을 갖고 자신의 영역에서 도전을 가능하게 하며 소비자와 기업 상위 경영진 간의 거리감을 좁힘으로써 고객의 요구와 시장 동향에 대해 더욱 민감하게 반응할 수 있다.

그림 3-1 유기체적 조직

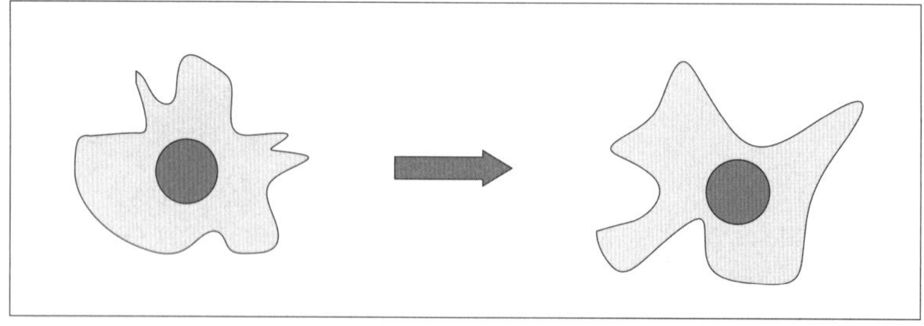

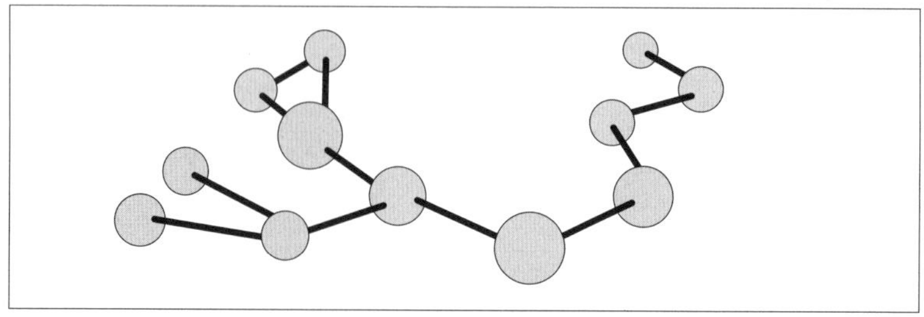

2 정보처리 두뇌로서의 조직

'조직군살빼기', '조직경량화' 등의 용어를 자주 들어보았을 것이다. 정보사회에 있어서 조직은 비대한 몸통의 군살을 빼는 정도에서 더 나아가 몸통과 팔, 다리없이 두뇌만 남긴 네트워크형 조직으로 가고 있다. 조직에 대한 생각은 마치 콘크리트와 같아, 액체처럼 부정형적인 상태로 있다가도 일단 굳어지면 돌처럼 딱딱해진다. 액체금속(Fluid metal)처럼 유연하게 자기 조직화(Self-organizing)하는 역동적이고 유연한 조직(Dynamiacally flexible organization)은 과연 존재할 수 없는가?

자기 조직화하는 가상조직은 액체처럼 부정형이다. 자기 조직화하는 가상조직의 생명은 고객욕구에 따라 자신의 모습을 신속히 바꾸는 유연성에 있기 때문이다.

그림 3-2 두뇌로서의 조직

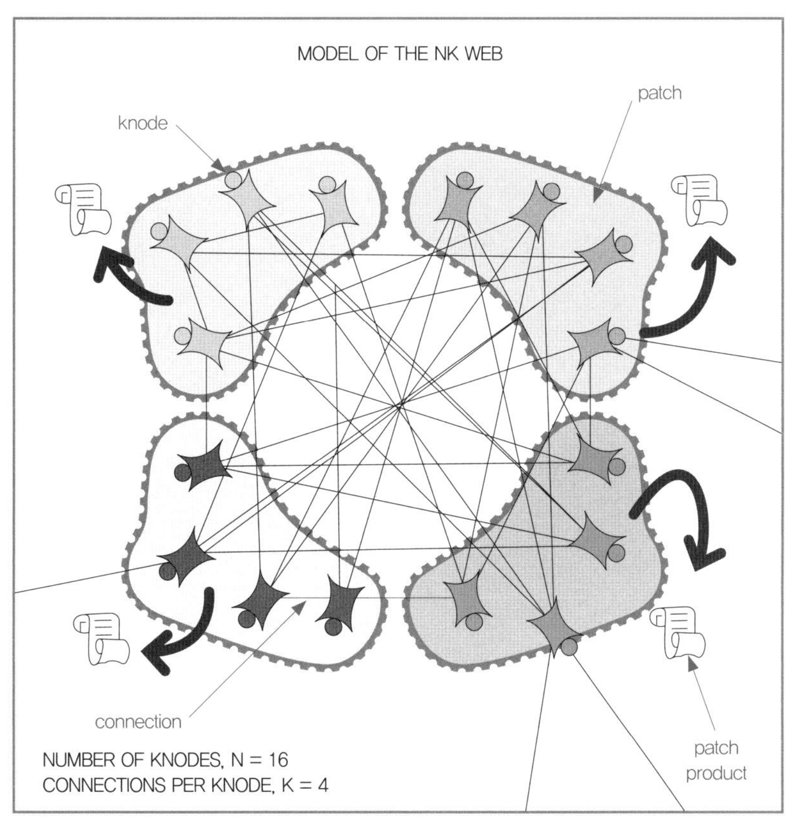

표 3-1 관료적 조직과 네트워크형 조직

구분	관료적 조직	네트워크형 조직
과제성격	육체적	정신적
관계	관료적	대등관계
단계	많음	적음
구조	기능적	기능횡단적
경계선	고정	투과기기능
경쟁력 요인	수직적 통합	외부자원 활용, 제휴
경영 스타일	독재적	참여적
문화	복종과 전통	헌신과 결과
구성원	동일	다양
전략적 초점	효율	혁신

3 심리적 감옥으로서의 조직

기계적 관료제의 창시자인 막스 베버는 합리적, 법률적 관료제가 지배적인 사회체제가 되리라 예견하면서도, 사람을 위해 만들어진 능률적 체제로서의 관료제의 역기능으로 인해 철창 없는 감옥처럼 관료제구성원의 사고방식을 틀지을 수도 있다고 본다.

4 복잡 적응 체제(Complex adaptive system)로서의 조직

지난 수십년간 조직이론은 안정성과 적응과 같은 조직현상을 설명하기 위하여 항상성 및 평형등의 일반체제이론(general system theory)의 개념을 활용해 왔다. 그러나 이제 조직은 역동적인 적응 및 진화체제로 간주되고 있다.

조직은 비선형 순환 고리로 상호 연결된 많은 구성요소로 이루어져 있으며, 평형체제의 경우와는 달리 초기 조건의 민감성으로 인해 경로의존성을 보이며, 환경으로서의 다른 조직과 교호작용을 하기 때문에 공진화하는 또한 미시적 수준에서의 혼돈적 행동이 장기적으로는 거시적인 질서를 보이는 자기조직화적 복잡적응체제(self-organizing complex adaptive system: SOCAS)이다. 전통적인 조직정의와는 다른 관점인 진화론적 조직정의에 따르면 조직은 복잡적응체제의 특질인 창발성(emergence), 비선형 순환고리성(nonlinear feedback loops), 경로의존성(path dependence), 초기조건에의 민감성(나비효과)을 보이는 공진화(coevolution)하는 복잡적응체제로 볼 수도 있다는 점에서 조직에 대한 새로운 관점을 제시해준다.

예를 들어, 봉우리가 하나인 후지야마 지형상에서는 조직이 안정적인 전략을 미리 수립하고 조직 구성원을 지시, 명령 및 통제 등의 관리 기법을 통해 미리 예정된 경로로 끌고 나갈 수 있다. 그러나 문제는 격변적인 환경변화에 직면한 오늘날의 조직들에게 과연 그러한 지형이 존재하느냐 하는 것이다.

단일 봉우리 지형의 경우, 점증적인 적응전략이 만족할만한 해결책이 될 수 있다. 그러나 울퉁불퉁한 지형의 경우 점증적 탐색전략은 출발점에 가장 가까운 국지적 봉우리에 도달하여 그 결과 처음의 해결책에 고착되어 경로 의존성을 보이게 된다. 이러한 문제를 극복하기 위한 방패는 무작위적인 탐사 전략이다. 따라서 울퉁불퉁한 적합도 지형상의 적응전략은 기존 조직의 루틴에 집착(exploitation)함으로써 얻어지는 이득을 잃지 않고 새로운 전략을 탐색(exploration)하는 이득을 극대화하는 것이다(March, 1991).

봉우리가 많은 울퉁불퉁한 지형의 경우, 가장 높은 봉우리가 어디에 있는지도 모른다. 설사 안다고 해도 지형상의 공진화적 특성으로 인해 어느 한 조직의 행동이 적합도 지형의 행태를 변화시키기 때문에 장기적인 전략은 무의미해진다. 다시 말해, 어느 한 시점에서는 유용했던 전략이 적합도 지형의 변화로 인해 무용지물이 될 수도 있다는 것이다. 조직이 높은 봉우리로 올라가기 위해, 즉 더 적합도를 높이기 위해 적응적 탐사를 할 경우 설사 최적 봉우리가 아니라는 사실을 인식하게 되도 이미 투자된 매몰비용, 혹은 기회비용 등으로 인해 방향을 선회하기는 쉽지 않다.

Arthur(1990)가 말하는 고착(lock-in) 현상에 직면하게 되는 것이다. 조직설계 문제의 경우에도 유사한 현상이 발생한다. 조직이 어떤 특정한 조직구조를 갖고 있는 경우 이러한 조직구조를 확립하기 위해 상당한 비용을 투자했을 것이다. 환경의 변화로 인

그림 3-3 울퉁불퉁한 지형

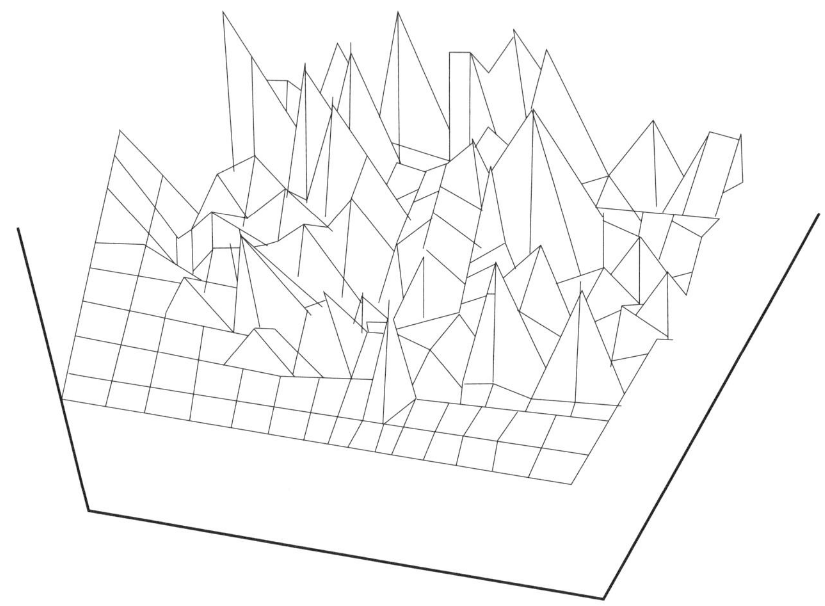

해 조직구조를 개편하고 싶어도 기존 구조에 고착되고 만다. 변화를 가져오기 위해 다른 봉우리로 이동하려면 필연적으로 일시적인 적합도의 저하를 수반하게 된다. 그러나 어떤 조직도 적합도의 감소를 달가와 하지 않는다. 이러한 이유로 인해 높은 봉우리에 올라간 조직일수록, 즉 현재의 조직구조가 상당히 능률적인 조직일수록 상황이 변할 경우 다른 봉우리로 이동하는 것이 어렵다. 그렇다면 우리의 관심사는 높은 적합도를 유지하면서도 환경의 변화에 민첩하게 대응하여 다른 봉우리로 이동할 수 있는 유연한 조직을 유지하느냐 하는 것이다. Kauffman(1995)이 제시하는 방법 중의 하나가 조직을 조각으로 분할하라는 것이다. 즉, 자기조직화가 가능한 분권화된 수평조직이다. 다시 그의 말을 빌자면 자기조직화, 즉 부존질서(order for free)가 가능한 영역은 질서도 아니고 혼돈도 아닌 혼돈의 경계(at the edge of chaos), 즉 복잡성의 영역이다.

조직관리론은 오랫동안 합리적인 관점에 사로잡혀 왔다. Gulick의 표현을 빌자면 관리자는 POSDCORB 중에서 기획(planning), 조직화(organizing), 조정(coordination)에만, 즉 통제 지향적인 기능에 주로 관심을 보여왔다. 그러나 관리자의 행태는 종종 무작위적이고, 무계획적이다(Pfeffer, 1982). 요즘처럼 환경이 급변하는 시대에는 변화와 흐름으로서의 조직(organization as flux and transformation)에 대한 개념(Morgan, 1986)이 유용할 수도 있으며, 이러한 조직을 관리하기 위해서는 시대의 변화와 흐름에 적절히 대응할 수 있는 학습 조직(learning organizaion)의 개념과 활용법에 익숙할 필요가 있다.

5 지배를 위한 도구로서의 조직

아더 밀러의 '세일즈 맨의 죽음'에는 남편을 숭배하는 아내와 별달리 하는 일없이 빈둥거리는 두 아들을 둔 60세의 세일즈 맨 윌리 로먼이 있다. 젊은 시절 가졌던 꿈과 희망에 의식을 의지해가며 가족부양이라는 굴레를 짊어진 채 고달픈 회사생활을 이어가는 평범한 사람이다. 하지만 끊임없이 발생하는 가족 간의 갈등, 사회의 냉혹함 속에서 가장이라는 강박관념은 끝내 그를 죽음으로 내몬다는 내용이다. 또 '세일즈 맨의 죽음'은 현대를 살아가는 우리 모두가 당면하고 있거나 당면하게 될 문제를 제시하고 있다. 자본주의 사회에서의 성공은 곧 부의 축척을 의미한다. 치열한 생존 경쟁에서 이겨야 살아남는다는 밀림의 생존원리가 적용된다. 따라서 수단과 방법을 가리지 않고 경쟁자를 꺾어야 한다는 명제가 이 작품의 근간을 이루고 있다.

아서 밀러의 '세일즈 맨의 죽음'이라는 연극을 예로 들면 필요할 때는 이용하고 그렇지 않을 때는 내동댕이치는 식으로 조직이 그 구성원을 어떻게 착취하고 이용하는지를 설명하며 이러한 조직 이론이 어떻게 조직과 계층, 그리고 통제 사이의 밀접한 관계를 강조하는지를 설명한다. 흔히 조직구조를 피라미드로 그리는데, 이집트의 피라미드를 건설할 때를 상기해 보자.

SECTION 03 새로운 조직의 대두

1 정보사회의 조직

정보기술의 발달이 앞으로 행정, 정치, 경제, 사회, 문화 등 제반영역에 미칠 엄청난 파급효과에 대한 중요성은 실감하지 못하고 있는 실정이다(최창현, 1993b). Simon(1976)은 후기 산업사회에 있어 조직의 핵심적인 문제는 효율적인 생산을 위해 어떻게 조직을 설계할 것이냐의 문제가 아니라(비록 효율성이 중요한 고려사항으로 계속 남아 있겠지만), 의사결정, 즉 정보처리를 위해 어떻게 조직을 설계하느냐의 문제라고 주장한다. 이와 관련하여, Naisbitt(1984)도 그의 저서 『거대한 추세(Megatrends)』에서 분권화된 수평적 망상 조직(Network Organization)의 도래를 예견하고 있다.

이에 본서에서는 산업사회로부터 정보사회로의 이행이 사회변동이라는 연속적인 진화과정이라고 보고, 체제의 진화과정에 대한 새로운 이론인 혼돈이론적 관점에 입각하여 정보사회에 있어서의 조직구조의 방향을 제시하는 이론적 틀을 제공하려 한다. 혼돈이론이 특히 관심을 끌고 있는 이유 중의 하나는 불확실성의 시대로 지칭되는 오늘날의 급변하는 사회적 변화의 특징을 설명할 수 있는 무질서, 불안정, 다양성, 비평형성 등을 부각시키고 있기 때문이다. 이러한 혼돈(chaos)의 개념을 둘러싼 주요 논쟁은 질서와 조직화가 사실상 "자기조직화(self-organization)"의 과정을 통하여 무질서와 혼돈으로부터 자생(Auto-genesis, Autopoiesis)적으로 발생할 수 있다는 주장 때문이다.

원자론 및 기계론을 근간으로 단순하고 질서정연한 세계관을 갖는 Newton의 기계론적 패러다임에 입각한 전통적인 과학은 작은 입력으로 균등하게 작은 효과를 거둘 수 있는 선형관계 및 인과관계가 관심의 대상이며, 안정, 질서, 평형 등을 강조하는 경향이 있다. 이에 반해 혼돈이론은 작은 입력으로 막대한 효과를 유발시킬 수 있는 비선형관계 및 순환고리적 상호관계, 그리고 시간의 흐름에 더욱 민감한 일시성 등에 주의를 돌린다(최창현, 1993a).

약 200여 년간 안정상태를 유지해 오던 산업사회가 정보사회로 변화하는 현재의 사회체제와 같이 평형에서 멀리 떨어진 상태인 비평형상태에서는 매우 작은 요동들이 비선형, 순환고리적 관계의 복합작용으로 인해 체제의 구조를 파괴하는 거대한 파동으로 증폭되어 간다. 그리고 이것은 모든 종류의 '혁명적'인 변화과정들을 이해하는 데 도움을 준다. 평형에서 멀리 떨어진 상태와 비선형과정 그리고 복잡한 순환고리체제들을 연구하여 얻은 통찰력들을 종합하면 조직이론에 대한 전반적인 새로운 접근방식이 열리게 될 것이다.

정보기술이 발전함에 따라 조직도 변해야 한다고 주장하는 자동화주의자는 계층형조직을 그대로 두고 컴퓨터화 하는 것을 전제로 생각하고 있다. 기존의 조직을 그대로 간직한 채로 자동화해서 컴퓨터화 하는 것은 근본적인 조직문제의 해결책은 아니다.

지금까지의 경험으로 보아도 전통적 농경사회의 의식과 행동이 외형적인 산업화의 변화에 따라가지 못하는 데서 오는 여러 가지 문제를 안고 있듯이 정보사회로의 전환기에는 문화지체현상과 같이 정보지체현상이 초래된다. 정보의 증가는 사람들의 정보소화능력을 앞지르기 때문에 정보소화불량증에 시달리게 하고 있고, 정보혁명은 너무 빨리 진척되고 있어 정치, 사회, 경제 등 모든 분야에서 적응하지 못하는 현상이 속출하고 있다. 이러한 현상은 조직이론분야에 있어서도 예외는 아니다.

산업사회는 전 세계적으로 200여 년간(1760년대에서 1960년대까지) 지속되었으며 미국에서는 100년간(1860년대에서 1960년대까지) 진행되었다. 산업사회시대의 조직을 관리하는 데 요구되는 최초의 보편적 모델은 1920년대 제너럴모터스 사장인 Alfred Sloan에 의해 개발된 모델이다. 이것은 계획 집중, 금융통제와 함께 분권화된 사업부제운영을 그 핵심내용으로 하고 있다. 둘째 모델은 19세기 말 철도회사가 만든 것으로 제조와 판매 활동에서 경영의 차이를 각각 부각시킨 것이다. Ford의 연속조립라인(assembly line)과 Taylor의 시간, 동작연구(time and motion study)가 그 다음에 등장했다. 어느 경우든 이 중요한 모델은 대부분 산업사회가 완전히 성숙한 시점에 가서야 비로소 등장하였다.

우리가 정보사회에 살게 된 기간은 고작해야 30~40년이다. 정보경제시대로 들어왔다는 것을 우리가 알게 된 것도 겨우 10년 정도 되었을 뿐이다. 이제 우리는 조직을 관리하는 데 사용될 새로운 모델이 필요해졌다는 것을 누구나 느끼고 있다. 그러나 산업사회의 역사에서 경영자가 어떤 교훈을 찾는다면, 그것은 그 경제가 완전히 성숙하고 나서야 비로소 새로운 모델이 등장한다는 점이다([그림 3-4] 참조).

소위 제5세대 컴퓨터는 병렬처리형이며, 가장 중요한 것은 복수의 업무처리단위(work process unit)의 네트워크화(networking)이다. 병렬처리에 있어서는 서로 간에 연결된 복수의 처리장치가 하나의 응용프로그램의 다른 부분을 동시에 처리한다. 이용자는 네트워크상의 어느 곳에 있더라도 복수의 윈도우(window)를 열어 몇 개의 다른 응용프로그램을 동시에 다룰 수 있다. 즉, 각 부문의 작업이 동시에 진행될 수 있는 것이다. 컴퓨터를 이용한 설계(CAD)로 설계부의 도면이 컴퓨터를 이용한 제조(CAM)에 의해 생산부서에서 즉시 생산되고, 그리고 마케팅부의 전문가들은 설사 멀리 떨어진 장소에 있어도 동시에 똑같은 도면, 공정계획, 시장 프로젝트를 참조할 수 있다. 음성이나 전자메일(mail)을 통해서 설계, 공정계획, 마케팅전략에 관한 검토를 몇 번이고 반복해서 대안을 다듬는 일이 가능해진 것이다.

제1세대에서 제4세대까지의 조직관리에서는 원재료와 정보를 하나의 부문이나 직능으로부터 다음의 부문이나 직능으로 순차적으로 넘겨 나간다. 즉, 기능적 구조화가 주류를 이루었다. 제5세대 경영에서는 다양한 특별임무팀의 활용을 통해서 직능부

그림 3-4 시대에 따른 조직형태

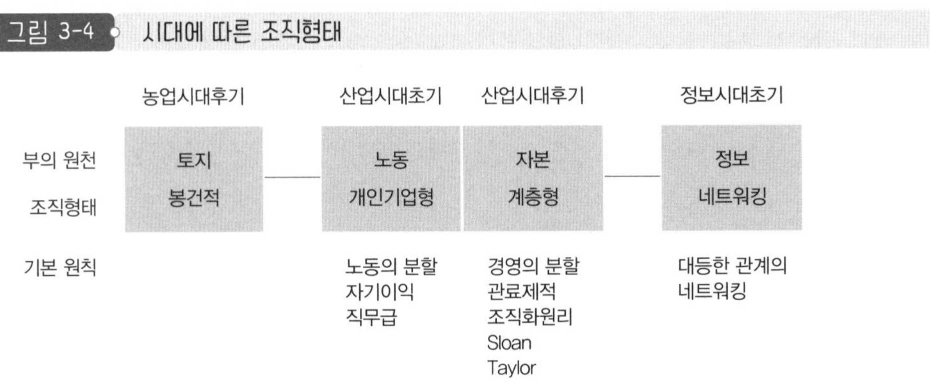

자료: 고병국 역(1993), 제5세대 경영.

문들이 동시진행적으로 작업할 수가 있다. 제5세대의 컴퓨터 및 네트워크 기술은 공동작업이라는 새로운 길을 여는 것인데, 많은 경우에 있어 조직에 수반되는 전제조건들이 이 기술의 효과적인 이용을 가로막고 있다. 우리들은 여전히 산업혁명시대의 필요에 맞추어 만들어진 조직형태, 즉 순차적 과업수행을 골자로 하는 기능적 조직에 집착하고 있다(고병국 역, 1993).

이러한 역사적 사실이 시사하는 바는 거의 정태적 가설에 의존하고 있는 기존의 조직이론들의 경우, 정보사회에 걸맞는 조직구조의 변화를 제시한다 할지라도 그것은 즉시 쓸모없는 구조로 전락될 수도 있다는 것이다. 비록 구조적 상황이론 등과 같은 환경적응론이 있으나, 환경의 변화속도와 환경과의 적합도를 유지하는 데 걸리는 시차를 고려하면, 조직이 새로운 구조를 확립하기도 전에 이미 환경은 또 변화하고 있을지도 모른다. 따라서 기존 이론의 정태적 가설(static hypothesis)에 대한 한 대안으로서 동태적 진화과정(dynamic evolutionary process)에 입각한 자기조직화(self-organization) 이론이 요구된다.

대량 생산 시대에는 체계적이고 일사불란한 작업이 가능한 정형화된 형태의 조직 구조가 효율적이었다. 그러나 정보통신 기술의 발전이 가져온 디지털 경영 환경에서는 대량 생산 시대와는 다른 형태의 조직 구조가 요구되고 있다. 유연성, 적응력, 스피드 등 조직에 필요한 새로운 덕목이 강조되고 있는 것이다. 고객 요구의 다양화 및 세분화, 경쟁의 글로벌화, 인터넷 비즈니스의 확산 등 새로운 환경 변화는 기업에 보다 동(動)적인 역량 발현을 요구하였다. 즉, 기존 체계에 고착되고 경직된 조직 구조로는 급변하는 경영 환경 변화와 경쟁 상황을 이겨내기 힘들어지고 있다.

표 3-2 과거조직과 디지털 시대의 조직

주요 구분	과거의 조직	디지털 시대의 조직
시대 상황	대량생산	다품종소량생산
조직 환경	안정적	유동적
의사결정과정	수직적	수평적
조직 구조	체계적	유연적
인재 요건	성실성	창조성

2 조직설계(Organization Design)

행태론자인 Simon은 고전적 관리원칙이 마치 격언처럼 상호모순된다는 점을 지적하면서, 처방적인 관리원칙의 제시보다는 의사결정에 대한 기술적 분석에 초점을 두어야 한다고 주장한다. 예를 들면, 통솔범위의 원칙은 수평적 관계의 복잡도를 감소시켜 주기는 하나, 수직적 권한계층제를 증가시켜 결국 더 큰 조정문제를 야기한다는 것이다.

관료제를 예견한 Weber는 "관료제는 개인적, 감정적, 비합리적 요소를 배제하고 비인간화될수록, 더 완벽해진다."라고 주장하였는데, 이는 구성망의 특질 중 관계의 강도를 제거함을 의미한다. 그러나 문화적 영향을 강조하는 학자들의 경우, 구성망의 밀도, 밀집도, 상호성(정계와 재계의 주고받기식 결탁, 즉 정경유착관계), 그리고 강도(혈연, 지연, 학연 등의 개인적 유대관계) 등의 특질을 중요시 하고 있다.

고전적 조직이론 및 신고전조직이론(인간관계론)의 공통된 특성은 모든 조직체가 동일하다는 가정이다. 좋은 행정원리는 어떤 체제하에서도 보편타당하게 일반적으로 적용될 수 있다는 Wilson행정이론의 가정(Ostrom, 1974)이 그대로 이어져 왔음을 알 수 있다. 조직의 기술, 직무불확실성, 환경, 조직규모, 목표 및 권력 등의 상황적 요소들의 다양성은 관심 밖이었고 결과적으로 분석단위가 한 조직체 내의 개인이나 소집단에 국한되었다.

단일최고방법(One best way)이 가능한 것도 모든 조직이 동일하다는 가정하에서는 타당한 듯하다. 그러나 조직마다 각각 직면한 상황이 상이하다는 가정하에서는 다른 이론의 대두가 요구되는 바, 이것이 바로 상황이론이다. 구조적 상황이론(Structural Contingency Theory)이란 가장 적절한 조직 형태는 단일최고방법에 의해 결정되는 것이 아니라 조직이 처한 상황적 제조건에 좌우된다는 것이다. Burns와 Stalker(1961)에 의하면 합리적인 조직형태는 기계적(Mechanistic)일 수도 있고, 유기체적(Organismic)일 수도 있다고 본다. 어느 형태가 더 합리적인가의 문제는 직무 불확실성과 같은 상황적 요인에 달려 있다는 것이다. 이러한 이론은 한 조직 내의 하위단위에도 적용될 수 있다. 예컨대, Lawrence와 Lorsch(1967)는 한 조직 내에서도 여러 형태의 조직구조가 고안되어야 한다고 본다. 이는 한 조직이라도 다양한 하위환경(Subenvironments)에 직면할 수 있기 때문이다.

어떠한 상황변수들이 조직구조에 영향을 미치며, 또한 어떤 변수가 상대적으로 더 중요한 것인지에 대해서는 논란이 분분하다. 상황 이론가들은 기술이나 환경의 절대적 영향(Technological or Environmental Imperative)을 강조하는 반면(Perrow, 1970; Lawrence & Lorsch, 1967), 구조론자들은 조직규모의 절대성(Size Imperative)을 강조한다(Blau, 1970; Blau & Shoenherr, 1971).

Mintzberg는 조직을 설계하는 데 있어서 매우 유용한 분석틀을 제시해주고 있는데, 조직구조는 조직의 역사, 규모, 기술, 환경 및 권력 등과 같은 여러 상황요소들에 의해 결정되며 이들 상황요소와 조직구조 간의 적합도(Fit)를 높이는 것이 조직효과성을 제고하는 첩경이라는 것이다. 예컨대, 조직의 환경이 복잡하고 역동적이면 분권화를 강화하고, 조직규모가 크면 분권화를 강화하는 조직설계가 상황요소와 조직구조 간의 적합도를 유지한 조직설계라는 것이다.

Mintzberg(1983)는 조직을 설계하는 데 있어서 매우 유용한 분석의 틀을 제시해주고 있는데, 조직구조는 조직의 역사, 규모, 기술, 환경 및 권력 등과 같은 여러 상황변수들에 의해 결정되며, 이들 상황변수와 조직구조 간의 적합도(fit)를 높이는 것이 조직효과성을 제고하는 첩경이라고 주장한다. 각 조직구조를 살펴보면 다음과 같다(김인수, 1991: 377–401).

단순구조는 상대적으로 소규모이고 주로 초창기 조직에서 발견되는데, 일반적으로 복잡하지 않은 기술을 사용한다. 단순구조는 집권화된 유기적인 구조라 할 수 있다. 즉, 단순하고 동태적인 환경에서 주로 발견할 수 있고, 일반적으로 환경이 적대적이거나 최고관리자가 의사결정을 집권화해야 할 필요가 있을 때 적합한 조직구조이다. 단순구조를 가진 조직에서는 최고관리자가 조직의 핵심부문으로 등장하고, 과업은 주로 관리자의 직접감독에 의해 조정된다.

기계적 관료제구조는 전형적으로 단순하고 안정적인 환경 하에서 적절한 조직구조형태이다. 기계적 관료제구조에서는 모든 지원 서비스를 조직 외부로부터 의존하지 않고 가급적 조직내부에서 완전하게 통제하려 함으로써 작업흐름을 안정적으로 유지하려고 한다. 또한 작업의 반복과 표준화가 필요하기 때문에 작업의 양이 충분히 많고 작업의 표준을 정착시킬 수 있는 오래되고 성숙된 조직에서 전형적으로 찾아 볼 수

표 3-3 Mintzberg의 조직설계유형

분류	단순구조	기계적 관료제구조	전문적 관료제구조	사업부제구조	애드호크라시
조정수단 핵심부문	직접감독 전략층	업무표준화 기술구조	지식/기술의 표준화 핵심운영층	산출물의 표준화 중간관리층	상호조정 지원스탭
상황요인					
역사 규모 기술 환경 권력	신생조직 소규모 단순 단순, 동태적 최고관리자	오래된 조직 대규모 비교적 단순 단순, 안정 기술관료	가변적 가변적 복잡 복잡, 안정 전문가	오래된 조직 대규모 가변적 단순, 안정 중간관리층	신생조직 가변적 매우 복잡 복잡, 동태적 전문가
구조요인					
전문화 공식화 통합/조정 집권/분권 예	낮음 낮음 낮음 집권화 신생조직	높음 높음 낮음 제한된 수평적 분권화 행정부	높음(수평적) 낮음 높음 수평 · 수직적 분권화 학교	중간 높음 낮음 제한된 수직적 분권화 재벌기업	높음(수평적) 낮음 높음 선택적 분권화 연구소

있다. 기계적 관료조직은 규제적인 기술체계를 갖는 조직에 적절한 구조형태이다. 왜냐하면 이러한 기술은 작업을 일상화시키고 표준화시킬 수 있기 때문이다. 이러한 조직에서 사용하는 규제적인 기술체계는 매우 단순한 것으로부터 조금 복잡한 것까지를 포함하나 자동화 같은 매우 복잡한 기술은 제외된다. 왜냐하면, 매우 복잡한 자동화 기술의 경우, 전문가들에게 상당한 권력위양이 필요하며 나아가서 이들은 비관료적인 유기적 구조를 요구하기 때문이다.

전문적 관료제구조는 수평 · 수직적으로 분권화된 조직형태로서, 복잡하고 안정적인 환경에서 적절한 조직구조형태이다. 즉, 광범위한 훈련프로그램에 의해서만 학습되고 복잡한 절차를 사용하여야 할만큼 환경이 복잡하면서, 표준화된 지식과 기술 및 운영절차를 사용할 수 있을 정도로 안정되어 있는 경우에 적합하다. 이러한 구조는 전문가들로 구성된 핵심운영층이 주요 부문으로 등장한다. 이들은 오랜 훈련과 경험으로 표준화된 기술을 이용하여 과업을 조정하기 때문에 많은 자율권을 부여받는다.

사업부제구조는 제한된 수직적 분권화 조직형태로서, 이러한 구조가 형성되기 위한 기본적인 조건은 무엇보다도 고객이나 제품 및 시장의 다양성이다. 즉, 시장의 다양성이 전제될 때, 각 사업부는 스스로의 책임 하에 있는 시장을 중심으로 자율적인 영업활동을 전개하게 된다. 이 구조는 상대적으로 안정적인 환경에서 운영되는 오래

그림 3-5 다섯 가지 조직구조의 유형

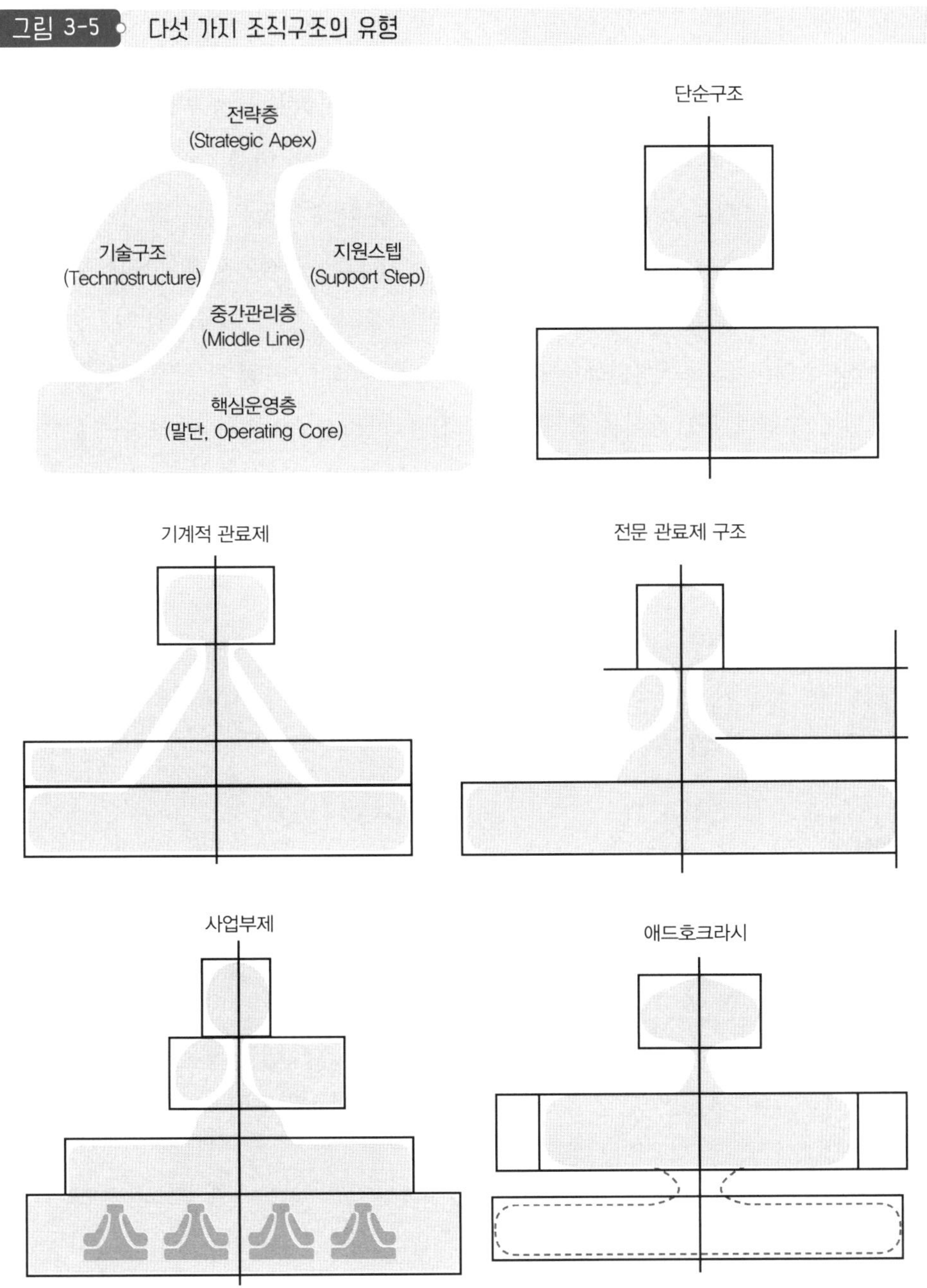

된 대규모의 조직에서 발견된다. 사업부 내 과업의 조정은 산출물의 표준화를 통해서 이루어지고, 본부조직에서 요구하는 성과통제 메커니즘은 사업부 내에서의 기계적 관료제구조를 요구한다.

다음으로 보다 상세히 살펴볼 애드호크라시는 거의 모든 면에서 기계적 관료제구조와 반대의 속성을 갖는 조직구조이다. 애드호크라시는 동태적이고 복잡한 환경에 처한 조직에 적절한 조직구조이다. 이러한 환경은 정교한 혁신을 요구하며 동시에 이런 혁신을 위해서는 분권화된 유기적 구조가 필요하다. 조직의 역사는 애드호크라시와 관련한 또 하나의 조건이다. 왜냐하면, 시간이 지남에 따라 조직은 관료화되어가기 때문이다. 따라서 애드호크라시는 일반적으로 오래되지 않은 조직에서 발견된다. 애드호크라시 구조를 갖고 있는 조직에서는 정교한 과업의 분화가 이루어지고 있으나 공식화의 정도는 높지 않다. 조직구성원들의 전문성은 매우 높고, 구성원 간 상호조정은 개인적 의사전달과 수평적 통합방식을 통해 이루어진다. 따라서 이러한 구조에서는 선택적인 분권화가 이루어지고, 어떠한 계층의 누구라도 의사결정에 참여할 수 있다.

3 Network 이론

1) 작은 세상 가설

인맥도 '허브'가 있다

네트워크의 원리는 인맥 쌓기에도 도움을 준다. 친구가 많은 사람을 사귀면 다른 사람들을 만나기가 유리한 것도 그중 하나다. 연예계의 마당발로 불리는 박경림이 대표적인 '인맥 허브'. 축구선수 이천수는 탤런트 박진희를 만나고 싶어 박경림에게 처음 전화했다가 박진희와 친해졌다고 밝혀 화제가 됐다.

2) Small World Hypothesis(SWH)

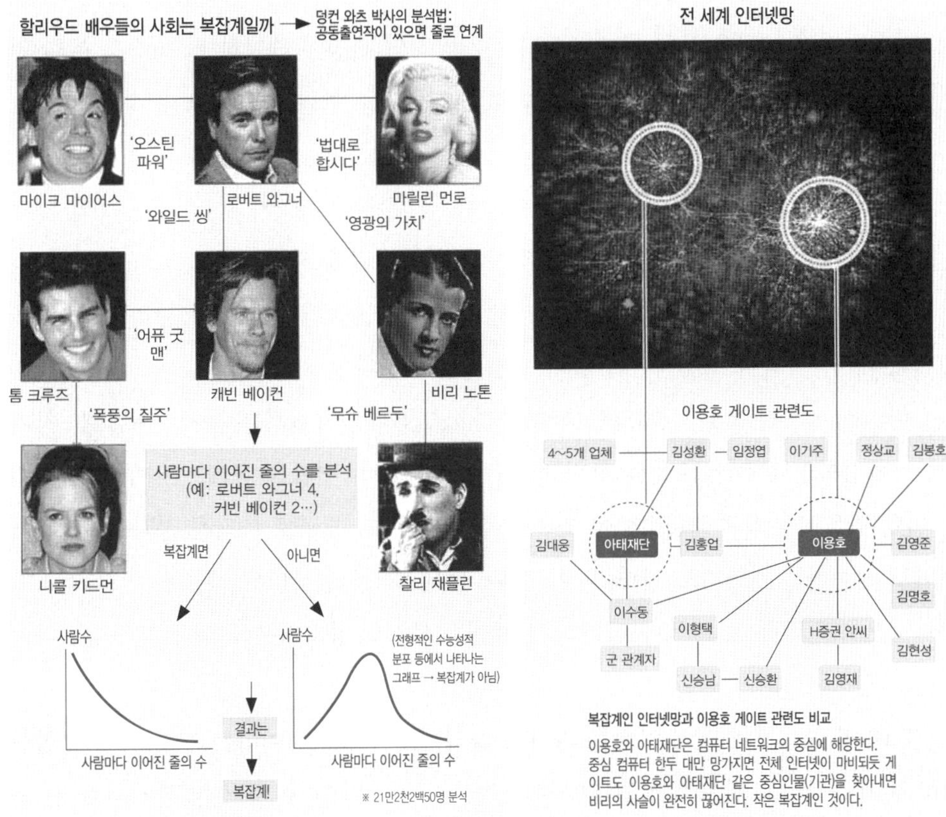

4 산업사회형 관료제의 대안: 정보사회형 진화론적 조직

1) 복잡성이론에서의 조직이론

(1) 복잡성이론과 조직이론과의 관계

카오스이론에서의 조직은 인간을 합리적인 행위자로 보는 게 아니라 잠재력, 약점, 한계, 모순, 불합리성을 가지고 있는 복잡한 사회적 행위자로 본다. 외부세계와 격리된 기업은 빠른 속도로 계속 변하는 일련의 외부의 힘에 의해 영향을 받는 기업으로 대체된다. 목적, 수단, 외적인 변화 등 모든 것이 유동적이며 형식을 내세우지 않는 것,

기업가 정신, 진화를 강조하는 개방적인 조직이다.

이러한 관점들은 카오스이론에서 볼 때, 조직에 있어 환경은 예측불가능한 관점에서, 역동적인 조직을 통한 자기조직화는 개방적인 관점에 해당하며, 학습을 통한 자기규제적 통제활동은 조직구성원을 사회적인 행위자로 보는 관점이라 할 수 있다.

(2) 개방–사회적 조직이론

개방–사회적 조직이론은 조직이 외부환경과 긴밀한 관련성을 갖고 교류가 발생하기 때문에 예측불가능한 환경에서 자발적이고 자율적인 반응이 가능하도록 한다. 이러한 개방–사회적 조직이론을 살펴보면 다음과 같다.

마치(March)의 쓰레기통 모델에 따르면, 조직의 의사결정은 문제, 해결책, 참가자, 선택기회와 같은 요소들의 복합적이고 무원칙적인 결합을 통해서 이루어지는 것에 이어서 조직은 문제해결방식을 통하여 학습하며, 그 결과로 조직은 성과를 유지·개선하고 생존하는 것이라고 한다. 와이크(Weick)는 조직화를 환경탐색, 해석, 그리고 학습과정으로 파악하고, 조직에 참여하는 인간들 사이의 상호작용에 의해 재구성된다는 측면을 강조한다.

HBR의 편집장인 캔터 교수는 과거에 환경변화가 안정적이라는 전제 아래 편협한 사고와 계층적이고 관료적인 경영이 이루어졌으나, 1960년 이후 경영 환경의 변화 속도가 빨라지자 조직은 통합적인 시각에서 새로운 조직구조를 설명한다. 델타 컨설팅의 대표인 데이비드 내들러 등은 고성과 업무시스템(HPWS)을 제안한다. HPWS는 업무, 사람, 기술, 정보가 총체적으로 조화되어 최적상태가 되도록 조직을 설계함으로써 고객의 요구와 환경의 요구 또는 기회에 효과적으로 대응해, 높은 성과를 올리도록 하는 접근방식이다.

표 3-4 전통적인 조직 모델과 새로운 조직모델의 비교

구분	과거의 조직 모델	새로운 조직 모델
모델	합리적 시각 경쟁적 모델	환경적 시각 정치적/경쟁적 모델
조직과 조직원의 제약조건	선택, 계약이 자유로움 자신의 능력만이 문제	환경적 제약, 자원부족, 권력갈등 문제에 직면
조직의 목적	제한된 아웃풋을 생산 일정 영역 내에 안주 가능	다양한 활동 외부와의 조정 필요
경영상 핵심문제	통제 독립된 부문 간 조정 프로세스 간 마찰 경감	전략적 의사결정 현안문제 해결 외부적 정치관계 해결
시각	내부적, 미시적 시각	외부적, 거시적 시각
연구과제	정적, 불변적인 사항	의견조정, 경쟁, 상호조정
조직의 효율성	객관적인 기준과 동질적인 조직의 요구를 바탕으로 한 기술적인 문제	조직외부관련자들의 의견조정을 거친 기준을 바탕으로 한 정치적 문제

표 3-5 전통적인 조직과 HPWS의 비교

전통적인 조직	HPWS
• 내부지향적인 설계	• 고객과 환경에 초점을 둔 설계
• 통제가 심한 세분화된 단위조직	• 권한이 위양된 자율적인 단위조직
• 여러 가지 잡다한 요구	• 명확한 방향과 목표
• 철저한 착오 방지	• 자원에 대한 예외사항
• 기술적 시스템이 지배	• 사회적/기술적 시스템의 통합
• 정보 독점/제한	• 정보 공유
• 세분화되고 편협한 직무	• 확장되고 공유되는 직무
• 사람의 행동을 통제 · 제한	• 사람에게 권한위양
• 경영구조, 프로세스, 문화를 통제	• 경영구조, 프로세스, 문화에 자율성
• 경영층이 조직을 재설계	• 조직 재설계권의 위양

2) 복잡성이론에서의 조직구조

복잡성이론에서 요구되는 조직은 상하좌우 간에 가로놓여 있는 벽이 허물어지고 단단한 조직구조가 유연해져야 한다. 조직이 환경의 변화를 감지해 그 내용이 조직 상층부로 전달되면서 변절되고, 조직 상층부에서의 의사결정 아래로 전달되면서 왜곡된다. 의사소통의 속도 또한 느려 그로 인해 기회를 상실하는 일도 생긴다.

따라서 카오스이론에서 조직 운영방식을 수직적인 방식에서 수평적인 방식으로 바꾸어야 한다. '키 작은 조직'으로 납작하게 만들고, 또 조직의 형태는 있되 실제 운영에 있어는 조직이 아닌 것처럼 유연하게 움직이는 탈조직화도 시도한다. 이러한 조직은 기본적으로 수평적인 조직운영 원칙 아래 조직 상하좌우 간에 벽이 없어야 하며, 조직의 키가 작아야 하고, 조직 내외부 간에 네트워크구조를 구축하는 한편 유연한 조직구조를 가져야 한다.

(1) 조직의 상하

조직의 부서들이 개별기능 중심으로 움직여 조직 전체의 협력체제를 이룰 수 있도록 수직적인 운영방식을 타파하기 위해 조직 간의 경계를 허물고 부문 간 협력이 원활한 팀제도를 적극적으로 활용하는 등 수평적인 방식으로 조직을 운영해 간다.

① 키 작은 조직

키 작은 조직의 대표적인 사례가 도요타의 문진형 조직이다. 당초 문진형 조직은 혼다의 R&D조직에서 시작되었지만, 이를 전사적으로 적용한 회사가 도요타이다. 도요타는 1988년에 현장~부장까지 여덟 단계의 상하계층을 세 단계로 대폭 축소했는데, 그 결과 조직의 의사소통이 원활해지고 창조성이 높아졌다는 평가가 나오자, 많은 일본기업이 이를 뒤따르고 있다. 미국의 경우도 마찬가지로 이스트만 코닥은 13계층을 4계층으로 줄였고, 인텔은 열 계층을 다섯 계층으로 줄였다. 8억 명의 신자를 관리하는 카톨릭 교회도 계층이 다섯 단계에 불과하다. 긴즈버그 등은 카톨릭 교회가 천오백년 동안 지도력과 힘 그리고 굳건한 위치를 유지해온 비결로 과도한 조직계층을 회피했다는 점을 들고 있다. GE도 웰치 회장의 주도 아래 조직계층의 축소를 추진했다.

② 오케스트라형 조직

키 작은 조직의 유형 중 하나로 오케스트라형 조직이 있다. 오케스트라의 지휘자는 단원들을 단순히 지휘하고 통제하는 보스가 아니라 함께 연주를 이끌어 가는 리더이자 동료이다. 오케스트라의 단원들은 서로의 지위가 동등하다. 바이올린 주자가 수적으로 많다고 해서 타악기를 다루는 소수의 연주자보다 우월하거나 더 중요한 것은 아니며, 이들 단원 모두가 함께 조화를 이루는 연주를 해야만 최고의 연주가 가능하다. 모두 함께 협동하고, 함께 책임진다. 말러의 교향곡에서는 코러스에 덧붙여 무대에 385명의 연주자가 필요하다. 만일 이 이 오케스트라를 오늘날 대기업의 피라미드형 조직으로 구성한다면 지휘자인 사장과 현악기 담당임원, 타악기 과장, 바이올린 대리 등 중간관리자가 있어야 한다. 하지만 실제로 오케스트라에서는 지휘자가 한 명뿐이다. 정보와 지식이 경영자이나 중간 관리자에게 집중되는 것이 아니라 현장계층 또는 실무계층에 집중되며, 정보와 지식을 가진 전문가 집단을 효과적이고 감각있게 움직이도록 한다.

(2) 조직의 좌우

부문 간에 가로놓여 있는 경계를 넘어 여러 기능부서의 사람들이 함께 일하며, 가상조직이나 가상기업을 통해서 외부조직 간의 벽이 허물어지고 협력체가 구축된다.

① 기능횡단팀

기능횡단팀은 특정 과제에 관련된 모든 부서의 관계자가 함께 참가해 공통적으로 의사결정을 하고 업무를 진행한다. 팀을 운영하는 데 들어가는 비용측면에서만 보면 중복기능이 많아 인건비가 증가하지만, 프로젝트의 진행속도가 빠르고 시행착오가 줄어들면서 성과 차원에서 많은 득을 얻을 수 있다. 인풋을 줄이고 아웃풋을 늘리는 전형적인 효율성 추구 전략이 아니라 인풋을 하나 더 넣되 아웃풋을 둘 이상으로 늘린다

표 3-6 관료적 조직과 네트워크형 조직의 비교

구분	관료적 조직	네트워크형 조직
과제성격	육체적	정신적
관계	관료적	대등관계
단계	많음	적음
구조	기능적	기능횡단적
경계선	고정	투과기능
경쟁력 요인	수직적 통합	외부자원 활용, 제휴
경영 스타일	독재적	참여적
문화	복종과 전통	헌신과 결과
구성원	동일	다양
전략적 초점	효율	혁신

는 효과성의 추구 전략이다. 특히 첨단 신제품을 만드는 R&D 부문에서는 제품개발 속도가 바로 핵심 경쟁력이요, 이익의 원천이므로 많은 선진기업들이 기능횡단팀을 적극적으로 활용하고 있다.

또한, 이러한 기능횡단팀에는 외부의 관련자를 포함하는 경우도 많다. 조직 외부로까지 여는 것이다. 고객대표를 팀에 참가시켜 역지사지의 입장에서 고객의 요구와 기대를 제품개발에 반영시킨다. 또, 협력회사의 기술자를 제품개발 초기부터 팀에 합류시켜 협력회사의 실력이나 현실을 제품설계에 반영하기도 한다.

② 네트워크형 조직

네트워크형 조직은 계층이 거의 없고 조직 간의 벽도 없으며 부문 간 교류도 활발하다. DEC의 찰스 세비지는 전통적인 관료조직을 대체하는 개념으로 네트워크형 조직의 출현을 예견한다. 이런 네트워크형 조직을 범세계 차원에 적용하면 글로벌 네트워크형 조직이 된다. ABB, GE, BP, 혼다 등이 이런 모습으로 조직을 운영하고 있다.

SECTION 04 관광 관련 조직

1 호텔 조직

호텔의 조직은 그 호텔의 성격, 객실규모, 위치 등에 따라 다르게 구성되어 있다. 아래의 조직은 호텔의 경영목적을 가장 합리적이고 효율적으로 달성하기 위해 부서별 기능, 고객과의 접촉, 업무의 책임과 권한 등의 측면을 종합적으로 고려하여, 향후 우리나라 1~3급 호텔이 추구해야 할 바람직한 조직 구성의 모델을 제시한 것이다.

다음의 조직을 기준으로 하여 각 호텔에 따른 주어진 여건 및 업무의 실정에 맞도록 가감하여 구성한다면 합리적인 조직 운영체제가 될 수 있을 것이다.

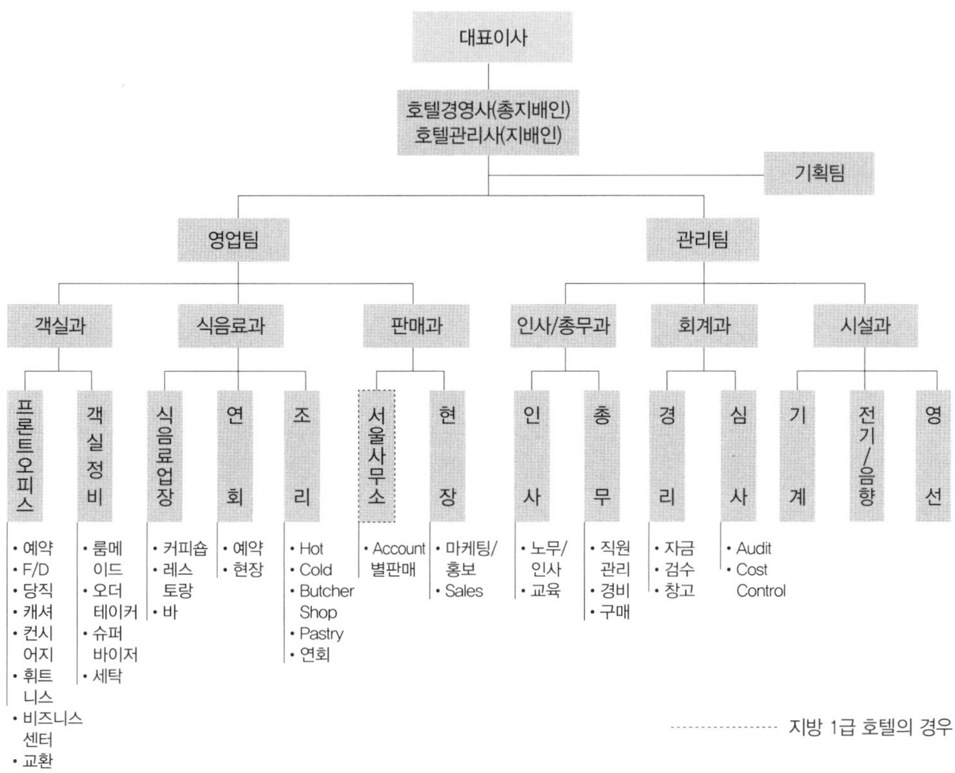
대표이사
호텔경영사(총지배인)
호텔관리사(지배인)
기획팀
영업팀
관리팀
객실과
식음료과
판매과
인사/총무과
회계과
시설과
프론트오피스
객실정비
식음료업장
연회
조리
서울사무소
현장
인사
총무
경리
심사
기계
전기/음향
영선
• 예약 • F/D • 당직 • 캐셔 • 컨시어지 • 휘트니스 • 비즈니스센터 • 교환
• 룸메이드 • 오더테이커 • 슈퍼바이저 • 세탁
• 커피숍 • 레스토랑 • 바
• 예약 • 현장
• Hot • Cold • Butcher Shop • Pastry • 연회
• Account 별판매
• 마케팅/홍보 • Sales
• 노무/인사 • 교육
• 직원관리 • 경비 • 구매
• 자금 • 검수 • 창고
• Audit • Cost Control
지방 1급 호텔의 경우

■ 사례 1: H 호텔(1등급)

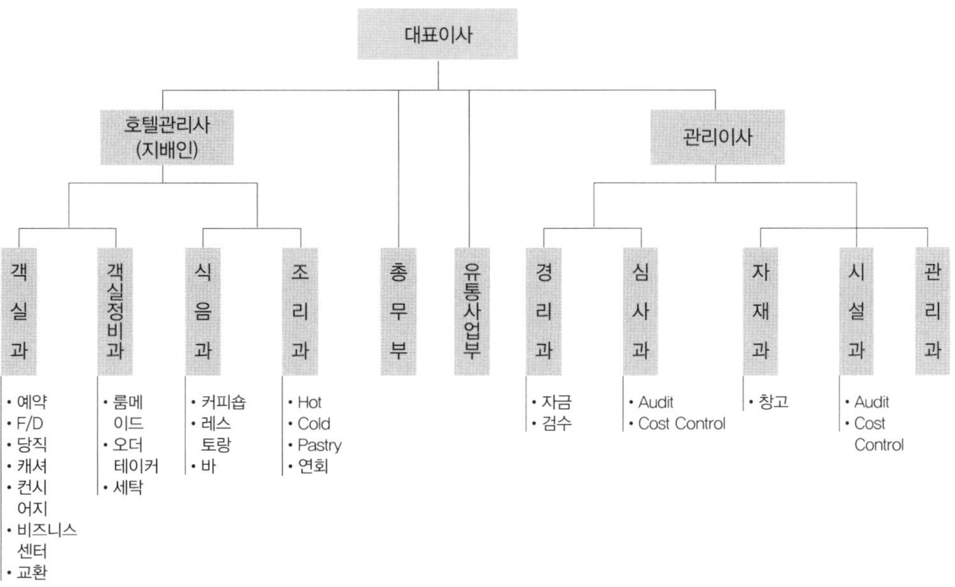
대표이사
호텔관리사(지배인)
관리이사
객실과
객실정비과
식음과
조리과
총무부
유통사업부
경리과
심사과
자재과
시설과
관리과
• 예약 • F/D • 당직 • 캐셔 • 컨시어지 • 비즈니스센터 • 교환
• 룸메이드 • 오더테이커 • 세탁
• 커피숍 • 레스토랑 • 바
• Hot • Cold • Pastry • 연회
• 자금 • 검수
• Audit • Cost Control
• 창고
• Audit • Cost Control

■ 사례 2: G 호텔(2등급)

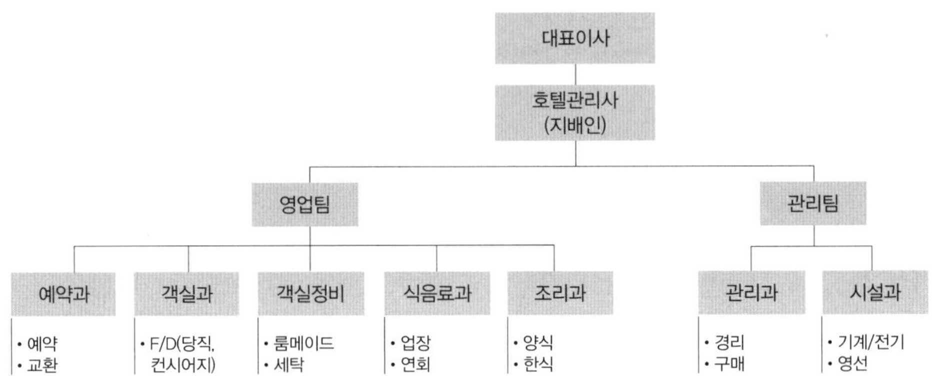

2 관광공사의 조직

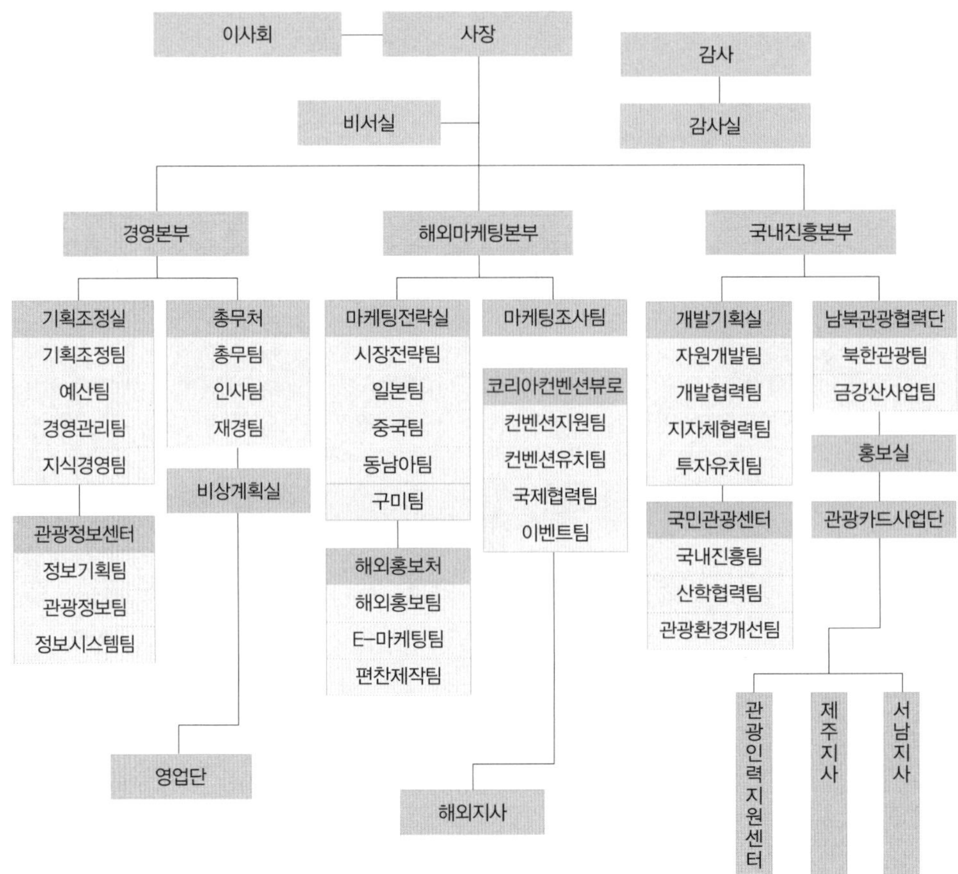

3 관광공사의 기능

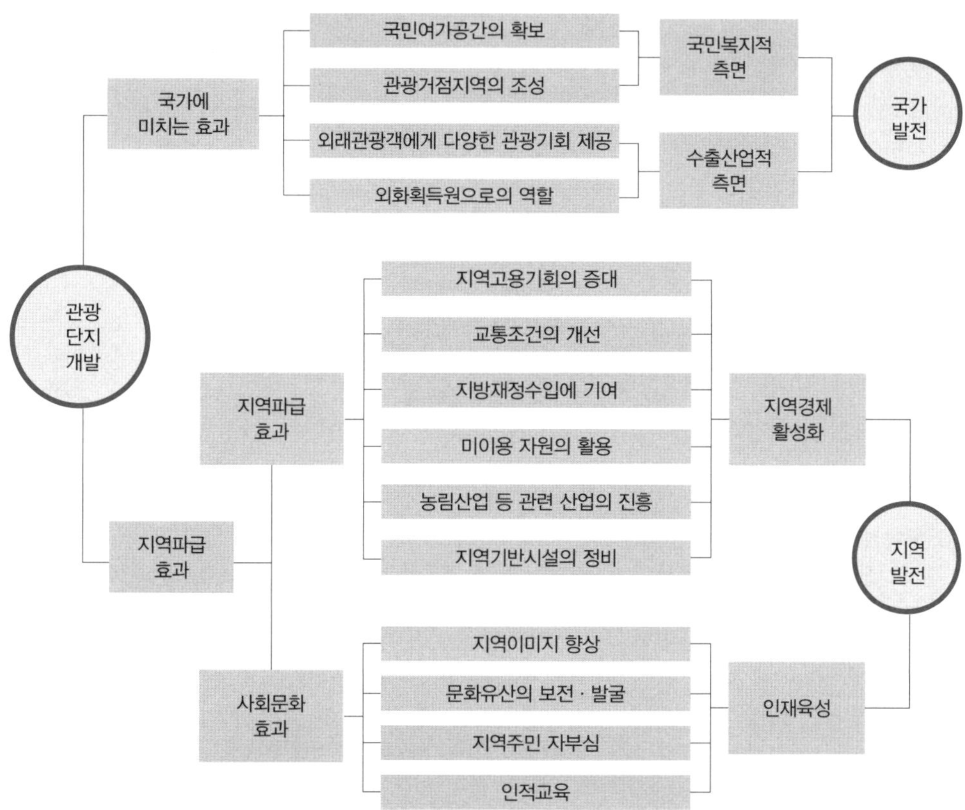

국민여가공간의 확보
관광거점지역의 조성
국민복지적 측면
국가에 미치는 효과
국가 발전
외래관광객에게 다양한 관광기회 제공
외화획득원으로의 역할
수출산업적 측면
관광 단지 개발
지역고용기회의 증대
교통조건의 개선
지방재정수입에 기여
지역파급 효과
미이용 자원의 활용
지역경제 활성화
농림산업 등 관련 산업의 진흥
지역기반시설의 정비
지역파급 효과
지역 발전
지역이미지 향상
문화유산의 보전 · 발굴
사회문화 효과
인재육성
지역주민 자부심
인적교육

4 문광부

표 3-7 기능분석

기능분류	관련기구	인력
1. 종무행정기능	○종무실(종무 1 · 2과)	○21명
2. 문화 · 예술진흥기능		(계 531명)
	○문화정책국(문화정책과, 국어정책과, 저작권과)	○33명
2-1. 문화 · 예술진흥정책수립	○예술국(예술진흥과, 공연예술과, 전통지역문화과, 문화교류과)	○42명
	○국립국어연구원	○36명
2-2. 전문예술인 양성	○예술원사무국	○14명
	○한국예술종합학교	○223명
2-3. 예술 진흥 · 연구 · 교류	○국립중앙극장	○75명
	○국립국악원	○82명
2-4. 민족예술 진흥 · 보급	○민속국악원	○28명
3. 문화산업진흥기능 3-1. 출판 · 인쇄산업 진흥 3-2. 방송 · 영상 · 광고산업진흥 3-3. 멀티미디어 콘텐츠 및 문화상품진흥	○문화산업국 - 문화산업정책과, 출판 신문과 - 방송광고과, 영상진흥과 - 게임음반과, 문화콘텐츠진흥과	○74명
4. 관광진흥기능	○관광국 - 관광정책과, 관광개발과, 국민관광과, 국제관광과	○46명

1) 관광진흥기능

(1) 현황

① 관광국

- 관광정책과, 관광개발과, 국민관광과, 국제관광과

(2) 문제점

○ 관광기념품 개발 및 보급에 관한 업무와 외국인관광객 유치 홍보업무 등은 산

하단체의 기능과 중복되고, 국가기능으로 부적절한 기능임.

기능분류	관련기구	인력
5. 체육진흥기능	ㅇ체육국 – 체육정책과, 체육진흥과 생활체육과, 국민체육과	ㅇ45명
6. 청소년 육성기능	ㅇ청소년국 – 청소년정책, 청소년지원과, 청소년수련과	ㅇ33명
7. 도서관 및 박물관 운영 · 관리 기능	ㅇ문화정책국 – 도서관박물관과 ㅇ국립중앙박물관(1) – 지방박물관(11) ㅇ국립민속박물관 ㅇ국립중앙도서관 ㅇ국립현대미술관	(계 863명) ㅇ13명 ㅇ472명 ㅇ66명 ㅇ223명 ㅇ89명

(3) 기존 개편방안(경영진단안 등)

ㅇ 현행체제 유지

(4) 외국사례

국가	관광주관부처	국가관련기구
일본	국토교통성	국제관광진흥회
호주	관광성	호주관광청
미국	상무부	미국관광청
캐나다	산업부	캐나다관광청
아르헨티나	대통령직속기관	아르헨티나국가관광국
프랑스	공공시설 · 주택 · 교통 · 관광부	프랑스관광공사
영국	문화유산부	영국관광청
이탈리아	총리실 관광국	이태리관광공사

생각해볼 문제

1. 연결망행렬을 UCINET에 입력해 보자.

엑셀 파일 불러오기

UCINET 6에서 다른 통계 패키지에서 계산하거나 입력한 자료를 불러오는 가장 좋은 방법은 엑셀 파일을 불러오는 것이다. 여기에는 두 가지 방법이 있다. 첫째는 통계 패키지에서 엑셀 파일로 저장한 후(단, *.xls 확장자를 갖는 통합문서로 저장하면 안되고, .WKS 확장자를 갖는 엑셀 5.0이전 버전의 형식으로 저장해야 한다), 이를 Data→Import→Excel에서 불러온다. 엑셀 워크시트의 첫째 열과 첫 행은 변수 이름을 쓰는 곳이므로 빈 칸으로 남겨 놓거나 변수 명을 입력한 후 저장해야 한다.

두 번째 방법은 복사하기(Ctrl+C)와 붙이기(Ctrl+V) 기능을 이용하여 직접 UCINET 6 자료 입력 창으로 자료를 옮긴 후 UCINET 6 파일 형식으로 저장하는 것이다. 물론 이 방법은 Excel이라는 중간 단계를 거치지 않고 바로 원자료를 UCINET 6 자료 입력 창에 붙여 넣을 수도 있으나, 이 방법이 가능한지는 통계 패키지마다 다르므로 실험을 해 보아야 한다.

중앙성 분석

사람들은 살아가면서 여러 가지 종류의 연결망에 놓이게 되는데, 구조적인 위치 중에서 가장 중요한 것은 '연결망의 중앙에 어느 정도 가깝게 놓이는가'이다. 친구망에서의 중앙은 스타를 의미하며, 이 스타는 연결망에서 최고의 지위를 누린다. 스타는 가장 많은 정보를 신속하게 누리면서 구성원들에게 영향력을 행사한다. 국가 간 교역의 연결망에서도 중앙에 놓인 국가가 세계 경제에서 가장 커다란 영향력을 행사한다. 중앙 국가와만 교역을 하는 변방의 국가들은 교역 상대를 잃지 않기 위해서 중앙의 압력에 굴복하기도 한다. 이처럼 중요한 중앙에 얼마나 가까이 있는지를 측정하려는 다양한 중앙성 지표들이 제안되었다.

2. 다음 설문조사를 하고, 설문조사 결과를 UCINET을 이용해 비공식 연결망을 분석해 보자.

사회연결망 설문

1. 장진형______	19.김남균______	1. 장진형______	19.김남균______
2. 김래원______	20.최준호______	2. 김래원______	20.최준호______
3. 오승윤______	21.황기석______	3. 오승윤______	21.황기석______
4. 유주상______	22. 김동현______	4. 유주상______	22. 김동현______
5. 정희윤______	23. 조윤봉______	5. 정희윤______	23. 조윤봉______
6. 장덕현______	24. 손동현______	6. 장덕현______	24. 손동현______
7. 김정기______	25. 김태영______	7. 김정기______	25. 김태영______
8. 이용래______	26. 박우진______	8. 이용래______	26. 박우진______
9. 김태훈______	27. 차명환______	9. 김태훈______	27. 차명환______
10. 강동주______	28. 김다슬______	10. 강동주______	28. 김다슬______
11. 엄예솔______	29. 최나나______	11. 엄예솔______	29. 최나나______
12. 김옥진______	30. 박수지______	12. 김옥진______	30. 박수지______
13. 안다미______	31. 신은경______	13. 안다미______	31. 신은경______
14. 최유경______	32. 탄혜진______	14. 최유경______	32. 탄혜진______
15. 한소설______	33. 최승희______	15. 한소설______	33. 최승희______
16. 정민지______	34. 정하니______	16. 정민지______	34. 정하니______
17. 최종민______	35. 이채영______	17. 최종민______	35. 이채영______
18. 권혜리______		18. 권혜리______	

성명: __________ 부서: __________ 여자( ) 남자( )

3. 사회구성망이론에 대하여 인터넷 검색을 해보자.

4. 다음 관광 자료를 이용하여 연결망을 활용하는 방안을 생각해 보자.

World Tourism Organization.(2003a) "Basic References" in http://www.world-tourism.org/statistics/tsa_project/basic_references/index-en.htm.

____________________.(2003b) "Tourism Highlights: Edition 2003" in http://www.world-tourism.org/market_research/facts/highlights/Highlights.pdf

World Travel & Tourism Council.(2003) "Tourism Satellites Accounts: 2003 Executive Summary" in http://www.wttc.org/measure/PDF/Executive%20Summary.pdf

CHAPTER

04

조직관리론의 관점은 어떻게 변화해왔는가?

조직관리론의 관점은 어떻게 변화해왔는가?

일반적인 연구분야로서의 조직이론은 비교적 그 역사가 짧다. 조직이 사회에서 점차 중요한 역할을 담당하게 되어서야 조직이론의 필요성에 대한 관심이 주어졌기 때문이다. 조직이 발전하고 그 영역이 점차 확대됨에 따라 조직이론은, 조직을 구조화하고 운영하는 최선의 방법을 결정하려는 시도하에, 조직관리의 기본적인 관심을 반영하는 학문적이고도 실질적인 연구분야로 대두되었다.

조직이론에서 추구하는 근본가치는 조직합리성을 극대화하는 것이며 이는 투입 대 산출비(ratio of outputs to in-puts)인 능률성으로서 협의적으로 정의되었다(몇몇 이론가들은 아직도 협의적으로 정의하고 있다). 초기의 접근법은 구조가 개인근로자의 행태를 통제하고, 완전한 구조가 결정되고 개발되고 활용된다면 본질적으로는 개인에 대한 관심의 필요성을 제거해 주어 개인행태를 완전히 통제할 수 있다는 구조적 측면을 강조했다.

SECTION 01 조직이론 관점의 변천

조직이론 관점의 변천을 조직변화의 소재지에 따라 구분해 보면 닫힌(폐쇄)체제

이론에 입각한 고전 및 신고전적 조직관, 열린(개방)체제이론에 입각한 환경적응관(adaptation view), 환경조작관(enactment view), 자연도태관(natural selectionview), 조직과 환경의 상호작용관(interaction view between organization and environment), 그리고 혼돈이론에 입각한 자기조직화관(self-organization view)으로 나누어 볼 수 있다.[1]

체제적 관점의 근본을 형성하는 몇몇 개념 중의 하나로 개방 및 폐쇄체제 개념이 있다. 폐쇄체제는 구성요소의 기능과 그들의 상호관계가 주요 연구목적인 자기봉쇄적(self-contained) 실체를 묘사해 주는 은유이며, 폐쇄체제에 있어서는 체제를 기술하고 조종함에 있어 환경을 분석적으로 무시하는 방법으로 환경과의 관계가 규제되고 안정화된다. 이는 Weber(1947)가 이념형적인 관료제의 특징을 기술할 때 한 것과 유사하다.

폐쇄체제 관점은 환경으로부터의 지지가 문제가 되기보다는 예측 가능하다는 가정에 입각해 있다. 따라서 체제의 자원은 균형 내지는 항상성(homeostasis)의 유지를 위해 사용되고 내부적 능률성에 관심의 초점을 맞추고 있다. 현대조직이론가 중 폐쇄체제적 접근법을 옹호하는 이론가는 거의 찾아 볼 수 없다. 이는 체제와 외부환경 간의 관계에 대해 충분한 관심을 보이지 않는 이론적 관점에 대한 호칭에 불과하다(최창현 역, 1992).

균형모형(equilibrium model)이라 할 수 있는 체제이론(systems theory)적 관점에서 보면 조직이란 표준이나 규범으로부터의 이탈을 바로잡으려는 작용인 환류작용(feedback)을 통해 체제균형을 유지하는 자기규제적 체제(self-regulating system)로 파악된다. 긍정적 환류(positive feedback) 혹은 편차증폭환류(deviation-amplifying feedback)는 체제의 변화를 유발시켜 주며, 부정적 환류(negative feedback) 혹은 편차상쇄환류(deviationcounteracting feedback) 기능과 내부안정화장치(built-in stabilizer)에 의한 환경으로부터의 개별성유지 기능인 유형유지 기능(pattern maintenance function 혹은 latency function)을 통해 항상성(Homeostasis)을 유지한다.

체제란 부분요소들이 상호기능적으로 연결된 것이므로 전체적인 관점(holistic view)에서 파악되어야 하며, 항상성(homeostasis)의 유지를 통한 균형을 강조하는 자기

---

1 체제이론 이외의 조직사회학적인 조직이론들(예컨대, 갈등이론, 해석학, 현상학, 비판이론적 조직이론 등)에 대한 자세한 논의는 최창현의 '조직이론관점의 다양성: 해석 및 비판이론을 중심으로'를 참조하길 바란다.

규제적 체제(self-regulating system)이기 때문에 부정적 환류 혹은 편차상쇄환류기능과 내부안정화장치를 통한 안정과 타성이 지배적이다. 비록 갈등이 존재하나 제도화되거나 궁극적으로는 해소될 수 있다고 본다. 조직변화는 외부환경으로부터 점진적으로 발생한다. 대부분의 조직환경이론은 조직과 환경 간의 적합도를 유지하면 궁극적으로 조직효과성을 제고할 수 있다고 본다.

1 닫힌체제이론: 고전적 조직관 및 신고전적 조직관

〈표 4-1〉은 조직변화의 소재지에 따른 조직이론의 분류로 이론이 처방적인가 혹은 기술적인가 하는 차원과 체제 및 환경 간의 관계에 대한 관점이라는 차원에 입각하여 조직변화의 소재지에 따라 조직이론을 분류한 것이다.

〈표 4-1〉의 I분면의 고전적 조직이론은 조직의 목적이 합리적인 방법에 의해 세부적인 과업으로 분할(분업의 원리에 입각한 세분화 및 전문화)될 수 있을 뿐만 아니라 조직의 총체적인 목적달성을 위해 재결합(통합 및 조정)될 수 있다고 본다. 이러한 개념의 발상은 전체가 원자로 분할될 수 있고 또한 그 분할된 원자는 다시 전체로 재결합될 수 있다는 원자론 및 기계론(atomism and mechanism)을 근간으로 단순하고 질서정연한 세계관을 갖는 Newton의 기계론적 패러다임(Newtonian mechanical paradigm)에 입각한 것이라 볼 수 있다. 이는 근대를 움직인 기본적인 사상체계로서 사회제반에 지대한 영향을 미쳤다. 조직론적 견지에서 볼 때 Weber는 이러한 패러다임에 의거한 법률적, 합리적인 관료제조직(legal-rational beaurocracy)이 점점 증대되는 것은 역사적인 불가피성에 의한 것이라고 굳게 확신하고 있다.

고전적 조직론의 비인간화 경향에 대한 우려가 증대됨에 따라 인간에 역점을 둔 조직적 인도주의(organizational humanism)가 대두되기 시작한다. 비록 일련의 인도주의 운동이 인간적인 요소를 고양하려 했으나, 그 자체 목적이 되지 못하고, 조직목표를 달성키 위한 인도주의적인 수단으로 머물고 만다(〈표 4-1〉의 III분면).

이러한 초기접근법은 고전적 조직이론(Classical Organization Theory)으로 알려지기 시작했다. 고전적 조직이론으로 잘 알려진 이론가와 행정가로는 Frederick W. Taylor,

표 4-1 조직변화의 소재지에 따른 조직이론의 분류

체제 이론	폐쇄적 인공체제	개방적 자연체제	자기조직
	Ⅰ 조직구조	Ⅲ 인간관계	Ⅴ 자기조직적 설계
처방 이론	• 수직명령 • 권한계층제 • 분업에 입각한 전문화, 정형화 • 경제적 유인 • 지시 • 고전적 조직론	• 사기진작 • 비공식집단 • 정형적 직무는 심리적 긴장감 초래 • 비경제적 유인 • 동기부여 • 인간관계론	• 기능의 가외성(加外性) • 필요적 다양성 • 최소한의 구체화 • 학습을 위한 학습 • 자기생성 • 자생이론(Holography)
	Ⅱ 운영분석	Ⅳ 상호작용분석	Ⅵ 자기조직화 과정
기술 이론	• 문제의 구체화 • 비용/이익 분석에 입각한 대안 비교 • 정형화 • 의사결정이론	• 조직과 환경 간 상호작용 영향 • 갈등은 당연 상호모순적 • 조직목표 적응 • Lamarckian 적응 Darwinian 도태 변증법적 분석	• 분기점 내의 환경변화 • 분기점 밖의 환경변화 • 혼돈 속의 질서 • 자기조직화 분산구조이론

* 상호작용분석은 Astley와 Van de Ven(1982)의 조직이론분류와 같이 더 구체적으로 세분화될 수 있다. 그들은 조직이론을 결정론적 혹은 임의론적 지향성, 그리고 거시적 혹은 미시적 분석수준이라는 두 개의 상호배타적인 차원에 의해 체제구조적 관점(system-structural view), 전략적 선택관점(strategic choice view), 자연도태관점(natural selection view), 집단적 행동관점(collective action view) 등의 네 가지 관점으로 구분한다.

M. Weber, Lyndall F. Urwick, Luther Gulick, James Mooney, Alan Reilly, and Henri Fayol 등이 있다. 이들을 결합시킨 것은 조직관리가 과학이며 획일적으로 적용가능한 법칙이나 원칙이 규명될 수 있고 이를 통해 가장 좋고 가장 능률적인 조직을 만들 수 있다는 신념이었다.

막스 베버

프레드릭 테일러

『과학적 관리의 원칙(The Principles of Scientific Management)』이라는 저서에서 Taylor는 조직 내의 모든 직무를 수행하기 위한 "단일최선방법"을 규명하기 위해 시간 및 동작 연구(time and motion studies)에 주로 의존하는 직무과정에 대한 분석을 강조한다. 일단 이러한 단일최선방법이 규명되면 관리자의 다음 단계는 직무를 최선의 방법으로 완수하기 위한 근로자의 과학적 선발 및 훈련이다.

Taylor는 근로자동기의 복잡성 및 미묘성을 등한시했다는 점에서 비판을 받아 왔다. Taylor는 이에 대해 근로자와 관리자는 상호공통적인 이해관계를 공유하고 있고 또한 그래야만 한다고 반박하는데 공동의 이해관계란 근로자에 대한 고임금 그리고 관리자에 대한 높은 이윤을 향한 열망, 즉 금전에 초점을 둔 것이다. 그럼에도 불구하고 Taylor의 근로자에 대한 접근법은 근본적으로 비인간적인 것이다.

다른 고전이론가들은 조직구조의 원칙에 초점을 맞추는데, 그들의 조직개념은 "통솔범위", "명령단일", "스칼라체인", "분업", "목적, 과정, 장소 혹은 고객에 의한 조직화" 등이다. Taylor가 직무를 수행하기 위한 단일최선방법이 있다고 확신했던 것처럼 그들도 조직구조를 설계하기 위한 단일최고방법이 있다고 확신한 것이다. 그 결과 이들은 단순하고도 비현실적인 접근법이라고 비판받아 왔다.

가장 혹독한 비판 중의 하나는 그들의 과학적 원리가 마치 격언 같다고 설득력 있게 주장한 Herbert Simon으로부터 비롯되었다. "거의 모든 원칙에 대해서 상충적인 원칙을 발견할 수 있다." 그러한 비판에도 불구하고 이러한 원칙은 현대조직이론 특히 공공조직이론에서 계속 중요한 역할을 하고 있다. 계층제적 명령구조와 제한적인 통솔범위에 의해 그 권력이 강화되는 강력한 단일행정부(executive)에 대한 주장이 주정부 및 연방정부를 개편하자는 지속적인 시도에 아직도 중요한 사항으로 남아 있다. 그 이유는 단일관료에게 책임을 집중시킴으로써 민주적인 책임성을 고양시킬 수 있기 때문이다.

행정관리원칙에 집착함으로써 비롯되는 조직구조는 Max Weber의 저서에서 규정되고 기술된 고전적 관료제이다. Weber의 "이념형"적 관료제에 대한 분석은 후세의 조직이론에 기초가 된다. 1921년 처음 발간된 관료제에 대한 Weber의 논문은 1920년대 후반에 와서야 영어로 번역된다.

> "사람들은 100명 속에서는 머리를 쓰지 않는다. 4명 혹은 10명의 조직 속에서나 머리를 쓴다…."
>
> – 익명의 중역

관료제가 널리 퍼짐에 따라 조직이론가는 관료제의 가장 큰 장점으로부터 또한 가장 큰 역기능(dysfunctions)이 초래된다는 점을 실감하게 된다. 관료제에 필수불가결하고 관료제를 특징짓는 규칙, 비인격성, 고정된 명령체계, 전문화는 번문욕례(redtape), 비인간화, 경직성 및 비융통성, 그리고 따분하고 단조롭고 불만족스러운 직무를 종종 초래한다. 관료제가 이러한 수준으로 전락하면 관료제의 합리성 및 능률성은 감소되고 조직이론의 임무는 관료제에 내재된 역기능을 해결하는 방법을 발견하는 것이 된다.

이러한 시도 중 첫번째는 Elton Mayo, Fritz Roethlisberger, 그리고 William Dickson의 인간관계적 접근법이다. Weber와 고전적 이론가들에게 핵심적인 조직개념은 기계관료제이며 그러한 기계에서 일하는 인간은 중요하기는 하나 교환가능한 부품으로서 간주되는 경향이 있다. 인간관계론자는 조직을 조직 내부의 집단이나 비공식기구에 의해 또는 조직 외적인 요인에 의해 형성되는 개인의 태도, 가치, 신념 및 행태로 구성되는 사회체제로 간주한다. 조직이론의 초점이 비공식조직으로 옮겨짐에 따라 공식조직 또한 목적달성을 위해 이를 이해하고 활용할 방법을 개발하려 한다.

Newton의 기계론적 패러다임(Newtonian mechanical paradigm)에 입각한 고전적 조직이론 및 신고전조직이론(인간관계론)의 공통된 특성은 모든 조직체가 동일하다는 가정에 입각하여, 좋은 행정관리원칙은 어떤 조직에도 보편타당하게 적용될 수 있다고 본다. Simon 등을 위시한 의사결정학파는 행정관리원칙이 마치 격언과 같이 상호모순적일 수도 있다는 점을 지적하면서 조직분석의 초점을 처방적 관리원칙의 제시보다는 의사결정과정에 대한 기술적 분석으로 전환할 필요성이 있다고 주장한다(〈표 4-1〉의 II분면). 신고전적 조직이론에 지대한 공헌을 한 Barnard(1938)와 의사결정학파의 결성에 기여한 Simon(1976)은 모두 기여-유인-만족균형체제(contribution-inducement-satisfaction equilibrium system)의 유지를 강조하여 조직의 내적 역동성만을 중시했기 때문에 균형모형적 폐쇄체제이론가로 불린다.

2 동기부여

인간없는 조직(organization without people)으로 비판받아온 고전적 조직론의 대안으로 대두된 인간관계론 등의 신고전이론은 지시, 명령, 통제 위주의 관료제적 조직에서 조직구성원의 동기부여에 초점을 맞추는 방향으로 여러 가지 동기부여 이론을 양산해냈다. Maslow의 욕구계층이론, Murray의 명시적 욕구이론, Alderfer의 ERG이론, McClelland의 성취동기이론, McGregor의 XY이론, Herzberg의 욕구충족요인이원론, Likert의 관리체제이론 등이 있다.

1) Maslow의 욕구계층이론

인간의 목표지향적 행동은 일정 시점에서 인간이 지니고 있는 여러 가지 욕구 중 가장 강도가 강한 욕구와 그에 따른 동기에 의해서 작동되어진다고 볼 수 있다. 조직 내의 인간의 행동을 연구하던 학자들은 이러한 사실을 인식한 후, 인간이 공통적으로 지니고 있는 가장 중요한 욕구를 알아내어 그것을 실제 조직에 적용할 수 있도록 체계화하기 위해 노력하였다. 이러한 학자 중에 가장 대표적인 학자가 Maslow이다. 그는 임상적인 관찰을 토대로 하여 ① 인간의 동기는 다섯 가지 욕구의 계층에 따라 순차적으로 유발되고, ② 동기로 작용하는 욕구는 충족되지 않은 욕구이며, 충족된 욕구는 그 욕구가 나타날 때까지 동기로서의 힘을 상실하며, ③ 대개의 경우 인간은 그러한 다섯 가지의 욕구들을 부분적으로밖에 충족시키지 못하기 때문에 인간은 항구적으로 무엇인가를 원하는 동물(perpetually wanting animal)이라고 하는 욕구계층이론을 주장하였다(Maslow, 1943: 370–396; 1954: 92). Maslow는 인간의 내재적 욕구(organismic needs)에 초점을 맞추어 욕구를 다섯 계층으로 분류하였다.

〈표 4–2〉에서 보는 것과 같이, 다섯 계층의 욕구에는 생리적 욕구(physiological needs), 안전에 대한 욕구(safety needs), 소속의 욕구(belongingness and love needs), 존경에 대한 욕구(esteem needs), 자아실현의 욕구(self–actualization needs) 등이 있다.

생리적 욕구는 인간이 지니는 가장 기초적인 욕구로서 음식 · 의복 · 주거 · 성 · 수면 등에 관련된 욕구이다. 욕구계층의 출발점이 되는 최하위의 욕구인 생리적 욕구는 다른 욕구에 비해 강도가 가장 높은 욕구이다. 즉, 인간의 생활을 가장 강하게 지배하는 욕구로서 모든 것을 박탈당한 극한적 상황이거나 모든 욕구가 전혀 충족되지 않을 때 지배적으로 나타난다. 예를 들어, 극단적으로 목이 마른 운동선수는 다른 무엇보다도 갈증을 해소시킬 수 있는 음료수를 마시기 위해 모든 노력을 동원할 것이다.

조직은 조직구성원들의 안전의 욕구를 충족시켜 주기 위해 건강보험 · 생명보험 · 재해보험 · 퇴직연금과 같은 후생복지 제도를 실시하기도 한다. 그러나 조직에 있어서 안전의 욕구는 다른 욕구에 비해 상대적으로 부정적인 의미를 갖기도 한다. 왜냐하면 조직 내에서 조직구성원들이 안전의 욕구를 추구하는 것은 그들의 생산성향상에 영향을 미치지 못하는 경우도 많고 그들의 행동을 작동시키기보다는 도리어 행동을 억제하거나 제한하는 경우가 많기 때문이다. 예를 들어, 어느 구청의 공무원이 강한 안전의 욕구를 지니고 있을 때 그는 업무를 창의적이고 자발적으로 수행하기보다는 이미 정해져 있는 업무량만을 수행하는 경향이 높을 것이므로 생산적이라고 하기 힘든 것이다. 즉, 상사의 기분을 상하게 하면 직장을 잃을 수도 있다는 것을 의식하고 그러한 가능성을 회피하고자 하는 안전의 욕구가 강하면 강할수록 구청 내의 문제점을 지적하면서 그에 대한 개혁방안을 제안하기보다는 무사안일적인 태도를 지니게 될 가능성이 높은 것이다.

생리적 욕구와 안전에 대한 욕구가 어느 정도 충족되면 소속의 욕구가 우세하게 나타나게 된다. 인간은 사회생활 속에서 다른 구성원들과 상호작용하면서 생활하는 사회적 동물이기 때문에, 친구가 없어서 고독한 것 · 어느 곳에서도 소속되어 있지 않은 것 · 가까운 사람들로부터 소외되는 것 등에서 오는 고통을 회피하기를 원한다. 즉, 소속감을 느끼는 상호관계를 유지하기를 원하며 자기가 원하는 집단에 소속되어 다른

표 4-2 Maslow의 욕구 5계층

일반적인 예	Maslow의 욕구 5계층	조직(관광자원봉사자)의 예
성취	자아실현의 욕구	도전적 직무(잠재능력활용기회)
신분	존경에 대한 욕구	직위(사회적 인정)
우정	소속의 욕구	근무 부서에서의 친교(타인과의 만남)
안정성	안전에 대한 욕구	후생복지(해고우려 없음)
의식주	생리적 욕구	기본급(식사 제공)

사람과 함께 있기를 바라게 된다. 인간의 이러한 욕구를 소속의 욕구라고 한다.

생리적 욕구, 안전에 대한 욕구, 소속의 욕구 등이 어느 정도 충족되면 존경에 대한 욕구가 우세하게 나타나게 된다. 존경에 대한 욕구는 자신에 대해 긍지를 가지려 하고 자신이 높게 평가받고 다른 인간들로부터 존경받기를 원하는 욕구이다. 이것은 인간 스스로 자신이 강하고 유능하며 성취적이라는 느낌을 가지려는 것, 즉 주로 명예·신망·위신·지위·인정·권력 등에 대한 욕구로 나타난다. 이와 같은 존경에 대한 욕구가 충족될 경우에 인간은 자신감을 갖게 되고 자신이 이 세상에 꼭 필요한 존재이며 유용하고 유능한 사람이라는 느낌을 갖게 된다. 이러한 욕구충족은 허황된 명성이 아닌 실력과 다른 사람들로부터 마땅히 받아야 할 정당한 존경에 기초를 둘 때 안정적이고 바람직한 것이 될 수 있다. 반면에 이러한 욕구가 좌절될 경우 인간은 열등감을 갖게 되고 그에 대한 보상적 행동을 하거나 신경질환의 증세를 보일 수 있다. 따라서 조직은 조직구성원들의 긍지와 존경의 욕구를 존중시켜 이것이 동기를 유발하는 요인이 되도록 ① 직명(job title)을 조정하고, ② 능력별로 보수를 인상하며(merit pay increase), ③ 동료, 상사, 부하로부터 인정을 받을 수 있는 것을 제도적으로 보장하고, ④ 직무 자체에서 성취감을 느끼면서 또한 직무에 대한 책임의식을 느낄 수 있는 여건을 마련해야 한다(조석준, 1990: 244).

생리적 욕구, 안전에 대한 욕구, 소속의 욕구, 존경에 대한 욕구 등이 모두 충족되어도 인간은 자신이 적합한 일을 하고 있다고 느끼지 않으면 불만과 불안을 가지게 된다. 이러한 불만과 불안을 해소시키기 위해서는 자아실현의 욕구가 충족되어야 한다. 이러한 자아실현의 욕구는 욕구계층구조의 최상층에 존재하고 있는 것으로서 자기완성에 대한 갈망을 의미하며 자신의 잠재적 역량을 최대한으로 실현하려는 욕구를 말한다. 즉, 개인 자신이 개발할 수 있는 능력을 충분히 개발하고 발휘할 수 있는 능력을 최대한 발휘하고 싶어하는 욕망을 의미한다. 조직이 조직구성원들의 자아실현의 욕구를 충족시키기 위해서는 조직구성원들의 자율성 보장·도전 및 보람을 느낄 수 있는 직무의 제공·능력개발의 기회제공·성취적 행동에 대한 관심 및 승진 등의 기회제공이 필요하다(이학종, 1984: 114; 조석준, 1990: 244). 자아실현의 욕구는 개인에 따라서 매우 다양한 형태로 나타나는데, 예를 들어 연주를 잘하려는 음악가의 욕구, 인류를 위해 공헌할 수 있는 과학자가 되려는 과학자의 욕구, 운동을 잘하려는 운동선수의 욕구, 인간의 내면이나 생활을 아름다운 언어로 형상화시키려는 소설가의 욕구 등이 있을 것이다.

Maslow의 욕구계층이론은 인간의 기본적 욕구를 파악하여 계층별로 분류하고 그들 간의 관계를 설명함으로써 인간의 행동을 작동시키는 동기를 이해하고 조직구성원들 개인의 문제를 해결하는 데 있어서 개념적 틀을 제시해 주었다는 점에서 높은 평가를 받고 있다.

2) 욕구이론의 통합

이 장에서는 인간의 욕구를 중심으로 인간의 동기를 설명하였다. 특히 욕구이론 중 Maslow의 욕구계층이론, Alderfer의 ERG이론, McClelland의 성취동기이론, Herzberg의 욕구충족요인이원론 등은 많은 차이점에도 불구하고 몇 가지 측면에서 서로 유사하다. 예를 들어, Maslow와 Alderfer는 인간의 욕구가 계층이 있다고 주장했으나, Herzberg는 인간의 욕구를 두 가지로 범주화해서 두 가지의 독립적인 요인으로 제시한다는 점에 차이가 있다. 그러나 [그림 4-3]에서 보는 것처럼 세 가지 이론들이 제시하는 인간의 욕구체계는 매우 유사한 것이 사실이다.

Herzberg가 제시한 위생요인은 Maslow가 제시한 욕구계층의 하위 세 가지 욕구에 해당된다. 특히 봉급과 근무조건은 Maslow의 생리적 욕구와 부합하고, 직장의 안정성과 조직의 방침은 안전에 대한 욕구에 해당되며, 근무감독과 인간관계는 소속의 욕구와 상응한다. Herzberg의 동기요인은 Maslow가 제시한 욕구계층의 상위 두 가지 욕구에 해당된다. 예를 들어, 직무성취에 대한 인정은 존경에 대한 욕구와 부합하고, 직무에 대한 성취감, 직무 그 자체, 책임부여, 성장기회 등은 모두 자아실현의 욕구와 상응한다고 할 수 있다.

또한 Maslow의 욕구계층이론과 Alderfer의 ERG이론도 유사성이 많다. 예를 들어, Alderfer의 ERG이론에서 생존욕구는 Maslow의 생리적 욕구와 안전에 대한 욕구 중 신체적 안전에 대한 욕구에 해당되고, 대인관계유지욕구는 Maslow의 대인관계적 안전의 욕구, 소속의 욕구, 그리고 다른 사람으로부터 존경을 받고자 하는 욕구와 상응한다.

표 4-3 욕구이론의 상호관계

<table>
<tr><th></th><th>Herzberg의
욕구충족요인이원론</th><th>Maslow의
욕구계층이론</th><th>Alderfer의
ERG이론</th><th>기타욕구</th></tr>
<tr><td rowspan="5">동기요인</td><td>– 직무에 대한 성취감</td><td rowspan="4">자아실현의 욕구</td><td rowspan="4">성장욕구</td><td rowspan="4">성취욕구</td></tr>
<tr><td>– 직무 그 자체</td></tr>
<tr><td>– 책임 부여</td></tr>
<tr><td>– 성장 기회</td></tr>
<tr><td>– 직무 성취에 대한 인정</td><td>존경의 욕구</td><td rowspan="4">대인관계
유지욕구</td><td>권력욕구</td></tr>
<tr><td rowspan="6">위생요인</td><td>– 근무감독</td><td rowspan="2">소속의 욕구</td><td rowspan="3">친교욕구</td></tr>
<tr><td>– 대인관계</td></tr>
<tr><td>– 직업의 안정성</td><td rowspan="2">안전의 욕구</td></tr>
<tr><td>– 조직의 방침</td><td rowspan="3"></td><td rowspan="3"></td></tr>
<tr><td>– 봉급</td><td rowspan="2">생리적 욕구</td></tr>
<tr><td>– 근무조건</td></tr>
</table>

마지막으로 Alderfer의 성장욕구는 Maslow의 존경에 대한 욕구 중 자긍심(self-esteem)과 자아실현의 욕구에 해당한다. McClelland가 제시한 친교욕구는 Alderfer의 대인관계유지욕구 일부분, Maslow의 소속의 욕구, Herzberg의 위생요인 중 대인관계 등과 유사하다. 또한 권력욕구는 Alderfer의 대인관계유지욕구 일부분과 성장욕구 일부분에 해당된다. 마지막으로 성취욕구는 Alderfer의 성장욕구 및 Maslow의 자아실현의 욕구와 상응한다.

지금까지 살펴본 욕구이론들은 개념적으로 많은 유사성이 있지만, 공통적인 문제점이 있다. 즉, 일반적으로 욕구이론은 동기를 유발하는 요인의 내용은 설명하지만 동기유발의 과정에 관해서는 제대로 설명하지 못하는 것이 사실이다. 예를 들어, 어떤 두 직원이 모두 대인관계유지욕구가 결핍되어 있다 하더라도, 그러한 욕구를 충족시키고자 하는 방법이나 과정은 다를 수 있다. 따라서 동기유발의 과정을 설명하는 과정이론은 다음 장에서 다룬다.

표 4-4 Mell과 Morrison의 7대 관광동기이론

욕구	동기	동기요인
생리적 욕구	휴식	탈출, 휴식, 긴장해소, 햇빛추구
안정의 욕구	안전	건강, 위락, 활동성, 건강유지
귀속 욕구	사랑	가족동반, 가족관계향상, 우정, 친교, 사교촉진, 인간관계형성, 고향찾기, 친지, 동족방문, 가족애표현, 사회적 접촉(social contact)
자존 욕구	성취능력, 신분	성취능력확인, 자기위치과시, 명예감, 사회적 인정, 자아확대(ego enhancement), 자기개발(self development), 직업관리, 신분과 명성(prestige and status)
자아실현 욕구	진실성 추구	자아계발 평가, 자기발전, 내적, 욕구충족
학습이해 욕구	지식 추구	문화경험(cultural experience), 교육, 타지역에 대한 관심
심미 욕구	미의 이해	환경 관리

자료: R. C. Mill &A. M. Morrison, The Tourism, prentice Hall, Int't ed. 1985, pp. 6-7.

3) 욕구계층이론과 관광

(1) 자기의 잠재력

Maslow의 욕구계층이론이 암시하듯이 고차요구가 나올려면 저차요구가 먼저 만족되어야 한다. 그러나 여행은 예외인 것 같다. 많은 사람들에게 있어서 여행은 일상행활에서의 도피를 제공하기 때문이다. 이 때문에 여행자들은 그들의 기본적인 요구구조를 변화시키게 된다. 집을 떠나 여행을 할 때는 저차요구가 충족되지 않았더라도 일시적으로는 시급하지 않다. 지적요구(intellectual needs)가 중요하게 되어 다른 저차요구보다도 우선하게 된다. 여행자들은 전에 보지 못한 것을 보고 자기가 살고 있는 세상을 더 잘 이해하며 미적 요구를 만족시키며 무언가를 배우고자 애를 쓴다.

이 말은 모든 여행동기가 자아현실요구에서 나온다는 것을 의미하지는 않는다. 사실 이러한 요구는 일부 소수의 여행자만을 동기화시킨다는 믿을만한 근거가 있다. 매슬로우를 포함한 많은 전문가들에 따르면, 자기실현을 경험하는 사람은 거의 없다고 한다. 그러나 미국사회가 대공황과 프로테스탄트적 일 윤리관(Work Ethic)으로부터 점점 탈피하면서, 그리고 생활의 질에 관심을 더 많이 가지면서 많은 사람들이 자기실현의 방법을 배우려고 하는 징조가 있다.

(2) 여행환경

여행환경에서는 지적요구의 단계에 기초하여 주유형 여행자(sightseers)와 체재형 여행자(vacationer) 간에 중요한 차이점을 구분할 수 있다. 전자는 관광자로 정의되며, 한번의 여행 동안 여러 곳을 방문한다. 반면 후자는 어느 한 곳에만 가서 머물다가 다시 집으로 돌아온다. 이 두 가지 여행자의 차이는 주유형 여행자는 "알고자 하는 요구"가 매우 강하게 작용하는 데 비하여, 채재형 여행자는 "이해하고자 하는 요구"가 크게 작용한다는 것이다.

예를 들면, 주유형 여행자는 17일 동안 유럽 12개국을 여행한다. 즉, 그들은 국가들을 수집하는 것이다. 혹은 매슬로우가 말했듯이, 그들은 유럽에 대한 호기심을 만족시켜 주는 사실과 인상을 수집하는 것이다. 대부분의 경우 유럽에 처음 오는 사람들이 여기에 해당되며, 여행사가 구경하도록 결정해 놓은 모든 것의 순간적인 인상을 수집하면서 여기저기를 돌아다닌다.

(3) 태도

태도의 구성요소인 지식, 감정, 선입관은 일치하려는 경향을 보일지라도 불일치의 경우도 많이 있다. "태도와 행동의 완전한 일치는 인간에게 있을 수 없다." 왜냐하면, 거의 모든 사람이 정도의 차이는 있지만 일관되지 못한 행동을 할 정도로 많은 변덕과 충동을 지니고 있기 때문이다. 인간은 컴퓨터와 같지 않다. 인간은 불완전한 정보로 결정을 하며, 때로는 중요한 정보를 잊어 버리고 다양성을 추구하기 위해 다른 것을 행하는 경우도 있다. 특정 상표를 선호하는 소비자가 실제의 구매상황에서는 다른 상표를 택한다 해도 이상하지 않다. 이러한 경우는 자동차 여행에서 일어날 수 있다. 예를 들면, 어느 지역에 자기가 좋아하는 호텔에 빈 방이 없거나, 그 지역에 있는 다른 호텔이 더 좋은 조건 -예를 들면, 10대는 무료- 을 제시하거나 아니면 다른 호텔이 간판(sign)을 눈에 띄게, 마음을 끌도록, 편리한 곳에 걸어 놓았을 경우가 그것이다. 또는 가족 중의 누가 단체 여행의 경우에는 수영장이 제일 큰 호텔에 묵어야 한다고 주장했을 경우도 있다. 다른 경우는 호기심이나 변화욕구 때문에 평소 좋아하지 않았던 호텔을 택하는 것이다.

숙박시장에서의 여행결정에 관한 최근의 연구결과를 보면, 상용호텔에서 묵는 자동차여행자의 10%만이 기존에 긍정적인 태도를 지녔던 체인호텔이나 호텔을 정기적으로 이용한다는 사실이 밝혀졌다. 사실 이 연구의 대상인 자동차여행자의 55%가 덜 적극적인 태도를 보였던 호텔을 자주 이용한 것으로 드러났다(Jarvis and Mayo: 1978, 26-29).

마찬가지로 디즈니월드에 대해 아주 부정적인 태도를 지녔던 사람도 아이들의 성화때문에 올란도(Orlando)에 갈지도 모른다. 같은 현상이 항공여행자의 항공사의 선택에서도 일어날 가능성이 상당히 있다. 예를 들어, 어느 사업여행자는 컨티넨탈 항공사를 상당히 좋아하지만 그 항공사가 자기가 가야되는 도시로 운항하지 않을 경우도 있고 출발시간이 편리하지 않으며, 다른 사람이 항공사를 대신 선택해 줄 때도 있기 때문에 컨티넨탈 항공사만을 자주 이용하지는 않는다. 어느 정도의 불일치는 인간의 본질상 필수적인데, 즉 태도가 약하고 부정적인 경우에 그것은 어떤 상황을 피하도록 하지만, 예기치 못한 선택을 불가피하게 할 수밖에 없을 때도 있다.

3 리더십

호텔경영의 경우 기계설비나 기술이 고도로 발달되었다 하더라도 인간의 힘이나 노력이 없이는 생산이 이루어질 수 없으며, 기업이 성공적으로 목적을 달성하기 위해서는 종사원 개개인을 사회적인 대상으로 대우하여 노동력을 제공할 수 있는 의욕을 고무시켜 주어야 한다. 호텔의 성공적인 운영은 인적자원의 관리를 통해서 종사원을 경제적으로 풍요롭게 하고, 사회인간으로서 보호하여 만족을 얻도록 함으로써 자발적인 생산활동 참여 의욕을 불러일으키도록 해야 하는 것이다(이현정, 1999). 호텔기업에 있어 서비스의 품질향상과 생산성 제고, 기업의 고객만족 전략을 최고경영자가 직접 선두에 서서 연구하고 진두지휘해야 '우량 서비스 기업'으로 건설할 수 있으며, 이렇게 할 수 있어야만 리더십의 소유자라 할 수 있으며(손대현, 1993), 경영관리자의 활동은 업무논리적인 과업과 인간중심적인 과업의 두 가지를 실행하여야 한다. 그럼에도 불구하고 호텔기업에서는 경영관리자의 리더십에 대한 인식이 부족하며, 경영관리자를 변화의 선도자로 양성하는 지원체계가 전혀 이루어지지 못하고 있으며, 호텔기업 내에서 직무만족이나 리더십에 대한 만족도 조사를 거의 실시하지 않는 문제점 등을 안고 있다.

나는 공상과학을 무척 좋아한다. 특히 스타 트랙은 내가 어렸을 때부터 AFKN을 통해 보았고, 미국에서 공부할 때 매일 저녁 12시에 시리즈가 방송되었는데, 저녁 늦게까지 꼭 빼놓지 않고 다시 보았다. 스타 트랙을 보면서 항상 느끼는 것은 아무리 과학이 발전한 미래세계라도, 인종, 동서고금을 막론하고 우주선이라는 거대한 조직을 효율적으로 운영하기 위해서는 리더의 자질과 리더십이 필수적이라는 것이다. 20세기 이후 리더십(leadership) 현상에 대한 연구는 주로 리더십 효과성의 결정요인을 규명하는 데 초점을 맞추어 왔다. 행태론자들은 주로 지도자의 어떠한 리더십 자질과 리더십 스타일이 리더십 효과성을 높여, 궁극적으로 조직 효과성을 제고시키는가에 관심을 기울여 왔다.

리더십은 거의 100여 년 동안 사회과학의 여러 분야에서 다각적으로 연구되어 왔으며(Van Fleet & Yukl, 1986), 이러한 오랜 역사에도 불구하고 아직도 통합적인 이론이나 확고한 결론은 형성되지 못하고 있다. 또한 리더십에 관한 정의도 학자들에 따라서 매우 다양하다. 이 장에서는 리더십을 간단히 '집단이나 조직의 목표를 결정해서 이러한 목표를 추구하는 과업행동(task behavior)을 유발하며 집단을 유지(maintenance)하고 그 문화(culture)에 영향력을 행사하는 과정(influence processes)'으로 정의한다(Yukl, 1989: 5).

조직에 있어서 리더십이란 조직의 바람직한 목표를 달성하기 위해 조직 구성원의 의욕을 고무하고, 적극적인 활동을 촉진하여 조정하는 기술 및 영향력이라고 말할 수 있다. 리더십 이론은 크게 자질 이론, 행태론과 상황 이론으로 나눌 수 있다. 자질 이론은 지도자가 특정 자질을 갖고 있기 때문에 지도자가 될 수 있다는 것이다. 즉, 집중력, 결단력, 솔선수범 정신, 능력 등과 같은 조직 구성원들로부터 존경과 신뢰를 받을 수 있는 특별한 자질을 갖고 있기 때문에 지도자가 된다는 것이다.

다음 절에서는 이러한 리더십의 세가지 접근법 중 주로 1950년대와 1960년대에 리더와 부하 간의 관계를 중심으로 리더의 행동을 통하여 리더십 효과성을 설명하고자 하는 행태론적 접근법(behavioral approach)을 중심으로 살펴본다.

1) 관리그리드 모형

행태론적 접근법(behavioral approach)에는 오하이오주립대의 리더십 연구, 미시간대의 연구, 관리그리드(Managerial Grid) 모형 등을 들 수 있는데, 여기서는 관리그리드 모형만을 설명한다.

관리그리드 모형은 Blake와 Mouton(1964)에 의해 리더십의 유형을 분류하는 개념적 틀로 개발되었는데, [그림 4-1]에서 보듯이 두 가지의 차원(dimensions)으로 구성되어 있다.

첫 번째 차원은 생산에 대한 관심(concern for production)이다. 생산에 대한 리더의 관심은 9점 척도로 측정되는데, 9는 높은 관심을 1은 낮은 관심을 나타낸다. 생산에 대해 높은 관심을 보이는 리더는 과업중심적이고, 결과를 얻고 임무를 완수하는 데에 초점을 맞춘다.

두 번째 차원은 인간에 대한 관심(concern for people)으로서 역시 9점 척도로 측정되는데, 9는 높은 관심을 1은 낮은 관심을 나타낸다. 인간에 대해 높은 관심을 보이는 리더는 갈등을 피하고 부하들과 우호적인 관계를 가지려고 노력한다.

관리그리드 모형은 [그림 4-1]에서 제시하는 바와 같이 이러한 두 가지 차원을 이용하여 리더의 행동을 다섯 가지로 분류하였다(Blake & Mouton, 1964).

첫째, 무관심형(impoverished management)이다. 이것은 생산 및 인간에 대한 관심이 모두 낮은 유형이다. 즉, 리더가 생산 및 인간에 대해 관심을 기울이는 것은 최소의 수준이며 주로 조직 내 자신의 직분을 유지하기 위한 최소의 노력만을 하는 유형이다.

둘째, 친목형(country club management)이다. 이것은 인간에 대한 관심은 높고 생산에 대한 관심은 낮은 유형이다. 즉, 리더는 주로 구성원의 욕구와 만족에 관심을 갖고 인간적인 분위기를 조성하는 데만 주력하는 인기형적 리더유형이다.

셋째, 과업형(authority-obedience management)이다. 이것은 생산에 대한 관심은 높고 인간에 대한 관심은 낮은 유형이다. 즉, 인간적인 요소는 최소화하고 과업에 대한 능력을 중시하는 유형이다.

넷째, 타협형(organization man' management)이다. 이것은 인간과 생산에 절반씩의 관심을 두는 유형이다. 즉, 생산에 있어서의 능률과 인간적 요소를 절충하여 적당한

그림 4-1 관리그리드의 리더행동유형

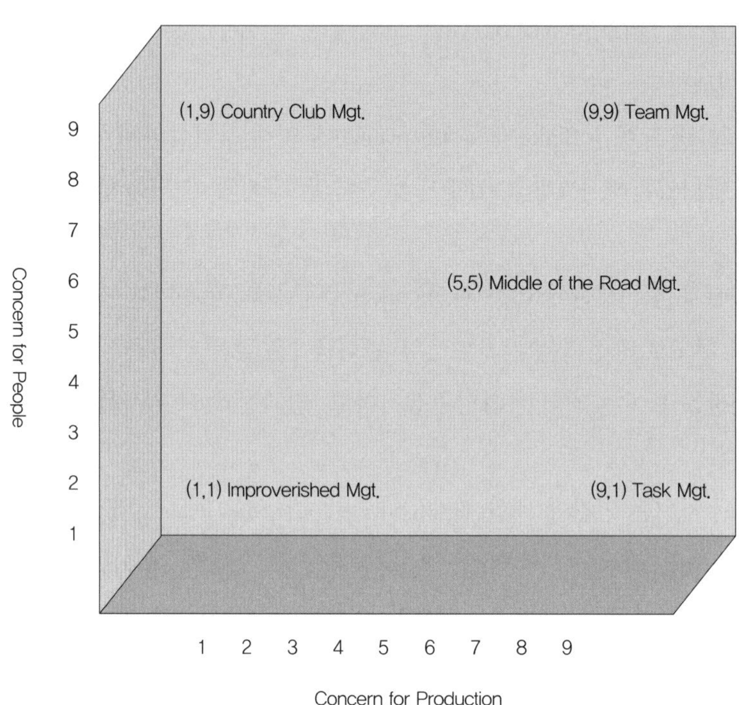

수준의 성과를 지향하는 유형이다.

마지막으로, 단합형(team management)이다. 이것은 생산 및 인간에 대한 관심이 모두 높은 유형이다. 즉, 조직의 목표달성을 위하여 조직과 조직구성원들의 상호의존 관계와 공동체 의식을 강조함으로써 구성원들 간에 신뢰와 존경의 관계가 형성되고 조직목표달성을 위해 헌신하도록 유도하는 유형이다.

관리그리드 모형을 제시한 Blake와 Mouton은 이러한 다섯 가지 리더행동의 유형 중 단합형이 가장 이상적임을 주장하였다(이창원, 최창현, 1999).

리더십유형 설문지

다음은 여러분의 리더십 유형을 알아보는 설문입니다. 각 문항을 주의 깊게 읽고 여러분이 평가하는 사람이 얼마나 자주 각 문항과 같은 행동을 하는지 생각해 보시고, 각 항목의 밑에 있는 1부터 5까지의 숫자 중 해당되는 숫자 위에 ㅇ표를 해주십시오.
각 숫자는 다음과 같이 정도를 뜻합니다.

1. 전혀 그렇지 않다. 2. 좀처럼 그렇지 않다. 3. 때로 그렇다. 4. 자주 그렇다. 5. 항상 그렇다

설문문항

1. 집단구성원에게 해야 할 일을 구체적으로 말해준다.
2. 집단구성원들에게 친절하다.
3. 업적기준을 정해준다.
4. 다른 사람을 도와 집단 내에서 만족감을 갖도록 해준다.
5. 문제해결을 위한 제언을 한다.
6. 다른 사람이 내놓은 제안에 대해 회의적이다.
7. 자신의 생각을 다른 사람에게 분명히 밝힌다.
8. 모든 사람에게 공정하다.
9. 자신이 직접 행동계획을 작성한다.
10. 집단 구성원들이 예측가능하게 행동한다.
11. 역할 및 책임을 명확히 정해준다.
12. 의사소통에 적극적이다.
13. 집단 내에서 자신의 역할을 분명히 한다.
14. 다른 사람의 개인적 복지에 관심을 보인다.
15. 작업 수행계획을 세운다.
16. 의사결정 시 융통성이 있다.
17. 집단의 업적 기대치에 대한 기준을 설정해 준다.
18. 자신의 생각 및 감정을 털어놓는다.
19. 집단 구성원들의 작업의 질을 향상시키도록 장려한다.
20. 집단 구성원들이 잘 지내도록 도와준다.

결과해석

1. 홀수 문항의 점수 총합= 생산(구조주도적) 지향성
2. 짝수 문항의 점수 총합= 종업원(배려) 지향성
3. 점수대: 20-24=최저, 25-29=저, 30-34=중하, 35-39=중상, 40-45=고, 45-50=최고

SECTION 02 열린체제이론: 환경적응관, 환경조작관, 그리고 자연도태관

폐쇄체제이론의 경우에는 조직의 기술, 직무불확실성, 환경, 조직규모, 목표 및 권력 등의 상황적 요소들에 관심을 두지 않고, 분석단위를 한 조직체 내의 개인이나 소집단에 국한시킨다. 개방체제는 체제이론에 있어 지배적인 이미지였다. 대부분의 조직문헌은 조직을 생물학적 유기체에 비유하여 내부적 능률성보다는 균형상태로부터의 이탈을 바로잡으려는 환류작용을 통한 항상성의 유지, 즉 체제생존을 강조한다. 이러한 점은 체제와 상황적 환경 간의 관계에 관심을 집중시킨다(최창현 역, 1992).

"단일최고방법(Taylor, 1967)"이 가능한 것도 모든 조직이 동일하다는 가정하에서는 타당한 듯하다. 그러나 조직마다 각각 직면한 상황이 상이하다는 가정하에서는 다른 이론의 대두가 요구되는 바, 이것이 바로 상황이론이다. 구조적 상황이론(Structural Contingency Theory: SCT)이란 가장 적절한 조직형태는 단일최고방법(One best way)에 의해 결정되는 것이 아니라 조직이 처한 상황적 제조건에 좌우된다는 것이다. Burns와 Stalker(1961)에 의하면 합리적인 조직형태는 기계적(Mechanistic)일 수도 있고, 유기체적(Organismic)일 수도 있다고 본다. 어느 형태가 더 합리적인가의 문제는 직무불확실성과 같은 상황적 요인에 달려 있다는 것이다. 이러한 이론은 한 조직 내의 하위단위에도 적용될 수 있다. 예컨대, Lawrence와 Lorsch(1967)는 한 조직 내에서도 여러 형태의 조직구조가 고안되어야 한다고 본다. 이는 한 조직이라도 다양한 하위환경(Sub-environments)에 직면할 수 있기 때문이다.

대부분의 현대조직환경이론은 조직과 환경 간의 적합도를 유지하면 궁극적으로 조직효과성을 제고할 수 있다고 본다. 예를 들면, 체제구조적 관점(system-structural view)을 대표하는 구조적 상황이론(structural contingency theory: SCT)은 조직과 기술적 환경 간의 적합도를 유지하려 한다. 최종상태에 도달하는 데 여러 방법이 가능하다는 원리인 등종국성(equifinality)의 원칙은 인과성의 개념이나 Taylor의 "단일최고방법" 개념과는 근본적으로 다른 것이다. 또한 체제가 당면한 복잡한 환경만큼 체제내부구조도 다양해야 한다는 필요적 다양성(requisite variety) 원리를 상기해 본다면 체제이론적 관점에서 "단일최고방법"이란 존재치 않는 것이다(최창현, 1992). 그 대신 한 조직체가 상이한 하위환경에 직면할 수 있기 때문에 한 조직 내에도 다양한 조직구조화가 필요하다는 것이다(Mintzberg, 1986; 1979, Lawrence & Lorsch, 1967).

위에서 논급한 여러 이론은 변화가 외부환경으로부터 점진적으로 발생한다고 보며, 이러한 점진적인 환경변화에 대해 조직이 대처할 충분한 능력이 있다고 보나, 개체군생태학이론의 주장은 일단 체제균형을 유지하면 환경이 변화하더라도 구조적 타성으로 인해 환경에 대한 적응능력이 저하된다는 것이다. 따라서 조직변화가 환경에 대한 적응이라는 Lamarckian 적응이라기보다는 Darwinian 선택이라는 것이다.

〈표 4-1〉의 I, II, III분면과 IV분면의 이론 중 Lamarckian 적응관점과 Darwinian 선택관점은 갈등을 체제와해적인 것이며 제거되어져야 할 것으로 간주하나, IV분면의 변증법적 분석과 V 및 VI분면의 이론은 갈등이 당연한 현상이며 때로는 발전적 순기능을 수행하기도 한다고 본다.

〈표 4-1〉의 V와 VI 분면의 경우는 조직변화가 발생하는 원인에 대해서 기존의 조직이론적 관점과는 전혀 다른 관점을 보인다. 조직이 환경에 수동적으로 적응하거나 환경을 적극적으로 조작하거나 혹은 환경과 상호작용할 수 있다는 대전제는 질서정연함 속의 질서(order in the orderliness)를 상정하고 단순하고 질서정연한 세계관을 갖는 Newton의 기계론적 패러다임이나 역전환가능성(negative entropy)을 상정하는 균형모형의 경우에만 타당한 것이다. 그러나 이 역전환가능성을 상정하는 균형모형은 역전환불가능성(entropy) 개념에 의해 도전받고 있다(Rifkin, 1981). 혼돈으로부터의 질서(Prigogine & Sterns, 1984), 즉 환경의 분석불가능성을 상정하는 비균형모형의 경우는 이러한 대전제가 뿌리째 흔들린다는 것이다.

SECTION 03 혼돈이론: 자기조직화

균형체제모형은 Maturana와 Varela(1980)에 의해 발전된 체제이론에 대한 새로운 접근법인 자생이론(theory of autopoiesis)과 제2의 인공지능학파(Maruyama, 1963)에 의해 도전받게 되었다. 체제는 운영규범으로부터의 이탈을 규제하고 수정하도록 해주는 부정적인 순환고리(negative feedback) 과정을 유지함으로써 안정된 균형을 유지할 수 있고, 또한 새로운 조건의 변화를 수용하기 위해 규범을 수정할 수 있게 해주는 이중적 순환학습(double-loop learning)의 능력을 개발함으로써 체제는 스스로 진화해 갈 수 있음을 강조한다. 이러한 관점에서 자생이론은 Prigogine(1984) 등의 혼돈이론에 입각한 "분산구조(dissipative structure)"에 관한 연구와 일맥상통한다. 뿐만 아니라 이와 유사한 생각은 사회체제에서도 적용되고 있음이 관찰되어져 왔다(Jantsch, 1980; Leifer, 1989). 이 분산구조개념을 사회체제에 적용하려는 시도가 〈표 4-1〉의 V와 VI의 자생이론 혹은 자기조직화라 할 수 있다.

자생이론 혹은 자기조직화라는 개념을 이해하려면 혼돈이론에 대한 설명이 필요하다. 원자론 및 기계론(atomism and mechanism)을 근간으로 단순하고 질서정연한 세계관을 갖는 Newton의 기계론적 패러다임에 입각한 전통적인 과학은 작은 입력으로 균등하게 작은 효과를 거둘 수 있는 선형관계 및 인과관계가 관심의 대상이며, 안정, 질서, 균형 및 평형 등을 강조하는 경향이 있다. 이에 반해 혼돈이론은 작은 입력으로 막대한 효과를 유발시킬 수 있는 비선형관계 및 순환고리적 상호관계, 그리고 시간의 흐름에 더욱 민감한 일시성 등에 주의를 돌리고 있다.

혼돈이론이 특별히 관심을 끌고 있는 이유 중의 하나는 오늘날의 사회적 변화의 특징을 설명할 수 있는 무질서, 불안정, 다양성, 비평형 등을 부각시키고 있기 때문이다. 이러한 혼돈(chaos) 개념을 둘러싼 주요 논쟁은 질서와 조직화가 사실상 '자기조직화'의 과정을 통하여 무질서와 혼돈으로부터 자생적으로 발생할 수 있다는 주장 때문이다.

조직이 환경에 수동적으로 적응할 수 있거나 적극적으로 환경을 조작하거나, 혹은 환경과 상호작용할 수 있다는 대전제는 질서정연함 속의 질서(order in the orderliness), 즉 분석가능한 환경을 상정하는 균형모형의 경우에만 타당한 것이지, 혼돈으로부터의 질서(order out of chaos), 즉 분석 불가능성을 상정하는 비균형모형의 경우에는 변화나 갈등을 당연한 것으로 간주하는 것이 유용할 수도 있다. 조직발전 및 조직변화 이론의 경우에도 환경과의 적합도를 유지하는 구조변화에 치중하는 계획적 변화가 주종을 이루고 있다. 그러나 환경에 대한 분석가능성을 가정하는 경우에만 계획적 변화가 가능하다.

환경이 급변하는 경우 인지적 능력을 극복하기 위해 문제해결책을 정형화하려는 경향이 있으나 이러한 정형화는 하나의 흐름에 불과하다. 일반적으로 균형모형은 체제의 균형을 파괴할 우려가 있는 변화를 위기로 인식하나, 비균형모형에서는 자기혁신의 호기로 인식될 수 있다. 문자 그대로 위기는 위험과 기회를 동시에 함축하고 있는 것이다.

앞을 보지 못하는 곤충인 터마이트의 집(termite nests)은 그 구조가 창발적인 무작위적 자기조직화 활동의 산물이다. 그들이 지은 보금자리는 인간에 비유하면 약 1.6km 높이에 해당되는 빌딩으로 환기 장치와 습도 조절 기능을 갖춘 아름다운 형상을 지닌 건축물이라고 할 수 있다.

과연 어떻게 건축활동을 감독하고, 통제하고, 또한 이를 조정할 수 있는가? 터마이트의 행태에 관한 연구로부터 얻을 수 있는 흥미로운 사실은 질서가 혼돈으로부터 비롯된다는 자기조직화 과정이다. 보금자리 구조는 흙더미가 퍼진 모양에 따라 결정되기 때문에 미리 그 구조를 예측하기란 불가능하다. 보금자리의 설계도 내지는 청사진은 무작위적이고도 혼돈적인 활동으로부터 진화해 간다. 이러한 관점은 인간조직에 대해서 새로운 관점을 제공해 준다(Morgan, 1993).

기획은 사전적 합리성(prospective rationality)을 전제로 하는 것이나, 급변하는 환경하에서는 이를 확보하기가 사실상 불가능하며, 기껏해야 사후적으로나 합리화할 따름이다. 따라서 급변하는 환경에 직면한 조직은 구체적이고도 강요적인 전략적 기획보다는 질서는 혼돈으로부터 비롯된다는 자기조직화(Self-organization)적인 기획이 유용하다.

조직관리론은 오랫동안 합리적인 관점에 사로잡혀 왔다. Gulick의 표현을 빌자면 관리자는 POSDCORB 중에서 기획(planning), 조직화(organizing), 조정(coordination)에만, 즉 통제 지향적인 기능에 주로 관심을 보여왔다. 그러나 관리자의 행태는 종종 무작위적이고, 무계획적이다(Pfeffer, 1982). 요즘처럼 환경이 급변하는 시대에는 변화와 흐름으로서의 조직(organization as flux and transformation)에 대한 개념(Morgan, 1986)이 유용할 수도 있으며, 이러한 조직을 관리하기 위해서는 시대의 변화와 흐름에 적절히 대응할 수 있는 학습 조직(learning organizaion)의 개념과 활용법에 익숙해질 필요가 있다.

동물의 신비 -건축 기술-

"원칙대로"… 날림공사 있을 수 없어

삼풍백화점 붕괴사고는 매사를 대충 처리해온 우리를 뒤돌아 보게 한다. 원칙대로만 했어도 그런 어처구니없는 일은 생기지 않았을 것을, 원칙대로 하면 바보 취급받는 사회가 바로 이 참상을 만들었기 때문이다. 하잘 것 없는 동물에게도 한 가지 배울 점이 있다. 그들의 건축에서 날림공사란 있을 수 없다는 점이다. 동물중 가장 멋진 건축가인 비버는 물속에 운하를 파고 통나무를 잘라다 댐을 막아 집을 짓는데 무려 23년간이나 사용할 수 있을 정도로 아주 견고하게 짓는다. 이 건축물을 짓는데 3대에 이르는 가족들이 동원되고 집짓는 기간만 해도 수년이 걸린다. 뿐만 아니라 매년 보수작업으로 언제나 집안을 튼튼하게 유지한다.

동물들이 짓는 집의 건축기간은 사용기간에 따라 다르다. 까치는 3개월간 사용하기 위해 무려 40일에 걸쳐 집을 짓고, 호리병벌은 20일 사용하기 위해 4일 동안 집을 짓는다. 잘못 지은 집은 과감히 버리며 짓고난 뒤에도 새끼가 다 자라 그 집을 떠날 때까지 보수작업은 계속된다.

까치가 기초 공사에 쓰는 나무는 될수록 굵고 긴 것을 사용하는데 가장 긴 것은 1m나 된다. 그리고 진흙을 물어다 이 나뭇가지를 고정한다. 이 진흙이 단단하게 굳기 전에는 다음 건축을 시작하지 않는다. 그래서 이 진흙과 나뭇가지를 붙여 만드는 작업이 거의 2주 이상 걸린다. 이들에게는 결코 부실공사가 없다. 그것은 곧 새끼들의 죽음을 의미하기 때문이다. 1m 직경의 공모양 집을 짓는데 무려 1천 여개의 나뭇가지를 실어나른다.

동물들의 이런 집짓는 설계는 종족보전을 위해 너무도 고지식하게 만들어져 있다. 꾀를 부려 공기(工期)를 단축하지도 않고 불량자재를 사용하지도 않는다. 이번 삼풍백화점 붕괴를 통해 가장 자연스런 것이 가장 진실될 수 있다는 교훈을 배우게 한다.

출처: 중앙일보(1995. 7. 12.)

CHAPTER

05

인사관리

CHAPTER 05 인사관리

SECTION 01 동기부여의 정의

동기(motivation)란 특정 활동을 촉발시키고, 유지시켜 주는 내재적 및 외재적 추진력(driving force)이다. 동기(motivation)란 용어는 라틴어의 'movere'에서 유래되었는데, 이것은 '움직인다(to move)'라는 의미를 가지고 있다(Steers & Porter, 1991: 5).

결국 동기라는 것은 세 가지 주제, 즉 '① 인간의 행동을 작동시키는 것은 무엇인가?(What energizes human behavior?), ② 그러한 행동을 일정 방향으로 이끄는 것은 무엇인가?(What directs and channels such behavior?), ③ 그렇게 작동된 행동은 어떻게 유지되고 계속되는가?(How is this behavior maintained or sustained?)'에 관심을 집중하는 것이라고 할 수 있다(Steers & Porter, 1991: 6).

동기과정은 내적 불균형상태(internaldisequilibrium state), 행동(behavior), 유인(incentive), 내적 상태의 수정이라는 과정이 반복 순환되는 것이다.

SECTION 02 동기부여이론

동기부여이론에는 크게 두 가지 관점이 있는데, 크게 동기유발의 과정을 설명하는 과정적 이론(process theory)과 내용이론(content theory)으로 나눌 수 있다.

내용이론에는 Maslow의 욕구계층론, Herzberg의 2요인이론(2 factor theory), Alderfer의 ERG이론 등이 있고, 과정이론에는 기대이론(expectancy theory)과 공정성이론(형평성이론; equity theory) 등이 있다.

1 내용이론: 전통적 동기부여이론

내용이론 중 가장 기초가 되는 Maslow의 심리적 욕구의 계층제이론을 중심으로 알아보자. Maslow 동기이론 중 가장 잘 알려지고 영향을 끼친 것은 우세성에 의거해 순서화된 인간욕구의 계층제에 대한 개념이다. "우세성"은 특정욕구만족의 긴급성을 의미한다. 기본적인 생각은 "하위" 혹은 더 원시적인 욕구가 동기부여의 원천으로서 개인에게 더 높은 욕구가 되기 전에 먼저 충족되어야만 한다는 것이다. 이 때문에 충족된 욕구는 더 이상 동기 부여를 할 수 없다. 욕구계층제의 다섯 가지 수준은 다음과 같다.

① 생리학적 욕구(physiological need): 주로 의식주; 봉급

② 안전(safety): 물리적 위험으로부터의 자유; 공무원 신분보장, 연금제도

③ 사회적(social): 가족, 친구와 친밀하고 우호적인 관계를 가지려는 욕망

④ 자긍심(self-esteem): 자기능력, 성취 및 전반적인 개인적 가치에 대한 타인의 인정; 상사의 칭찬, 승진

⑤ 자아실현(self-actualization): "자기가 될 수 있는 모든 것이 되려는" 자신의 내재적 잠재성 또는 창조적 능력을 구현하려는 욕구

그림 5-1 매슬로의 욕구 5계층

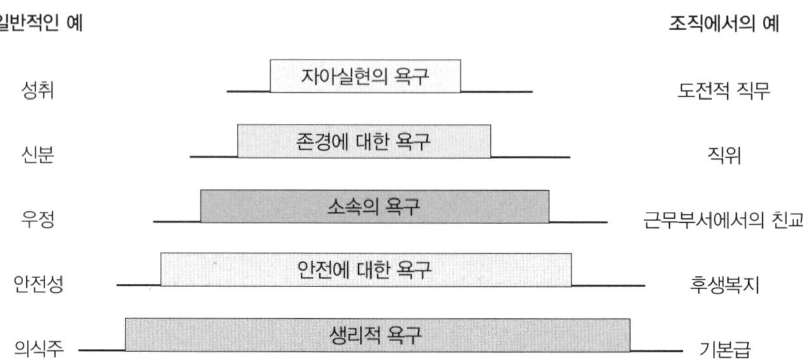

자료: Moorhead & Griffin(2004: 122).

욕구계층제는 개인의 자연적인 "성장을 향한 충동(impulse toward growth)"을 반영하는 일련의 발전단계를 나타낸다. Maslow의 소위 "결핍욕구(deficiency need)", 즉 하위 네 개의 수준에서 맛보는 좌절은 최고위 수준인 자아실현욕구로 향하게 하는데 그는 "존재욕구(being need)"라는 용어를 쓴다.

비록 사람들이 이 수준에서 심리적 고통을 느낄지는 몰라도 네 차원과 연관된 신경과는 다른 것이다. 이제는 유명해진 욕구계층제, 그리고 특히 자아실현개념은 Douglas McGregor와 같은 Maslow의 많은 추종자들이 인정하지 않을지도 모르는 방법으로 관리이론가에 의해 해석되어 왔다.

예컨대 현대상황이론은 욕구계층제를 객관적 지표로서 올바른 관리형태 및 효과적 수행을 위한 유인과 상이한 욕구들을 부합시키기 위해 다양한 근로자를 동기부여하는 여러 요인을 찾아내는 도구로 간주한다. 근로자의 현재 동기수준은 관리자가 조직 효과성 및 목표달성을 위해 관리방책을 변경시킬 수 있는 주어진 것으로 간주된다. 다시 말해, 근로자욕구에 대한 지식은 근로자의 발전적 욕구보다는 조직의 수단적 욕구를 위해 쓰여진다.

욕구계층이론에서는 하위 차원의 욕구가 충족되어야만 상위 차원의 욕구로 상승한다고 본다. 이에 반해 Alderfer는 존재욕구(existence need), 연관욕구(relatedness need), 성장욕구(growth need) 등의 세 가지 욕구로 구분하고 있는데, 하위 차원의 욕구가 충족되어 상위 차원의 욕구로 상승할 뿐만 아니라 상위 차원의 욕구가 충족되지 못하면 좌절 과정을 거쳐 저차원의 욕구를 더 많이 충족시켜 이러한 좌절을 해소하려 한다는 점에서 차이가 있다.

Herzberg는 직무요인을 위생요인(bygone factor)과 동기요인(motivator)으로 구분한다. 봉급, 직업의 안정성 대인관계 등의 위생요인은 최소한의 근무여건만 제공할 뿐 동기부여하지는 못하고, 승진, 직무 성취에 대한 인정, 직무 성취감, 사회봉사 등의 동기요인만 공무원의 동기를 부여하는 요인이라는 것이다.

취업상황이 좋거나 일반 기업에서는 한국의 공공조직보다는 더 설득력있는 이론이지만, 극심한 취업난에 공시 공화국이라 불리는 한국의 경우 위생요인만으로도 만족하는 근로자가 많은 안타까운 실정이다.

Perry 등의 공공봉사동기론(public service motivation theory)의 경우도 보수 등의 위생요인보다는 사회에 대한 봉사 등의 동기요인이 공무원으로 하여금 동기를 유발하게 하는 요인이라는 것이다.

Maclelland는 동기유발에 관여하는 욕구에 크게 세 가지가 있다는 제안을 한다.

- 성취욕구(achievement need; nAch)는 탁월해지고자 하는 욕망, 평균을 초과한 결과를 내고 싶어하는 것, 성공의 욕구이다.
- 권력욕구(power need; nPow)는 타인의 행동에 영향을 미쳐 변화를 일으키고 싶어하는 욕구이다.
- 제휴욕구(affiliation need; nAff)는 개인적 친밀함과 우정에 대한 욕구이다.

사람에 따라 nAch, nPow, nAff이 각각 다르며 이들은 각기 다른 양상으로 동기부여가 된다. nAch가 높은 사람은 타인에 비해 월등한 성과를 냄으로써 자신의 존재의미를 확인하고자 한다. 이들은 지나치게 가능성이 낮은 업무나 아주 쉽게 달성할 수 있는 목표에는 거의 관심을 갖지 않는다. 실행가능한 범위 내에서 어려운 도전을 할 만한 목표를 제시해 주어야 한다는 목표설정이론에 부합된다.

그림 5-2 욕구이론의 비교

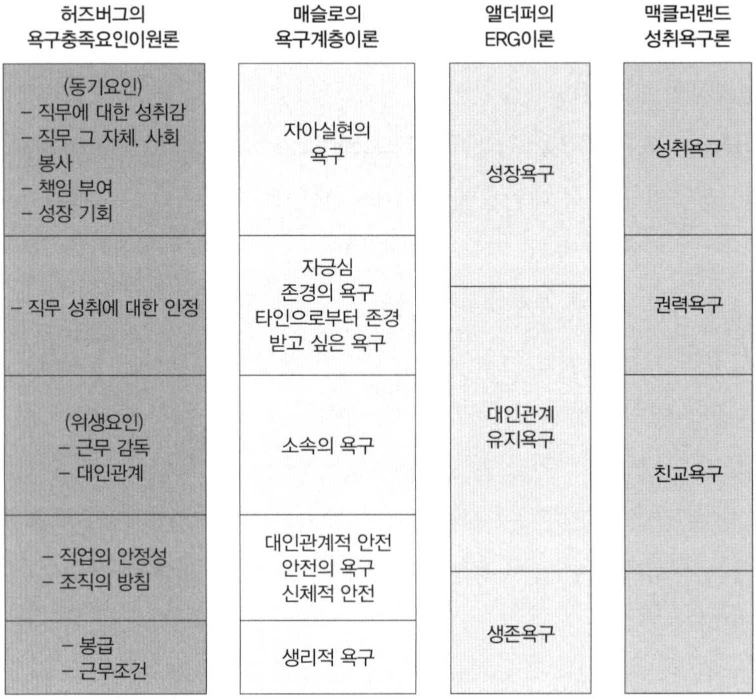

허즈버그의 욕구충족요인이원론	매슬로의 욕구계층이론	앨더퍼의 ERG이론	맥클러랜드 성취욕구론
(동기요인) - 직무에 대한 성취감 - 직무 그 자체, 사회 봉사 - 책임 부여 - 성장 기회	자아실현의 욕구	성장욕구	성취욕구
- 직무 성취에 대한 인정	자긍심 존경의 욕구 타인으로부터 존경 받고 싶은 욕구		권력욕구
(위생요인) - 근무 감독 - 대인관계	소속의 욕구	대인관계 유지욕구	친교욕구
- 직업의 안정성 - 조직의 방침	대인관계적 안전 안전의 욕구 신체적 안전		
- 봉급 - 근무조건	생리적 욕구	생존욕구	

nPow가 높은 사람은 타인에 대해 영향력을 행사하며 통제할 수 있는 일에 자극을 받는다. 책임을 맡는 것을 즐기며, 권력 쟁탈전이 심한 상황에 기꺼이 참여하고, 실제적인 업무 성과보다는 높은 지위에 올라서 타인에 영향을 미치는 것에 관심을 갖는다.

nAff이 높은 사람은 다른 사람에게 인정받고 이들과 좋은 관계를 맺는 것에 우선순위를 둔다. 경쟁적인 상황보다는 협동적인 분위기를 좋아하며, 상호 이해를 넓힐 수 있는 상황을 지향한다.

2 과정이론

과정이론은 동기의 내용적인 측면보다는 동기의 과정에 초점을 두는 이론으로 기대이론과 형평성이론으로 구분할 수 있다. 대표적인 기대이론으로는 브룸(Vroom) 그리고 포터와 롤러의 이론을 들 수 있다. 대표적인 형평성이론에는 아담스의 형평성이론을 들 수 있다.

1) 브룸(Vroom)의 기대이론

Vroom에 의하면 동기란 각 대안의 기대효용가치에 대한 개인의 주관적 평가에 따라 결정된다고 본다. 즉, 기대이론은 유인가(valence), 수단성(instrumentality), 기대감(expectancy)의 세 가지 요소로 구성되며 흔히 VIE 모형으로 불린다.

기대감(E)은 직무를 완수하기까지 소요되는 개인의 노력과 직무 완수 이후의 실적(업적)·목표달성성과(performance) 사이의 관계에 대한 인식으로, 개인의 노력 여하에 따라 구체적인 실적과 목표를 달성할 수 있을 것인가에 대한 개인의 주관적 믿음을 의미한다.

- 따라서 기대감은 개인의 능력이나 성격 등에 많은 영향을 받게 되며, 이를 수치로 표현하면 목표달성에 대한 믿음이 전혀 없는 0의 상태에서 100% 확신하는 1까지 표시할 수 있다.

  수단성(I)은 개인의 노력 여하에 따른 실적(업적)·목표달성성과(performance)에 대한 개인의 주관적인 인식과 실적 또는 목표달성 이후에 개인에게 주어질 보상 사이의 관계에 대한 인식으로, 성공적인 직무완수 이후 개인에게 주어실 보상에 대한 가능성을 의미한다.
- 보상에는 개인적 판단에 의한 내재적 보상과 공식적으로 제도화된 외재적 보상

그림 5-3 Vroom의 기대이론모형의 요소

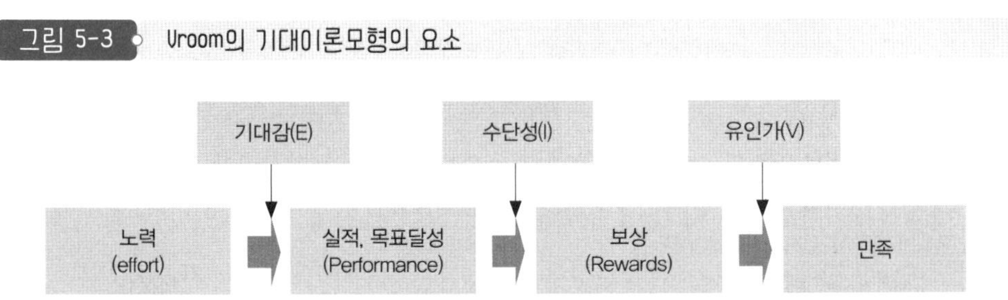

자료: 이영조 외(2004), 행정학원론, p. 216.

으로 구성된다.

- 이를 수치로 표시하면 실적(업적)·목표달성성과(performance)가 항상 적절한 수준의 보상을 가져오게 되는 1에서부터 실적(업적)·목표달성성과(performance)와 보상의 상관관계가 없는 0, 그리고 실적(업적)·목표달성성과(performance)가 오히려 부정적인 보상으로 나타나는 −1까지 표시할 수 있다.

유인가(V)는 직무완수 이후 개인에게 돌아올 보상이 얼마나 만족스러운 수준인가에 대한 주관적인 인식을 나타낸다.

- 유인가는 직무수행에서 받을 수 있는 보상에 대하여 그 개인이 느끼는 적절성 인식수준이며, 개인이 희망하는 보상정도와 실제 보상 결과에 대한 인식수준이기 때문에 유인가는 주로 보상이 직무를 대하는 개인의 욕구를 얼마나 충족시켜 주는가에 의해 결정된다.
- 유인가는 개인이 특정의 결과를 바라는 긍정적인 유인가와 특정의 결과를 바라지 않는 부정적인 유인가 그리고 특정결과와 전혀 무관한 0의 무인가가 있다. 이처럼 기대이론은 기대감, 수단성, 유인가에 의해 노력의 강도가 결정된다는 것이다.
- 직무를 대하는 독립된 개인으로 하여금 일정한 노력을 유도하는 동기부여는 개인이 노력해서 직무를 성공적으로 달성할 수 있을 것인가에 대한 기대감과 목적달성에 의해 적절한 보상이 실현될 수 있을 것인지에 대한 수단성, 그리고 보상이 개인에게 얼마나 매력적인 것인가에 대한 유인가에 의해서 결정된다.

이러한 관계를 식으로 표현하면 다음과 같다.

$$\text{동기부여} = [E \rightarrow P] \sum [P \rightarrow R] V = E + \sum (I \times V)$$

여기서 E = Expectancy, P = Performance, R = Reward,

I = Instrumentality, V = Valence

여기서 관리를 통해 조작하고 통제할 수 있는 것은 기대감(E)과 수단성(I)이다.

만일 어느 근로자가 더 많이 노력하면 더 많이 물건을 팔 수 있다는 확신을 80% 가지고 있고, 판매량증가가 임금일상을 수반하리라는 확신을 80% 가지고 있다면, 그는 높은 E→P, P→R 기대치를 갖고 있다고 할 수 있다.

그리고 그가 임금인상에 대해 90%의 가치를 부여한다면, 그의 동기수준은 Motivation=[E→P] ∑ [P→R]V=.8*(.8*.9) =.58로 높다고 할 수 있다.

유인가는 개인적인 문제이기 때문에 관리자는 어떻게 하면 기대감과 수단성을 높일 것인가에 관심을 기울여야 할 필요가 있다.

브룸은 전술한 두 가지의 기본 가정과 그 속에 내포되어 있는 주요 개념을 이용하여, 일정한 행동을 작동시키는 개인의 동기는 1차적 결과, 즉 성과에 대한 유의성과 자신의 행동이 1차적 결과를 가져오리라는 주관적 기대감에 의해 결정된다고 했다. 그리고 1차적 결과(즉, 성과)에 대한 유의성은 2차적 결과, 즉 보상에 대한 유의성과 그 보상이 성과에 의해 생기리라는 개인적 기대감, 즉 수단성에 의해 결정된다고 했다.

지금까지 살펴본 브룸의 기대이론을 한성대 행정학과 홍길동 군의 예를 이용하여 실질적으로 다시 검토해 보자.

〈표 5-1〉에서 예시된 홍길동 학생은 본인이 학업을 수행한 성과로서 행정고시 합격 · 공기업 입사 · 자영업 · 미취업을 얻을 수 있으며, 이러한 성과에 대한 보상으로 훌륭한 배우자 · 사회적 존경 · 안정적 직장 등을 얻을 수 있다고 지각한다고 가정하자. 또한 〈표 5-1〉에 각 성과가 이러한 보상을 얻는 데 수단이 된다고 믿는 정도인 수단성이 제시되어 있는데, 그 학생은 보상에 대한 유의성으로 훌륭한 배우자에 8, 사회

표 5-1 기대모형의 예

기대감	성과	수단성	보상	
0.2	행정고시 합격	0.8	훌륭한 배우자	8
		1.0	사회적 존경	10
		0.8	안정적 직장	5
0.4	공기업 입사	0.6	훌륭한 배우자	8
		0.8	사회적 존경	10
		0.5	안정적 직장	5
0.6	자영업	0.5	훌륭한 배우자	8
		0.3	사회적 존경	10
		−0.5	안정적 직장	5
1.0	미취업	−0.5	훌륭한 배우자	8
		−0.9	사회적 존경	10
		−1.0	안정적 직장	5

적 존경에 10, 안정적 직장에 5라는 가치를 둔다고 하자. 이 때 이 학생의 성과에 대한 유의성, 즉 각 학점별 유의성을 계산해 보면 각각의 값이 다음과 같다.

행정고시 합격의 유의성 $= (0.8 \times 8) + (1.0 \times 10) + (0.8 \times 5) = 20.4$
공기업 입사의 유의성 $= (0.6 \times 8) + (0.8 \times 10) + (0.5 \times 5) = 15.3$
자영업의 유의성 $= (0.5 \times 8) + (0.3 \times 10) + (-0.5 \times 5) = 4.5$
미취업의 유의성 $= (-0.5 \times 8) + (-0.9 \times 10) + (-1.0 \times 5) = -18.0$

이미 전술한 바와 같이 일정한 행동을 작동시키는 개인의 동기는 성과에 대한 유의성과 자신의 행동이 성과를 가져오리라는 주관적 기대감에 의해 결정되므로, 이 학생의 행동이 특정 학점 취득을 위해 동기를 부여하는 정도는 다음과 같다.

행정고시 합격을 위한 동기 수준 $= 0.2 \times 20.4 = 4.08$
공기업 입사를 위한 동기 수준 $= 0.4 \times 15.3 = 6.12$
자영업을 위한 동기 수준 $= 0.6 \times 4.5 = 2.7$
미취업을 위한 동기 수준 $= 1.0 \times (-18.0) = -18.0$

결국 이 학생은 공기업 입사를 위한 동기 수준이 가장 높으므로 여러 가지 행동 중에서 공기업 취업을 획득하기 위한 행동을 수행할 것으로 기대할 수 있다. 이처럼 브룸의 기대이론은 기대감 · 수단성 · 유의성에 따라 개인의 행동 방향과 동기의 강도가 정해진다고 보는데, 이 중 어느 것 하나라도 수학적으로 0이 될 경우에는 그 행동을 수행할 개인의 동기가 유발되지 않는다는 것을 의미한다.

따라서 조직관리에서 브룸의 기대이론에 의하면, 직원들에 대한 동기부여가 발생하기 전에 세 가지의 조건이 충족되어야 한다. 첫째, 노력에 따른 성과에 대한 기대가 있어야 한다. 즉, 직원들은 노력을 하면 높은 수준의 성과를 도출할 수 있다고 합리적으로 기대할 수 있어야 한다. 둘째, 성과에 따른 결과에 대한 기대가 있어야 한다. 직원들은 성과를 달성하면 이에 상응하는 가치있는 결과가 발생할 것이라고 믿어야만 한다. 셋째, 기대하는 결과의 가치는 긍정적이어야 한다. 예컨대, 기대되는 결과를 낳기 위해서는 상당한 스트레스와 피곤함을 견뎌야 할지 모른다. 그러나 급여인상, 승진, 인정 등의 긍정적 가치가 부여된다면 전체적으로 긍정적인 가치가 존재하게 된다.

기대가 낮으면 동기부여의 힘도 약하게 되고, 결과에 대한 유인가(선호도)가 0이라면, 그것을 성취해 낼 수 있을 것으로 보는 기대의 강도가 높다 하더라도 개인을 동기부여하는 데 별로 영향을 미치지 못한다.

즉, Vroom의 기대이론은 성과급제(pay-for-performance)의 도입과 관련하여 커다란 시사점을 보여준다.

따라서 관리자는 노력과 성과 간의 합리적인 연계, 그리고 성과와 보상 간의 합리적인 연계, 그리고 보상에 대한 유인 등을 적절히 관리하여 직무를 대하는 개인들의 동기부여를 위해 노력할 필요가 있다.

2) 포터와 롤러(Porter & Lawler)의 기대이론

브룸의 기대이론을 수정한 Porter & Lawler의 기대이론에 따르면, 개인이 주어진 직무를 완수하기 위한 노력은 직무완수 이후에 '개인에게 주어질 보상에 대해 개인이 부여하는 가치수준'과 '노력에 대한 보상이 이루어질 확률에 대한 주관적 인식'에 의해 영향을 받게 된다.

따라서 Porter & Lawler(1968)의 기대이론 모형에서는 직무에 투입하는 개인의 노력(effort), 노력을 투입한 이후의 직무의 달성 정도를 의미하는 업적(실적)· 성과

그림 5-4 Porter와 Lawler의 업적(성과)-만족이론

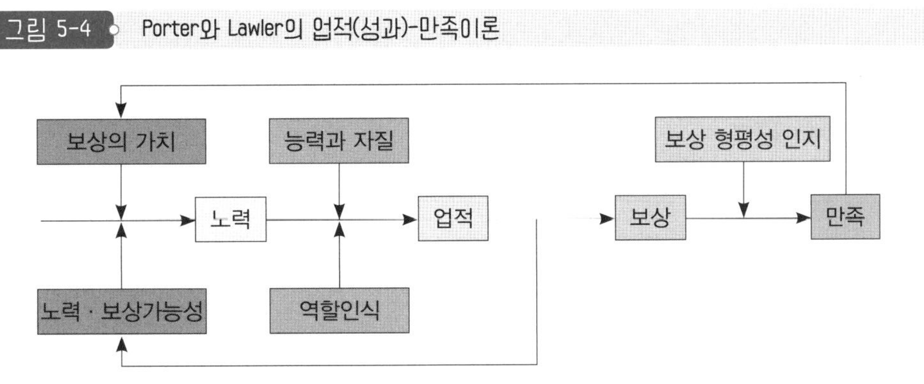

출처: 이영조 외(2004), 행정학원론, p. 218.

(performance), 노력이 투입된 직무의 성과에 대한 보상(rewards), 그리고 보상수준에 대한 개인의 주관적 만족(satisfaction)수준 등과 같은 개념이 사용된다.

- 직무에 대한 개인의 노력이 바람직한 수준의 보상을 가져올 것이라는 확률이 높고 또한 그 보상이 매우 가치가 있다고 느낄 때 노력의 수준은 증가한다.
  성과는 여러 가지 요인에 의하여 영향을 받는데 대표적인 것을 보면 활용 가능한 시간, 타인으로부터의 필요한 협조 수준의 정도, 따라야 할 제반 절차 등이 있다.
- 개인의 내적 요인으로서는 자부심, 역할인지, 과거의 경험 등을 들 수 있다.
  Porter & Lawler의 기대이론이 주장하는 가장 핵심적인 부분은 성과와 보상의 연계에 관한 것이며, 보상은 성과에 의해 좌우된다는 것이다.
- Porter & Lawler의 이론에서는 보상체계를 외부보상과 내부보상으로 구분하는데 내부보상은 주로 개인의 내부감정과 밀접한 관련을 지니는 주어진 성과에 대한 부산물로서 자신의 능력발휘와 관련된 장인정신이나 전문직업주의정신을 통하여 개인의 내적 보상이 이루어질 수 있다.
- 외부 보상은 개인을 둘러싸고 있는 환경으로부터 얻어지는 것으로 성과 자체로부터 직접 나오지는 않으며 성공적 직무수행에 대한 금전적 보상이나 승진, 또는 사회적 인정감 등을 예로 들 수 있다.
  Porter & Lawler의 연구에 따르면 실제 보상은 단지 부분적으로 만족에 영향을 주지만 주어진 성과에 대해 개인이 받은 보상이 공정하다고 믿는 것이 만족에 더 큰 영향을 준다고 하였다. 다시 말해, 공평한 보상이나 만족수준은 실제 보상이 어느 정도 기대보상 수준에 일치하는가에 대한 개인의 주관적 평가에 의하여 좌우된다.

포터와 롤러의 기대이론과 브룸의 이론은 차이가 있다. 예를 들어, 포터-롤러의 이론에는 보상의 형평성에 대한 인지가 중요하고, 능력 이외에도 특성(traits)과 역할인지(role perceptions), 즉 자신의 직무를 이해하는 정도가 포함되어 있다. 즉, 이 이론이 제시하는 인간의 동기 유발 과정을 보면, 조직 내의 어떤 직원이 노력을 하는 정도는 그 직원에게 부여할 수 있는 잠재적 보상의 가치(value of the potential reward), 즉 보상의 유의성과 노력을 하면 보상이 있을 것이라는 기대감에 의해 결정된다고 한다. 또한 그 직원의 노력의 결과 달성되는 근무 성과는 그 직원의 능력, 특성 및 역할인지의 수준에도 영향을 받는다는 것이다. 근무 성과가 있으면 보상이 따르는데, 보상은 다시 내재적 보상(intrinsic rewards)과 외재적 보상(extrinsic rewards)으로 나눌 수 있다. 내재적 보상에는 성취감 등이 있고, 외재적인 보상에는 봉급이나 승진 등이 있다. 이렇게 보상을 받은 직원은 다른 직원이 받는 보상과 비교하여 그것이 공정하다고 생각하면 만족하게 된다. 이러한 과정을 통해 결정된 보상에 관한 만족도는 앞으로 동기 유발 과정에서 다시 그러한 보상의 유의성에 영향을 주고, 노력의 결과 거둔 실제 성과는 앞으로 노력하면 성과가 있을 것이라는 기대감에 영향을 주면서 동기 유발의 과정이 전체적으로 다시 반복된다는 것이다.

조직에서 기대이론의 적용 지침

1. 각 직원이 우선적으로 어떤 보상을 원하는지 파악한다.
2. 조직의 목표를 달성하기 위해서는 어떤 성과가 어떤 수준으로 요구되는가를 파악한다.
3. 요구되는 수준의 성과가 달성 가능한지 확인한다.
4. 직원들이 원하는 보상을 요구되는 성과에 연결시킨다.
5. 어떤 상황이 상호갈등 관계의 기대감들을 발생시키는지 분석한다.
6. 보상이 충분히 제공되도록 한다.
7. 전체적 보상 체계가 모든 직원에게 공정하게 시행한다.

3) 형평성이론

Adams의 형평성이론에 의하면 근로자의 동기는 보상의 형평성 정도에 따라 결정된다. 즉, Output/Inputa = Output/Inputb인데, 이를 그림으로 자세히 살펴보면, 공정성은 한 개인이 일에 들인 노력인 투입(input)과 그 개인이 그 일에 대해 받은 보상인 산출(output) 간의 균형을 말하는 것으로, 종업원이 일에 들이는 투입에는 교육, 특수기술, 노력, 그리고 시간들이 포함되고, 산출에는 급여, 복지혜택, 성취, 인정, 그리고 기타의 다른 보상이 포함된다.

그림 5-5 애덤스의 공정성이론

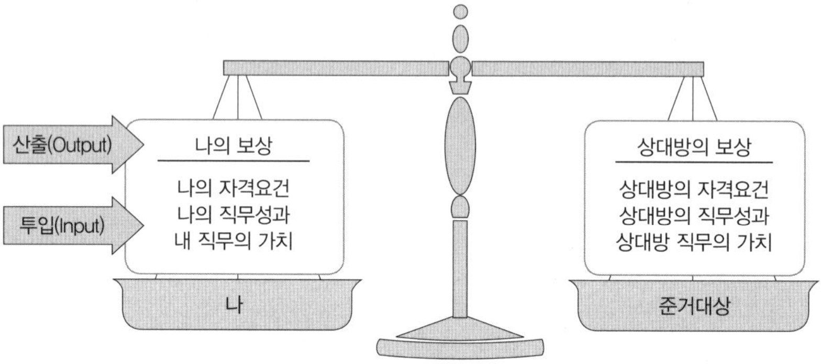

중요특성	■ 인지된 보상(output)과 노력 등의 투입(input)의 비율이 타인과 동일하지 않을 때 동기부여되지 않음(demotivate) ■ 동일한 노력을 한 다른 사람보다 보상을 덜 받는다고 인식하면 노력 등의 투입(input)을 줄이는 방식으로 행동함(책임회피, 불성실)
인사관리적 함의	■ input과 output의 명확한 정의(목표성과와 보상의 연계) ■ 성과관리 프로세스상 공정성 및 일관성 유지 ■ 타인의 보상수준과의 비교 금지(보상내용의 confidentiality 확보)

자료: Mercer Human Resource Consulting(2003), 풀무원 성과관리집.

3 목표설정이론

목표설정이론은 로크(Locke)에 의해 시작된 동기 이론으로, 인간이 합리적으로 행동한다는 기본적인 가정에 기초하여, 개인이 의식적으로 얻으려고 설정한 목표가 동기와 행동에 영향을 미친다는 이론이다.

헬리겔과 슬로컴(Hellriegel & Slocum, 1978)은 조직과 개인이 달성해야 할 목표가 적합하게 설정되어야 하고, 개인의 수행 목표는 다음과 같은 기준[1]을 충족해야 한다고 주장한다.

1 [네이버 지식백과] 목표 설정 이론[goal setting theory](심리학용어사전, 2014. 4., 한국심리학회).

그림 5-6 목표설정이론의 기본 모형

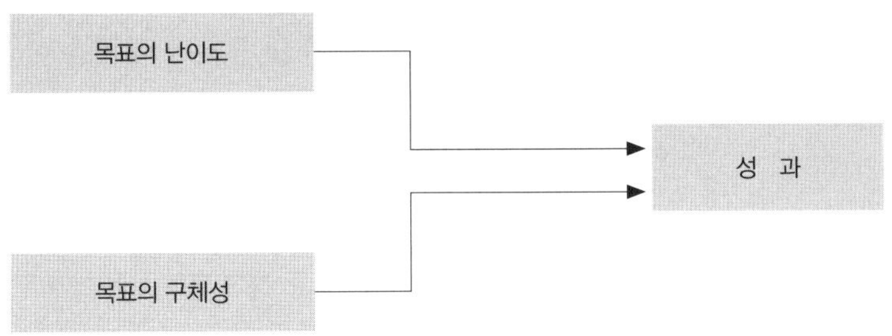

자료: 이창원, 최창현(2012). 새조직론.

- 수행 목표는 분명하고 세밀해야 하며 최선을 다하라는 식의 모호한 목표는 제시하지 않아야 한다.
- 수행 목표는 필요조건을 정확하게 기술해야 한다.
- 수행 목표는 조직의 정책과 절차에 일치해야 한다.
- 수행 목표는 경쟁성을 지녀야 한다.
- 수행 목표는 성취가능한 범위 내에서 동기 부여하도록 난이도가 높고 어려워 도전감을 유발할 수 있어야 한다.

목표와 보상제도에 관련된 연구 중에서 가장 흥미로운 것은 Mowen, Middlemist, & Luther(1981)의 연구결과이다.

- 그들은 목표의 난이도와 성과보상시스템 사이의 상호작용을 발견하였다.
- 예를 들어 어려운 과업에 할당된 사람의 경우에는 개별적인 단위 성과급제도가 가장 효과적이고, 중간 수준의 목표에 할당된 사람의 경우에는 목표를 성공적으로 달성했을 경우 지급하는 보너스 제도가 가장 효과적이었다(Mowen, J. C., Middlemist, R. D., & Luther, D. 1981; 박영범, 1998: pp. 35-38).

그림 5-7 목표설정이론의 주요 내용

구분	주요 내용
목표의 개념	조직구성원들이 희망하는 미래의 상태를 의미함
목표설정의 의미	개인들이 목표달성을 위해 노력하도록 유도하고, 설정된 목표를 달성하는 것은 궁극적으로 개인들에게 성과 향상을 위한 동기를 부여하는 작용을 함
목표설정책임	상사와 부하가 함께 목표설정
목표설정시기	계획수립 기간에 완성된 관리과정, 모든 것은 활동 시작 전에 배치
평가시점	계획수립 중, 작업 중, 완료 후
책임형태	분권화
의사결정방식	참여적 관리방식의 공동의사결정
문제해결방식	가능한 한 계획수립에서 문제해결

구분	내용
주요 특징	▪ 도전적이고 구체적인 인성과 목표(goal)가 종업원들의 성과를 높이는 데 영향을 미침 ▪ 성과목표는 개인의 performance를 비교할 수 있는 feedback standard로서 기능함 ▪ 목표설정과정에 본인이 직접 참여해야 목표달성에 몰입하게 됨 ▪ 개인은 성과달성(goal achievement)이 그에 상응하는 보상으로 연계되는 한에서 동기부여됨
인사관리적 함의	▪ 개인이 performance target에 영향을 미칠 수 있다고 믿어야 함 ▪ 성과에 대한 feedback 강화 ▪ 성과목표에 대한 합의를 위한 의사소통(communication) 강화 ▪ 인센티브를 목표성과 달성과 직접적으로 연계

자료: Mercer Human Resource Consulting(2003).

4 직무특성이론

해크만과 올드햄(Hackman & Oldham, 1976)의 직무특성이론은 직무의 특성이 직무 수행자의 성장욕구 수준(growth need strength)에 부합될 때 직무가 그 직무 수행자에게 더 큰 의미와 책임감을 주고 이로 인해 동기 유발의 측면에서 긍정적인 성과를 얻게 된다는 것을 제시한다.

이 이론은 직무 수행자의 성장욕구 수준이라는 개인차를 고려하고 좀더 구체적으로 직무 특성, 심리 상태 변수, 성과 변수 등의 관계를 제시했다는 측면에서 허즈버그의 욕구충족요인이원론보다 진일보한 것으로 볼 수 있다.

이 이론은 다섯 가지 직무 특성과 세 가지 심리 상태 변수들, 그리고 네 가지 성과 변수들로 구성되어 있다. 먼저 다섯 가지 직무 특성을 살펴보자.

첫째는 기술적 다양성(Skill variety)으로, 직무를 수행하는 데 요구되는 기술의 종류가 얼마나 여러 가지인가를 의미한다.

둘째는 직무 정체성(Task identity)으로, 직무의 내용이 하나의 제품이나 서비스를 처음부터 끝까지 완성시킬 수 있도록 구성되어 있는가, 아니면 제품의 어느 특정 부분만을 만드는 것인가를 의미한다.

셋째는 직무 중요성(Task significance)으로, 개인이 수행하는 직무가 조직 내 또는 조직 밖의 다른 사람들의 삶과 일에 얼마나 큰 영향을 미치는가를 의미한다.

넷째는 자율성(Autonomy)으로, 개인이 자신의 직무에 대해 개인적으로 느끼는 책임감의 정도를 의미한다.

다섯째는 환류(Feedback)로, 직무 자체가 주는 직무 수행 성과에 대한 정보의 유무를 의미한다.

직무(특성)기술설문(Job Diagnostic Survey)

1) 당신의 직무는 얼마나 다양한가?

동일한 일을 반복해야 한다			그저 그렇다			아주 다양하다
1	2	3	4	5	6	7

2) 어느 한 가지 일을 처음부터 끝까지 혼자 하는가 아니면 부분만을 담당하는가?

부분만 담당						전체 다 담당
1	2	3	4	5	6	7

3) 당신의 직무는 다른 사람에게 얼마나 중요한가?

중요하지 않다						아주 중요하다
1	2	3	4	5	6	7

4) 직무 수행상의 자율성은 어느 정도나 보장되어 있는가?

별로 없다						아주 많다
1	2	3	4	5	6	7

5) 직무를 잘 수행하고 있는지에 대한 정보를 얻을 수 있는가?

있다						없다
1	2	3	4	5	6	7

해크만과 올드햄은 이러한 다섯 가지 직무 특성이 서로 어떻게 작용하면서 동기부여를 하는지에 관해 〈표 5-2〉의 공식을 통해 제시했다.

표 5-2 잠재적 동기지수

$$\text{잠재적 동기지수} = \frac{(\text{기술 다양성} + \text{직무 정체성} + \text{직무 중요성})}{3} \times \text{자율성} \times \text{환류}$$

즉, 어떤 직무가 갖는 잠재적 동기지수(motivating potential score: MPS)에는 다섯 가지 직무 특성이 모두 영향을 미친다. 직무특성이론을 동기부여 측면에서 보면, 개인은 그들이 소중하게 생각하는 직무에 대해 일을 잘 해냈다고 알아차렸을 때 내부적인 보상을 얻게 된다고 주장한다. 더 나아가 이 공식에 의하면, 극단적으로 자율성과 환류 중 어느 한 가지만 없어도 잠재적으로 동기가 전혀 부여되지 않는다.

직무 특성에 의해 영향을 받는 개인의 세 가지 심리 상태 변수를 살펴보면 다음과

그림 5-8 직무특성이론의 체계

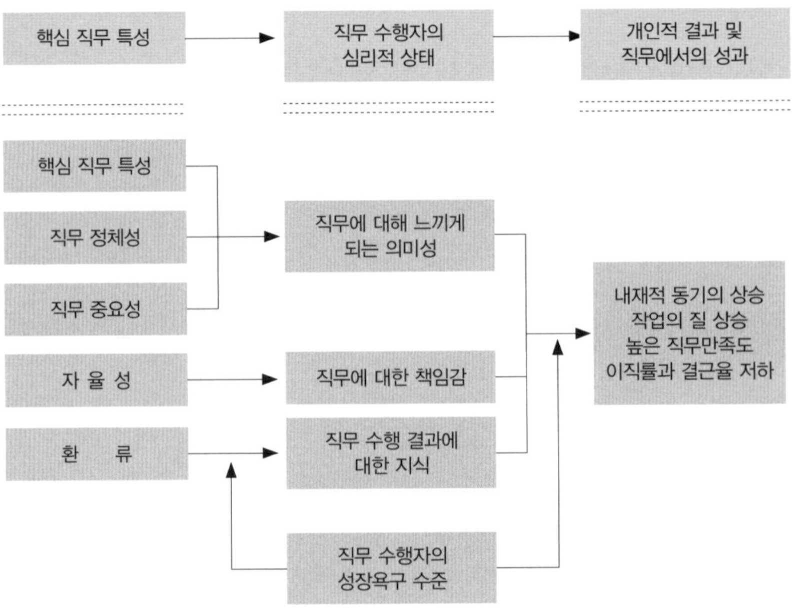

자료: Moorhead & Griffin(2004: 173).

같다. 먼저 직무에 대해서 느끼는 의미성(feeling of meaningfullness)이란 개인이 자신의 직무에 대해 '해볼 만하다' 또는 '가치가 있다'라고 느끼고 있는 정도를 의미한다.

직무특성이론에 의하면, 기술 다양성(skill variety), 직무 정체성(task identity), 직무 중요성(task significance)과 같은 직무 특성이 이러한 심리 상태에 영향을 준다고 한다. 또한 직무에 대한 책임감(feeling of responsibility)이란 개인이 자신이 수행하는 일의 결과에 대해 개인적으로 느끼는 책임감과 부담감의 정도를 의미한다. 직무 특성 중 자율성(autonomy)이 이러한 심리 상태에 영향을 준다고 한다.

끝으로 직무 수행 결과에 대한 지식(knowledge of results)이란 개인이 직무 수행 과정에서 직무를 얼마나 효과적으로 수행하고 있는지를 알고 이해하는 정도를 의미한다. 직무 특성 중 환류(feedback)가 영향을 준다.

5 직무만족

조직관리자는 직원들의 태도를 매우 중요하게 다루어야 한다. 직원들의 태도는 조직의 입장에서 중요한 여러 가지 행동과 밀접하게 연관되어 있다. 예를 들어, 불만족한 직원은 자주 직장에 지각하거나 다른 직장으로 옮기려는 경향이 높다. 따라서 직무만족과 같은 태도에 관한 이론과 연구를 살펴봄으로써, 관리자들은 직장에 대한 직원들의 태도를 좀 더 효과적으로 이해할 수 있다.

1) 직무만족의 의의

직무만족(job satisfaction)이란 사람들이 자신의 직무에 대해 감사하고 성취감을 느끼는 정도를 말한다. 특히 직무만족은 직무에 대한 개인적 태도로서 조직학 분야에서 가장 널리 연구된 분야 중 하나이다. 직무만족에 관해서는 수천 건의 연구가 발표되었으며(Griffin & Bateman, 1986; Locke, 1976), 거의 모든 조직관리자들이 직원들의 만족이나 불만족에 관해 관심이 많다.

그림 5-9 직무만족 및 불만족의 원인 및 결과

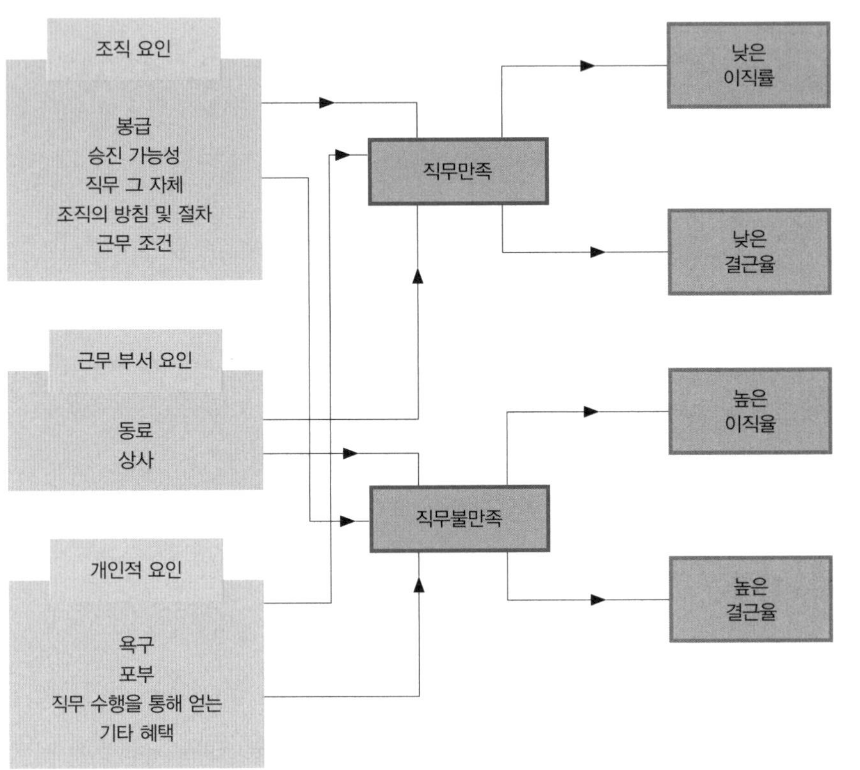

2) 직무만족과 불만족의 원인

먼저 조직 요인으로는 봉급, 승진 가능성, 직무 그 자체, 조직의 방침 및 절차, 그리고 근무조건 등이 있다. 일반적으로 직원들은 이러한 각 요인에 관해 각기 다른 수준의 만족을 경험하게 된다.

직무만족과 불만족은 자신이 근무하는 부서 내의 상사나 동료에 의해서도 영향을 받는다. '상사'라는 요인은 조직 요인으로서 간주될 수도 있겠지만, 상사라는 직위 자체가 보통 조직에 의해 결정되기 때문에 부하의 태도에 가장 영향을 많이 주는 것 중 하나는 상사의 개인적 특징(예: 따뜻함, 이해심, 성실함 등)인 것이다.

직무만족은 단순히 직무의 조건에 의해서만 영향을 받는 것이 아니다. 성격(personality)도 주요한 역할을 한다. 연구에 의하면, 자신의 가치와 역량에 대해 긍정적인 평가를 하는 사람들은 자신의 일에 보다 만족하는 경향이 있는 것으로 나타났다(Judge and Hurst, 2007: 159–174). 자신의 가치와 역량에 대해 부정적인 평가를 하는 사람들은 지루하고 반복적인 일에 얽매이기 쉽다.

3) 직무만족과 불만족의 결과

직원들이 자신의 일에 만족하거나 만족하지 못한다면 어떤 일이 일어날까? [그림 5–10]에서 보는 것과 같이 직원들의 직무만족과 불만족은 그들의 이직률과 결근율에 영향을 미친다. 일반적으로 사람들은 자신의 업무에 불만족하면 몸이 별로 아프지 않아도 아프다고 하면서 결근을 하기 쉽고, 또한 다른 직장으로 이직할 수도 있다.

또는 작업과 관련된 조건을 개선을 요구하는 목소리를 내거나 노조에 가입하여 노조활동을 할 수도 있다. 그렇지 않다면 작업과 관련된 조건이 스스로 개선되기를 기대하면서 소극적으로 기다릴지도 모른다.

직무만족이 작업성과에 영향을 미치는가? 행복한 직원은 생산성이 높은 일꾼이 될 가능성이 높다(Judge, Thoresen, Bono, Patton, 2001: 376–407). 조직적인 차원에서의 연구도 같은 결론에 도달한다. 즉, 직무만족이 높은 직원들로 구성된 조직은 그렇지 못한 조직보다도 더 효과적이다.

직무만족이 조직적 시민활동(OCB)에 미치는 영향이다. 직무만족이 직원들의 조직적 시민활동에 주요한 결정요인이라고 가정할 수 있다. 직무에 만족하는 직원들은 조직에 대해 긍정적으로 이야기하고, 다른 사람을 돕고, 조직의 기본적인 기대를 뛰어넘는 활동을 할 것이다.

6 귀인이론

사람들이 다른 사람을 관찰할 때, 그 사람이 어떤 형태로 행동하는 이유에 대해서 추론하고 설명하려는 경향이 있다고 한다. 이와 같이 다른 사람의 행동의 원인을 설명하는 것을 귀인(attribution)이라고 한다. 귀인의 과정은 지각 대상을 어떻게 지각하는

그림 5-10 직무만족의 마인드 맵

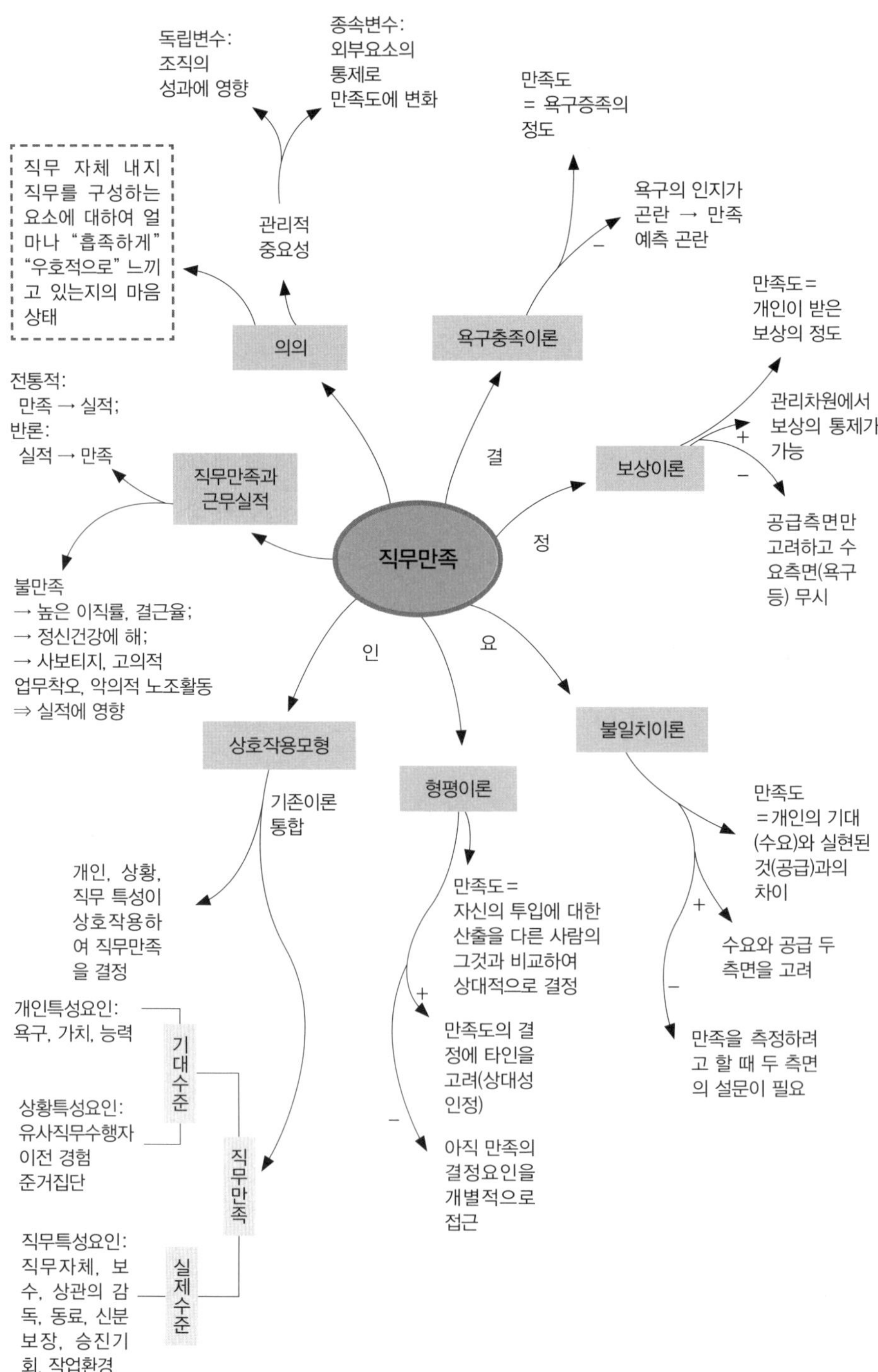

가에 따라 다르며, 이러한 지각은 또한 개인에 따라 크게 다르다. 귀인이론(attribution theory)은 인사조직학에서 비교적 새롭게 등장한 것으로 인간의 지각, 동기 및 리더십과 관련이 있는 이론이다.

일반적으로 인간은 어떠한 행동이 인간의 내면적인 요인이나 외면적인 요인으로 인해 야기된다고 생각한다. 내면적 요인에 의한 행동이란 그 행동이 그 사람의 개인적 통제 아래 있다고 믿는 행동이지만, 외면적 요인에 의한 행동은 어떤 상황이 그 사람을 그렇게 행동하도록 만든 경우를 말한다.

예를 들어, 부하 직원 중 하나가 소란스럽게 일을 한다고 하자. 여기서 그러한 행동의 원인을 이해하면, 그 직원의 행동을 변화시킬 수 있다. 만약 그 직원만이 그러한 행동을 하고(즉, 낮은 합의성), 매주 여러 번 하며(즉, 높은 일관성), 다른 곳에서도 한다면(즉, 높은 특이성), 논리적으로 그 직원의 내면적인 요인이 그러한 행동의 원인이라고 결론을 내릴 수 있는 것이다.

그러나 그 직원이 속한 부서의 모든 직원들이 그러한 행동을 하고(즉, 높은 합의성), 그 직원만이 자주 그러한 행동을 하지만(즉, 높은 일관성), 다른 곳에서는 그 직원이 그러한 행동을 하지 않는다면(즉, 낮은 특이성), 그 직원의 외면적인 요인이 그러한 행동의 원인이라고 할 수 있을 것이다.

지금까지 살펴본 인간의 귀인 과정은 조직관리상 중요한 의미가 있다. 예를 들어, 관리자가 부하의 업무 성과가 낮은 이유를 부하의 능력이나 동기 같은 내면적인 요인으로 돌리면, 이러한 요인을 발전시키는 전략을 개발하고자 할 것이다. 반면에 업무 성과가 낮은 이유를 업무 지원의 부족이나 직무설계 자체가 잘못된 것으로 돌리면, 업무 성과를 높일 수 있는 다른 조치를 취해야 할 것이다.

귀인이론의 연구에서 가장 흥미로운 결과는 실수 또는 오류가 귀인과정을 왜곡시킬 수 있다는 것이다. 사람들이 다른 사람의 행동에 대해 평가를 할 때, 외면적 요인의 영향을 과소평가하고, 내면적 요인의 영향을 과대평가하는 경향이 있다(Miller and Lawson, 1989: 194–204). 이를 '귀인과정의 오류(attribution error)'라고 한다.

다시 말해, 판매부 관리자는 판매부서 직원들의 실적이 저조한 원인을 경쟁사에서 생산하는 혁신적 제품의 출현에서 찾기보다는 직원들의 게으름에서 찾게 된다.

또 다른 흥미로운 오류는 자기고양적 편향(self–serving bias)인데, 자신의 성공은 자신의 능력과 노력과 같은 내면적 요인에서 찾으려고 하는 반면, 자신의 실패는 불행이나 동료의 비협조 등과 같은 외면적 요소에서 원인을 찾는 경향이 있다(Goerke et al., 2004: 279-292). 소위 잘되면 자기 탓, 못되면 남 탓을 하는 경향을 말한다.

조직에서 일하는 사람들은 항상 다른 사람을 평가하고 판단한다. 특히, 관리자들은 부하직원의 성과와 실적에 대해 평가해야만 한다. 따라서, 사람에 대한 판단은 조직생활에 있어서 대단히 중요하다. 조직관리상 동기, 채용 및 근무성과평정의 측면에서 귀인이론이 갖는 의미를 살펴보고자 한다.

1) 동기

조직 내에서 지각은 동기와 상당히 밀접한 관계를 갖고 있다. 예를 들어, 어떤 직원이 금전 문제로 어려움을 겪고 있다고 하자. 금전 문제로 인한 걱정으로 기분이 좋지 않고 현재로서는 금전이 가장 중요한 문제이기 때문에, 그 직원은 봉급 문제에 특히 민감할 것이다. 즉, 그 직원의 개인적 특성 중 기분(disposition)과 현저성(salience)이 어떻게 사물(즉, 봉급문제)을 지각하고 해석하는가에 영향을 준다는 것이다.

또한 투사(投射, projection)라는 과정을 통해 자신도 조직 내의 다른 직원들도 주로 금전에 신경을 많이 쓴다고 생각할 수도 있다. 따라서 다른 직원이 열심히 업무를 수행해서 봉급을 대폭 인상 받으면 자신도 봉급이 인상되도록 열심히 업무를 수행할 것이다. 즉, 그 직원의 지각(즉, 다른 직원의 봉급 인상이 열심히 업무를 수행한 대가라는 해석)이 동기에도 영향을 미치는 것이다.

귀인 과정 역시 동기에 영향을 줄 수 있다. 예를 들어, 그 직원이 상사와 인척관계에 있을 때 봉급 인상이 상사의 인척이라는 요인 때문이 아니라(즉, 봉급 인상이라는 결과가 그 직원의 외면적인 요인 때문이 아니라), 그 직원의 노력 때문이라고(즉, 그 직원의 내면적인 요인이라고) 생각하면 다른 직원들도 열심히 노력해서 봉급 인상을 받고자 할 것이다.

2) 채용

지각은 직원을 채용하는 데에도 영향을 줄 수 있다. 채용에 지원한 사람이 다른 지원자와 대조되거나 독특하면 그가 채용될 가능성이 영향을 받는 것은 당연하다. 채용을 하는 사람 역시 상동적 태도로 인해 지원자들을 인종이나 성별로 정형화할 수 있고, 후광 효과로 인해 지원자의 한 가지 특성만으로 다른 특성에 대한 평가를 무시할 수도 있다. 또한 면접 시 면접관의 기분이나 지원자의 어떤 특성에 대한 태도가 면접관의 지각에 영향을 줄 수 있다.

3) 근무성적평정

근무성과평정(performance evaluation)이란 조직구성원들의 근무 성과를 평가하여 그들의 근무에서 부족한 면은 수정하고 강점은 파악해 조직구성원들에게 보상을 해 줄 수 있는 기초를 마련하는 것이다. 근무성과평정에서 몇 가지 영역은 특히 지각의 왜곡을 일으키기 쉽다(Wexley & Pulakos, 1983). 직원 사이의 대조는 근무성과평정에 영향을 줄 수 있다.

예를 들어, 상사가 부하 직원들을 하나씩 평가하는데, 처음 두 명은 근무 성과가 아주 좋아서 좋은 평가를 받았고, 그 다음 부하는 처음 두 명보다는 조금 근무 성과가 낮다고 하자. 이 때 상사가 처음 두 직원에게 높은 평가를 한 것에 영향을 받는다면, 세 번째 직원은 처음 두 명의 직원들과 대조가 되어 본래 받아야 할 평가보다 낮은 평가를 받을 수 있다는 것이다.

선택(selection) 역시 근무성과평정의 영향을 미칠 수 있다. 어느 특정 직원에게 특별히 호감을 갖고 있는 상사는 그 직원이 성과를 내지 못하는 경우가 발생해도 그러한 경우를 무시할 수 있다. 근무성과 평정자의 개인적 특징(예: 현저성, 기분, 태도 등) 역시 후광 효과와 상동적 태도와 마찬가지로 근무성과평정에 영향을 미친다.

예를 들어, 근무시간을 잘 지키는 것을 강조하는 상사는 그것을 평가 기준으로 삼아 비중을 많이 두는 반면, 다른 상사는 근무시간 준수 여부를 별로 중요시하지 않아 평정 시 별로 고려하지 않을 수도 있는 것이다.

마지막으로 부하가 거둔 업무 성과의 원인을 내면적 또는 외면적 요인으로 돌리는 것에 따라 상사의 근무성과평정이 영향을 받는다. 즉, 이미 전술한 바와 같이 부하의 행동을 상사가 관찰 시 그 행동의 합의성, 일관성, 특이성에 따라 상사의 근무성과평정이 영향을 받는다는 것이다(이창원, 최창현, 새조직론, 1996).

SECTION 03 성과급제

앞서 기대이론에서 살펴본 것 같이 성과와 보상의 연계 방안, 즉 수단성이 바로 성과급제도(Pay-for-Performance)와 승진이다.

1 성과급제도의 이론적 검토

성과급제도(Pay for performance system)란 종업원이 달성한 업무성과를 기초로 임금 수준을 결정하는 방식 또는 직무수행 실적을 평가하여 보수결정에 기준으로 삼는 제도로서 성과보상의 제 유형(예를 들어, 연공급, 직무급, 직능급, 성과급) 중의 하나이다. 성과급은 공무원들의 직무성과를 금전적 보상으로 연결시켜 주기 때문에 조직구성원들의 근로 노력의지를 자극하는 인센티브로서의 역할과 직무에 대한 동기부여의 역할을 수행한다.

Vroom의 기대이론에서는 성과나 업적에 연계된 보상이 이루어질 경우 사기가 높아지고 근로자는 생산성을 향상시킬 수 있다고 보고되고 있다. Adams(1963: 422) 역시 공정성 이론을 통해 보상의 공정성이 동기의욕이나 사기, 그리고 성과에 영향을 미친다고 보고 있다.

2 성과평가를 위한 BSC 모델의 활용

1) BSC의 네 가지 관점(Perspectives)

균형성과표(Balanced Scorecard; BSC)는 전통적으로 중요시되어 오던 재무적 관점외에 고객, 내부 프로세스, 학습과 성장의 비재무적 관점도 함께 고려하여 조직의 전략을 입체적으로 관리할 수 있도록 도와 주는 효과적인 가치중심의 성과관리 기법이다.

민간기업에서는 재무적 관점이 핵심적인 성과요인이지만, 공공기관에서는 고객 관점이 가장 핵심적인 것이고, 재무관점은 사업이나 업무의 효율성(Efficiency) 차원에서 다루어지는 것이 일반적이다.

- 고객 관점(Customer): 고객에 대한 서비스(Serve the Customer)
  - 시 정부의 관리자들은 조직이 시민의 요구를 충족시키고 있는지 알아야 하며 고객이 원하는 것을 제공하고 있느냐에 응답할 수 있어야 한다.
- 내부 프로세스 관점(Internal Process): 업무의 수행(Run the Business)
  - 시 정부의 관리자들은 서비스의 전달방법을 바꿈으로써 서비스를 개선해 나가야 한다.
- 재무적 관점(Financial): 자원의 관리(Manage Resources)
  - 시 정부의 관리자들은 적절한 비용으로 서비스가 전달되도록 해야 한다.
- 학급과 성장의 관점(Learning & Growth): 구성원의 개발(Develop Employees)
  - 시민의 요구를 충족시키는 조직의 능력은 구성원의 능력에 직접적으로 의존하

그림 5-11 균형성과표(Balanced Scorecard; BSC)의 네 가지 관점

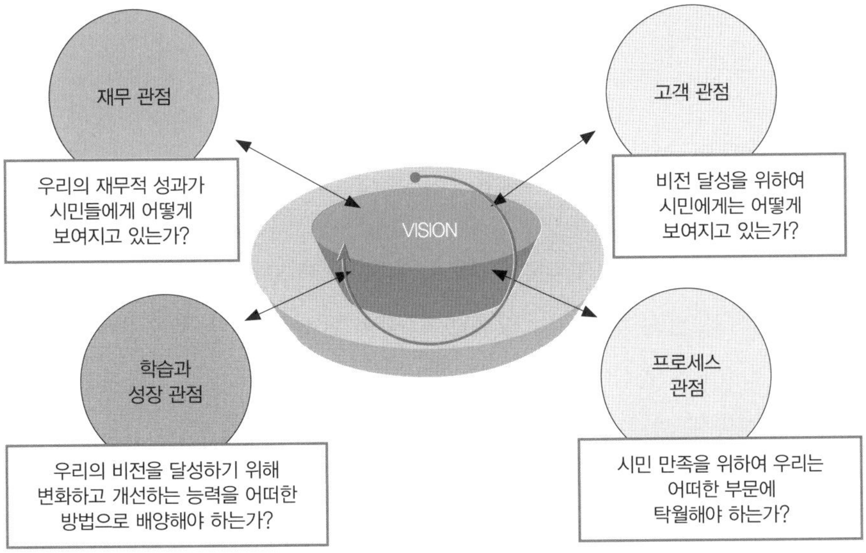

재무 관점
우리의 재무적 성과가 시민들에게 어떻게 보여지고 있는가?
고객 관점
비전 달성을 위하여 시민에게는 어떻게 보여지고 있는가?
VISION
학습과 성장 관점
우리의 비전을 달성하기 위해 변화하고 개선하는 능력을 어떠한 방법으로 배양해야 하는가?
프로세스 관점
시민 만족을 위하여 우리는 어떠한 부문에 탁월해야 하는가?

자료: Mercer Human Resource Consulting(2003).

므로 시 정부의 관리자들은 지속적인 개선을 위해 기술과 인력을 계발해나가야 한다.

BSC는 전략의 구체화 작업과 하위조직으로의 Cascading을 통하여 전사전략을 조직단위와 연계하며, 고위 공무원에게 전략수행과정을 모니터링 할 수 있는 체계를 제공함으로써 조직단위 사이에 효과적인 의사소통 도구로서의 역할을 담당할 수 있다.

그림 5-12 의사소통도구로서의 BSC

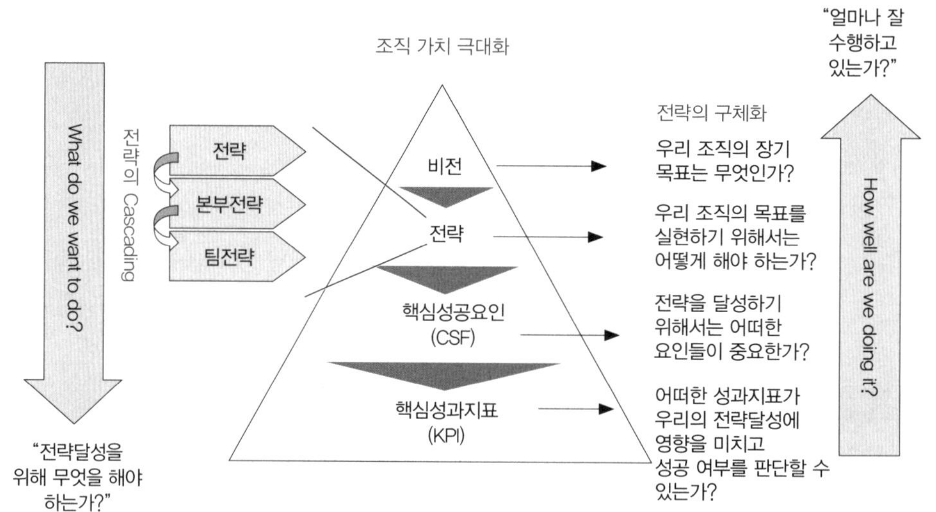

2) 전략목표(Strategic Objectives)

시 정부는 종합적인 BSC관리를 위해 16개의 전략목표를 선정하였다. 각각의 전략목표는 개념적으로 넓게 정의되어 있지만, 조직이 달성해야 할 것이 무엇인지 맥락을 제공하고 있다. 5개의 관심영역, 4개의 BSC 관점, 그리고 16개의 전략목표들은 각 부서 및 개인의 활동에 대해 청사진을 제공하는 역할을 수행한다.

3) 측정지표와 달성목표(Measures & Targets)

조직 전략의 성공을 위해 필수적인 지표인 핵심성과지표(Key Performance Indicator; KPI)의 사례를 들어보면 다음과 같다.

표 5-3 핵심성과지표(Key Performance Indicator; KPI) 인사 사례

주요 기능	핵심과업	핵심성공요인(KSF)	핵심성과지표(KPI)	속성
인사전략 수립 및 운영	• 인사정책에 대한 다양한 정보 수집 및 공유	• 영역별, 업체별 Best Practice	• 인사제도 Best Practice 발표 횟수	정량
교육훈련	• 교육 계획 수립	• 실행 가능한 교육 계획 수립	• 교육계획 실행률	정량
	• 교육 관리	• 효과적인 직무교육의 실행	• 직무교육의 업무 적용도	정량
		• Need에 근거한 교육 제공	• 교육 프로그램 만족도	정량
채용 및 인력관리	• 인력의 확보	• 인원 필요 시 신속한 충원	• 필요한 인력 충원 Lead Time 준수율 • 사내공모를 통한 채용률	정량
	• 신규인력의 유지 관리	• 사내공모의 효과적 이용	• 신규 인력 퇴직률	정량
		• 신규 인력의 퇴직률 관리		정량
보상/급여 관리	• 임금지급	• 급여처리기간 단축	• 급여처리 기간 단축	정량
노사관계	• 노사관계 관리	• 노사 간 쟁점 효과적 해결	• 노사 쟁점 해결률	정량

SECTION 04 근무성적평정

1 의의

근무성적평정은 조직구성원의 근무성적을 평가하는 것을 말한다. 평가의 대상이

되는 것은 구성원의 능력, 실적, 태도 등이다. 근무성적평정은 개인적 · 조직적 측면에서 다양한 목적을 위해서 활용될 수 있다. 근무성과평정의 요건은 시험의 효용성을 평가하는 요인과 유사하여 타당성, 신뢰성, 변별력, 실용성 등을 들 수 있다.

2 용도

근무성적평정의 주요한 용도를 살펴보면 다음과 같다. 먼저, 인사관리의 기준으로 활용할 수 있다. 즉, 인사이동, 교육훈련, 보수 등을 결정하는 기준으로 사용할 수 있다. 둘째, 개인의 능력 발전을 위해 활용될 수 있다. 근무성적평정을 통해서 공직자 개개인의 능력, 실적, 태도 등에 대한 평가 자료가 생성된다. 이러한 자료를 이용하여 부족한 면을 보완함으로써 공직자 개인의 능력을 향상시킬 수 있다. 셋째, 시험도구의 타당성을 평가하는 기준을 제공한다. 빈자리를 채우기 위해서는 필기나 실기시험 등의 수단을 동원하는데 이러한 도구를 통해서 선발된 인력의 순위가 실제 업무실적 순위와 일치하는지를 검증하는 기준을 제공한다.

3 방법

평정방법은 평정도구를 기준으로 한 평정과 평정자를 기준으로 한 평정방법이 있다. 평정자를 기준으로 한 방법에는 자기평정법, 동료평정법, 감독자평정법, 부하평정법, 집단평정법 등이 있는데 이들은 이해하는데 큰 어려움이 없다. 그러므로 여기에서는 평정도구를 기준으로 한 평정유형을 간략하게 설명한다.

1) 도표식 평정척도법(graphic rating scale)

도표식 평정척도법은 가장 흔히 사용되는 기법으로 일상생활에서 자주 접하는 설문지를 생각하면 된다. 한편에는 평정요소 및 내용이 있고, 다른 한편에는 평정척도가

표 5-4 도표식 평정방법의 예(직무능력 평가 양식)

연번	평가요소	요소별 배점	정의	평가등급	소계 점수
1	기획력	9점	• 창의적인 시각을 가지고 문제를 예측하고 실행가능한 계획을 만든다.	① ② ③ ④ ⑤	
2	의사 전달력	6점	• 표현이 간결하면서도 논점이 빠지지 않도록 문서를 만든다.		
3	협상력	6점	• 상대방의 의도를 적절히 파악하여 자신의 입장을 설득한다.		
총점					

• 평가요소별 배점이 각 6점일 경우 매우 우수는 6점, 매우 미흡은 1, 2점(6×1/5)이고 등급별 차이는 1, 2점임.
자료: 행정안전부, [2011공무원인사실무], p. 390.
• 1에 5로 평가하면 9점, 2에 5로 평가하면 6점, 3에 1로 평가하면 1,2점이 된다.

자리하게 된다. 주요 장점은 평정표의 작성이 쉽고, 단순해서 관리가 용이하다. 단점으로는 척도에서 사용되는 용어가 애매모호하고, 대인관계가 좋다는 점이 창의력, 리더십, 근면성 등에 영향을 미치는 것을 말하는 연쇄효과 등으로 인하여 평정의 오류를 범하기 쉽다.

2) 강제배분법(상대평가법)

강제배분법은 평정의 결과가 지나치게 관대하거나 엄격해지는 것을 미연에 방지하기 위해서 각 척도에 답할 수 있는 비율을 사전에 정하는 방식이다. 예를 들면, 4점 척도인 경우 20, 30, 30, 20 등과 같이 비율을 사전에 할당하는 방식이다.

3) 체크리스트 평정법

체크리스트 평정법은 피평가자의 업무에 관련된 중요 행태들을 나열한 다음에 이들에 대해서 평가자들이 평가하게 하는 것이다. 직무성격의 차이 때문에 모든 피평정자에게 동일하게 적용될 수 있는 질문항목을 설계하기가 어렵다. 그러므로 직무 상황에 맞는 여러 유형의 체크리스트를 작성하는 데 많은 시간과 노력이 소요된다.

4) 서열법(ranking method)

피평정자들의 근무성적을 종합적으로 판단해서 서열을 매기는 것이다. 서열을 정하는 방법에는 쌍쌍비교법과 대인비교법이 있다(강성철 외, 2011). 쌍쌍비교법은 두 사람씩 짝을 지어서 비교하는 방법이다. 적은 수의 피평정자에게는 적용이 용이하지만 그 수가 많아지면 공정성과 객관성을 확보하기가 쉽지 않다. 대인비교법은 비교의 기준 역할을 하는 표준인물을 정한 다음 각 피평정자들을 표준인물과 비교해서 서열을 정하는 방법이다.

5) 중요 사건 기록법

평정기간에 피평정자의 업무수행과 관련하여 발생하는 중요한 사건들을 기록하여 평가하는 방법이다. 어떤 사건이 중요한지 여부에 대한 판단이 평정자들마다 서로 다를 수 있다. 그러므로 객관적인 비교가 용이하지 않고, 전체적인 평가보다는 특이한 사건에 의해 전체가 평가될 수 있다.

6) 행태기준 평정척도법

행태기준 평정척도법은 도표식 평정척도법이 갖는 용어 해석상의 모호함과 중요사건기록법이 갖는 상호비교의 어려움을 보완하기 위해 두 방법의 장점을 결합시킨 것이다. 업무 수행과 관련되는 중요한 행태를 결정하고 가장 이상적인 행태에서부터 가장 나쁜 행태까지를 나열한 후에 피평가자에게 맞는 행태유형에 체크하게 하는 방법이다.

7) 행태관찰 척도법

행태관찰 척도법은 행태기준 평정척도법의 단점인 행태유형 간의 상호배타성을 극복하기 위해 개발된 평정방법이다. 중요 행태가 얼마나 자주 발생하는지를 평가하는 방법으로 행태기준 평정척도법과 도표식 평정척도법을 결합하여 고안한 것이다.

8) 목표관리제(MBO method)

목표관리제는 조직(관리자)과 구성원 간의 합의 하에 각자의 목표를 분명히 설정하고 이들을 잘 달성하였는지를 평가하는 것이다. 조직 구성원들 간 소통과 환류가 활성화 될 수 있다. 또한 각 구성원의 목표가 조직의 전체 목표를 달성하는 것과 부합하는지를 점검해 볼 수 있는 기회가 된다.

이외에도 문서 기안 건수 등의 작업량과 같은 객관적 사실인 산출물을 기초로 평가하는 산출기록법(production records method)이 있다.

4 평정오류

1) 연쇄효과(halo effect)

이는 후광효과라고도 한다. 피평정자에 대한 평가는 다양한 요소에 대해서 이루어지는데 한 가지 요소가 다른 요소에도 연쇄적으로 영향을 미치는 오류이다. 예를 들면, 대인관계가 좋다는 점이 창의력, 리더십, 근면성 등에 영향을 미치는 것을 말한다.

평정요소들이 의미상 독립적이지 않거나 피평가자를 잘 모를 경우에 흔히 발생하는 오류이다. 각 개인을 평가하기 위한 다양한 요소를 동시에 평가하지 않고 각 요소별로 나누어 평가하면 오류를 줄일 수 있다.

2) 중앙집중화 경향(central tendency)

중앙집중화 경향은 평정자가 대부분의 피평정자들에게 평균이나 중앙값 등의 중간 정도의 점수를 부여하는 경향을 말한다. 평정자들이 양극단적인 점수 선택을 피함으로써 동료들에게 심리적 부담을 덜려고 하는 과정에서 나타날 수 있는 오류이다.

문제점을 보완하기 위해 강제배분법이 활용될 수 있다. 대부분의 한국 학자들(강성철 외, 2011; 유민봉, 2010; 박천오 외, 2010)은 집중화 경향이라 부른다.

3) 관대화(leniency) 경향과 엄격화(strictness) 경향

관대화 경향은 평정자가 피평정자들에게 전반적으로 높은 점수를 부여하는 것이며, 엄격화 경향은 반대로 피평정자들에게 낮은 점수를 부여하는 것이다. 역시 강제배분법이 보완책으로 활용될 수 있다.

4) 체계적 오류(systematic error)

체계적 오류는 평정자가 일정한 규칙에 입각하여 오류를 범하는 것을 의미한다. 어떤 특정 오류(예: 연쇄효과, 엄격화 경향, 관대화 경향 등)를 계속 범하는 경우이다. 상시적 오류는 복수의 오류 유형이 섞여서 계속 발생하는 경우이다. 일관적 오류, 규칙적 오류 등으로도 불린다.

5) 시간적 오류(recency error)

영어 의미가 최근을 뜻한다는 점에서 근접오류라고도 한다. 시간적 오류는 평정시점을 기준으로 최근에 발생한 실적이나 사건이 더 오래 전에 발생한 실적, 사건보다 최종평가에 더 많이 반영되는 것이다. 목표성과관리 평정법이나 중요사건 기록법을 통해서 시간적 오류를 줄일 수 있다(유민봉, 2010).

시간적 오류는 근접효과(유민봉, 2010), 최신 결과에 의한 오류(박천오 외, 2010), 근접효과와 최초효과(오석홍, 2009) 등으로도 불린다.

6) 선입견에 의한 오류

상동적 오류 혹은 유형화 오류라고도 한다. 평정자가 피평정자의 인구통계학적 특성(예: 성별, 출신학교, 출신지역, 인종 등)에 따른 선입견을 바탕으로 평정을 하는 경우에 나타나는 오류이다.

CHAPTER

06

관광종사원 성과평가

관광종사원 성과평가

SECTION 01 호텔조직의 직무관리

1 직무분석

1) 직무분석의 의의

직무의 내용과 성격에 관한 체계적인 조사를 의미하며, 직무기술서와 직무명세서의 기초이다. 직무를 구성하고 있는 일과 그 직무를 수행하기 위하여 담당자에게 요구되는 경험, 기능, 지식, 능력, 책임 등 그 직무가 타 직무와 구별되는 요인을 각각 명확하게 밝혀 기술하는 방법이다.

2 직무기술서 및 직무명세서

1) 직무기술서(job description)

직무분석의 결과는 그 직무를 수행하거나 감독하게 될 모든 사람들이 일목요연하게 그 직무가 지니고 있는 성격, 내용, 수행방법 등을 간단히 정리하여 문서로 기록한다.

직무기술서는 직무분석의 결과이며, 그 목적이 된다.

표 6-1 인사관리직의 직무기술서

<table>
<tr><td colspan="2">1. 직무명: 인사관리원</td><td>2. 직무번호: 3123</td></tr>
<tr><td colspan="2">3. 직군: 사무직</td><td>4. 직종: 인사</td></tr>
<tr><td colspan="2">5. 직등급: 4직급, 13직급</td><td>6. 근무처: 본사</td></tr>
<tr><td colspan="3">7. 직무개요
종사원의 채용, 훈련, 배치, 승진, 퇴직에 관한 업무를 수행하고 인사운영방침과 종합관리계획을 입안하여 안전관리, 임금관리, 직무분석, 훈련개발 등 인사관리 전반에 관한 업무를 수행하여 보조원의 업무수행을 지도한다.</td></tr>
<tr><td colspan="3">8. 직무내용
① 연간 인원 수급계획을 입안하고 종사원의 채용, 배치, 승진, 퇴직에 관한 업무
② 표준 업무량을 조사하여 적정인원을 책정, 관리 및 기구의 신설과 개폐에 따른 증감변동요건을 조사, 검토
③ 종사원의 능력개발을 위한 부문별 교육, 훈련계획을 입안 · 실시
④ 안전관리와 산업재해 보험업무를 수행하며 사원의 정기건강진단과 위생업무
⑤ 노사협의회 운영에 관한 업무와 노동관계법령과 사원의 비공식 조직의 관리
⑥ 노동관련 비용의 연간계획을 입안하고 이를 분석관리하며 적정노무비의 책정
⑦ 사원 표창과 징계에 관한 업무
⑧ 기타 위의 관련업무를 지시에 따라 수행하고 보조원의 업무 지도</td></tr>
<tr><td colspan="3">성별: 남 최적연령: 30~50세</td></tr>
<tr><td colspan="3">9. 작업조건</td></tr>
<tr><td>노력</td><td colspan="2">신체적 노력: 비교적 적다.
정신적 노력: 지도력, 기억, 계획, 창의에 대한 노력이 크다.</td></tr>
<tr><td>책임</td><td colspan="2">감독책임: 보조원에 대한 지도감독 책임
물적책임: 보통</td></tr>
<tr><td colspan="3">작업환경: 좋음
위험도: 없음
직업병: 없음</td></tr>
<tr><td colspan="2">특기사항</td><td></td></tr>
</table>

자료: 김식현(1993), p. 66.

2) 직무명세서(job specification)

(1) 직무명세서(job specification)의 작성

직무명세서의 첫 부분에는 직무를 수행하는 데 필요한 기술, 지식, 능력, 적성 등에 대해 서술한다. 여기서 '지식'이란 직무수행에 적용되는 종사원이 보유하고 있는 정보의 집합을 의미하고, '적성'이란 필요한 것을 학습할 수 있는 잠재력을 의미한다. 직무명세서의 두 번째 구성요인은 인성과 개인적 특성 부분으로 현재의 전문성을 어떻게 성취하였으며 미래에 조직을 위해 어떻게 활용할 것인지를 평가할 수 있도록 한다.

'인성(personality)'이란 인간이 인간, 사물, 상황 등에 대하여 어떻게 대응하는지를 묘사하는 심리적 특성과 변수들의 통합체이다. 이러한 인성은 내성적 혹은 외향적, 진지한 혹은 쾌활한, 현실적 혹은 이상적, 외유내강형 혹은 예민한 형, 자신감의 충만 혹은 결여, 편안한 혹은 긴장하고 있는 등의 관점을 포함한다. 종사원의 인성에 대한 지식은 특정한 상황에서 인간의 행동을 예측할 수 있어 인성과 직무수행의 질과 양의 상호관계에 대한 연구가 지속되고 있다.

'개인적 특성(characteristics)'은 개인의 흥미, 가치관, 태도, 동기 등을 포함한다. 여기서 흥미란 취미나 여가활동, 다른 사람들과 어울림 등의 특별한 행동에 대한 취향(inclination)을 의미한다. 가치관이란 인생에 대한 개인의 시각과 행동지침을 의미하며, 태도란 사회계층이나 조직체 등의 특정한 대상에 대해 보유하는 개인적 감정을 의미한다. 직무명세서의 마지막 부분에는 직무수행에 필요한 최저경력, 교육사항 등을 포

표 6-2 호텔 인사과장의 직무명세서

1. 성별: 남
2. 교육: 다음과 같은 교과목을 포함하는 최저 4년제 대학교육을 졸업한 자 교과목: 호텔경영론, 관광경영론, 호텔인사관리론(이하 생략)
3. 경험: 호텔인사관리 및 그 관련분야에서 3년 이상 유경험자
4. 성격: 호텔 내의 인화를 유지할 수 있는 능력, 종사원에 대한 관심이 주의 깊고 성실하며 직업의식이 확고한 자
5. 지능: 대학 졸업 정도
6. 지식: 호텔 인사관리 일반에 관한 이해, 능력, 적성, 흥미 등이 많으며 노동관계법, 인사관리, 조직행동에 관한 지식을 필요로 한다.

함한다(Drummond, 1990. p. 55.)

즉, 직무분석의 결과에 의거하여 직무수행에 필요한 직원의 행동, 능력, 지식 등을 일정한 양식에 기록한 문서이다. 그리고 직무기술서에서 발전한 것으로, 특히 직무에 의해서 요구되는 인간의 특성을 강조하는 문서이다.

3 직무설계

1) 직무설계의 의의

직무평가에 의해서 각 직무의 내용과 성격을 파악한 다음, 그것에 영향을 미치는 조직적, 기술적, 인간적 요소를 규명하여 직원의 직무만족과 조직의 생산성 향상을 위한 작업방법을 결정한다.

2) 직무순환(job rotation)

유사한 직무는 이동을 통하여 권태감을 해결하고, 최근에는 직원의 훈련방법으로 많이 이용한다.

3) 직무확대(job enlargement)

직무의 수평적 확대 등을 통해 직무만족을 높인다. 그리고 고임금시대 노동 생산성을 높이는 방법으로 활용되고 있다.

4) 직무풍요(job enrichment)

직무를 넓히고 동시에 깊이도 늘리는 방법이다. 직무에 대한 자율성과 책임감을 갖도록 지원한다.

5) 직무특성(JCI)의 모형

미국의 경영학자인 헤크만과 올드햄이 주장한 모형으로, 직무가 보다 충실하게 만들어지기 위해서는 다섯 가지 핵심적인 직무특성을 갖출 것이 요구된다.

직무가 충실화되기 위해서 갖추어야 할 특성들은 다음과 같다.

① 다양한 기능: 다양한 기술이나 기능

② 과업의 정체성: 일의 시작부터 마무리까지 맡아 자신의 일이 어떤 것이라는 것을 인지

③ 과업의 중요성: 직무수행의 결과가 다른 사람의 직무나 생활에 얼마나 영향을 미치는가 등

④ 자율성: 자신의 직무에 관해 갖는 결정권

⑤ 피드백: 자신의 일을 얼마나 잘 하고 있는가를 알 수 있는 단계

1. 당신의 직무는 얼마나 다양한가?
   ① 동일한 일을 항상 반복함 ② 자주 반복하는 편임 ③ 그저 그렇다
   ④ 다양함 ⑤ 아주 다양함

2. 한 가지 일을 처음부터 끝까지 하는가, 아니면 부분만을 담당하는가?
   ① 항상 부분만 담당 ② 부분만 담당하는 편임 ③ 그저 그렇다
   ④ 전체를 담당하는 편임 ⑤ 항상 전체를 담당함

3. 당신의 직무는 얼마나 중요한가?
   ① 아주 중요치 않음 ② 중요하지 않음 ③ 그저 그렇다
   ④ 중요함 ⑤ 아주 중요함

4. 직무수행상의 자율성은 얼마나 보장되는가?
   ① 전혀 보장되지 않음 ② 거의 보장되지 않음 ③ 그저 그렇다
   ④ 보장되는 편임 ⑤ 아주 많이 보장됨

5. 직무를 잘 수행하고 있는지에 대한 정보를 얻을 수 있나?
   ① 거의 얻지 못함 ② 잘 얻지 못함 ③ 그저 그렇다
   ④ 잘 얻는 편임 ⑤ 아주 잘 얻음

동기잠재성 점수(MPS)=((1+2+3)/3)X4X5
MPS(Motivating Potential Score)는 직무풍요(Job Enrichment)의 척도

SECTION 02

채용관리

1 채용관리의 중요성

The right person for the job을 위해 채용의 전 과정에서 철저한 계획과 직무중심의 사고가 필요하다.

2 모집과 선발

1) 모집방법

(1) 사내의 공급원

- 승진(promotion from within)
- 전직(transfers)
- 직무순환(job rotation)
- 재고용(recalls)

(2) 외부 공급원에 의한 모집방법

- 내부공고(bulletin within)
- 기능재고제도(skills inventory): Personnel files에 의한 HRIS(haman resources information systems)

(3) 외부적 공급원

- 직원을 통한 모집(employee referral program)
- 취업알선기관 및 업체(recuit agent)
- 자발적인 응모(unsolicited applications or walk–ins)
- 교육기관(university)
- 신문, 잡지, 라디오 및 TV 등에 의한 공고
- 전산적 서비스(computerized recruiting services)

국내 RC Hotel의 지원서

Application
for Employment

"We are Ladies and Gentlemen serving Ladies and Gentlemen."
"우리는 신사숙녀를 모시는 신사숙녀입니다."

<table>
<tr><td rowspan="3">NAME
성명</td><td>KOREAN:
한 글</td><td rowspan="2">DEPARTMENTS
POSITION(S)
APPLIED FOR
희망하는 부서 및 직위</td><td colspan="2">1ST CHOICE:
제1희망</td><td rowspan="3">ATTACH
RECENT
PHOTO HERE
반명함판
(최근 3개월 이내)</td></tr>
<tr><td>CHINESE:
한 자</td><td colspan="2">2nd CHOICE:
제2희망</td></tr>
<tr><td>ENGLISH:
영 문</td><td>SALARY DESIRED
희망하는 급료</td><td>DESIRED
희망</td><td>MINIMUM
최저희망</td></tr>
</table>

<table>
<tr><td>IDENTIFICATION NO.
주민등록번호</td><td></td><td>DATE OF BIRTH
생년월일</td><td></td><td>AGE
연령</td><td>만 세</td><td colspan="2"></td></tr>
<tr><td>IDENTIFICATION NO.
주민등록번호</td><td colspan="7">□□□-□□□</td></tr>
<tr><td>PERMANENT ADDRESS
현주소</td><td colspan="7">□□□-□□□</td></tr>
<tr><td>TELEPHONE NO.
전화번호</td><td>HOME PHONE
자택전화번호</td><td></td><td>OTHER PHONE
기타연락번호</td><td></td><td>GENDER
성별</td><td colspan="2"></td></tr>
</table>

<table>
<tr><td rowspan="6">MARITAL
STATUS
혼인여부</td><td colspan="6">□ SINGLE 미혼 □ MARRIED 기혼 □ WIDOWED 배우자사망 □ SEPARATED 별거 □ DIVORCED 이혼</td></tr>
<tr><td colspan="3">IF MARRIED, NAME OR SPOUSE:
결혼했을 경우 배우자 성명</td><td colspan="3">DATE OF BIRTH:
생년월일</td></tr>
<tr><td>NAME OF CHILDREN
자녀성명</td><td>GENDER
성별</td><td>DATE OF BIRTH
생년월일</td><td>NAME OF
CHILDREN
자녀성명</td><td>GENDER
성별</td><td>DATE OF
BIRTH
생년월일</td></tr>
<tr><td></td><td></td><td></td><td></td><td></td><td></td></tr>
<tr><td></td><td></td><td></td><td></td><td></td><td></td></tr>
</table>

FAMILY RELATION 가족관계	NAME 성명	RELATION 관계	DATE OF BIRTH 생년월일	OCCUPATION 직업	REMARKS 비고

<table>
<tr><td>DO YOU LIVE IN
주거는</td><td>□ OWN HOME
자택</td><td>□ RENT HOUSE
셋집</td><td>□ WITH PARENTS
부모동거</td><td>□ BOARD
하숙</td><td>□ OTHERS
기타</td></tr>
<tr><td colspan="3">COUNTRIES OUTSIDE OF KOREA YOU HAVE LIVED IN OR VISITED
한국 이외에 방문 또는 거주한 외국명</td><td colspan="3">MEMBER OF CLUB OR SOCIETY AND HOBBIES
클럽, 기타 소속단체명 및 취미, 특기</td></tr>
<tr><td rowspan="2">MILITARY SERVICE
군복무여부</td><td>COMPLETION
병역필</td><td>BRANCH OF SERVICE
군필
□ 육군 □ 해군
□ 공군</td><td>STATUS OF SERVICE
역종
□ 현역 □ 보충역</td><td>RANK
계급</td><td>SERIAL NUMBER
군번</td></tr>
<tr><td>INCOMPLETION
미필</td><td>FROM
입대년월일</td><td>TO
전역년월일</td><td colspan="2">REASON OF EXEMPTION/INCOMPLETION
미필 또는 면제사유</td></tr>
<tr><td colspan="6">LICENSE/AWARDS HISTORY
면허/수상경력</td></tr>
</table>

EDUCATIONAL BACKGROUND 학력

<table>
<tr><td rowspan="2">TYPE OF SCHOOL
학교정도</td><td rowspan="2">NAME
학교명</td><td colspan="2">PERIOD</td><td rowspan="2">GRADUATED YES, NO
졸업여부 예, 아니요</td><td rowspan="2">COURSE OR MAJOR
전공</td></tr>
<tr><td>FROM</td><td>TO</td></tr>
<tr><td>HIGH SCHOOL
고등학교</td><td></td><td></td><td></td><td></td><td></td></tr>
<tr><td>COLLEGE
대학</td><td></td><td></td><td></td><td></td><td></td></tr>
<tr><td>UNIVERSITY
대학교</td><td></td><td></td><td></td><td></td><td></td></tr>
<tr><td>POST GRADUATE
대학원</td><td></td><td></td><td></td><td></td><td></td></tr>
<tr><td>OTHER
기타</td><td></td><td></td><td></td><td></td><td></td></tr>
</table>

EMPLOYMENT HISTORY 근무경력

NAME OF COMPANY AND TYPE OF BUSINESS 회사명 및 업종	FROM 부터		TO 까지		DESCRIBE THE WORK YOU DID 근무부서	POSITION 직위	ANNUAL SALARY 연봉	REASON FOR LEAVING 사직이유	NAME OF SUPERVISOR 상급자 성명
	YEAR 연	MO. 월	YEAR 연	MO. 월					
1 TEL. NO. 전화번호 ( )									
2 TEL. NO. 전화번호 ( )									

FOREIGN LANGUAGE SKILLS 외국어 정도

FOREIGN LANGUAGE SKILLS 외국어 정도 (해당란에 X표 하시오)	UNDERSTANDING 이해			READING 읽기			SPEAKING 회화			WRITING 쓰기		
ENGLISH 영어												
JAPANESE 일본어												
OTHER FOREIGN LANGUAGES 기타												

RECOMMENDED BY	NAME 성명	OCCUPATION 직업	REMARKS 비고
추천인			

DECLARATION 선서

I further declare that the statements made by me in this application are true, complete, and correct. Afalse statement or dishonest answer to any question may be grounds for my immediate discharge from employment with The Ritz–Carlton, Seoul.

나는 상기 기재사항이 모두 사실임을 서약하며, 만약 허위나 은폐가 발견될 경우 어떠한 인사조치도 감수하겠습니다.

Date:________________________ Signature of Applicant: ______________________

INTERVIEWER'S COMMENT:
면접자소견

2) 선발

① 선발활동의 중요성: 기업의 선발방침과 담당할 직무에 가장 적합한 사람을 선택하는 과정

② P. Pigore와 C. A. Myers의 선발 절차

- 입사지원서 작성
- 채용시험
- 면접
- 경력조사
- 신체검사

SECTION 03 성과평가

1 성과평가(Performance appraisal)

최근 수년간 피고용자 숙련도(employee proficiency)의 측정에 대한 많은 연구가 이루어졌음에도 불구하고, 행동주의 과학자들은 이른바 요인(준거)문제들 –개인의 직무성과에 대한 적절한 척도를 개발하는 것을 포함하여– 을 계속해서 언급해왔다. 대부분의 대학인들과 실무자들은 이 문제를 완벽하게 해결하려면 알아야 할 것이 아직 많다는 것에 동의한다.

이 절의 목적은 조직의 피고용자 성과평가(employee performance appraisal)에 있어서 다음과 같은 문제들에 대한 명확하고 적절한 해답을 지도자들에게 제공하는 것이다.

1. 조직 내에서 성과평가척도들은 일반적으로 어떤 용도에 쓰이는가?
2. 신뢰로운 성과평가척도의 특성은 무엇인가?
3. 현재 어떤 평가 방법들이 주로 사용되는가?
4. 어떠한 오류와 편견들이 성과평가에 개입하는가?
5. 여러 종류의 성과평가 방법들은 어떤 장점과 단점을 가지고 있는가?
6. 성과평가 프로그램을 이행하는데 관계되는 이슈에는 어떤 것이 있는가?

2 조직에서의 용도(Organizational uses of Appraisal Measures)

성과평가척도들은 조직 내에서 다양한 용도로 쓰여진다. 기본적으로, 이러한 척도의 사용들은 두 가지 범주로 나눌 수 있다. 관리적인 측면과 개인적인 측면의 고용

개발이 그것이다. 각 범주에 따른 성과평가측정의 주요 용도는 다음과 같다.

1) 관리적 용도(Administrate)

진급, 감원(layoff), 분류(separation), 그리고 이직 등에 대한 계획을 위한 기초이다. 노조에 영향을 미치는 중요한 요인으로서 연공서열이 유일한 우선순위가 아닌 상황에서의 인사이동(transfer), 여러 가지 조직적인 단체(unit)의 훈련필요량을 결정하기 위한 수단, 선발(selection)과 배치(placement) 방책을 확인하는 준거로서 훈련 프로그램의 가치와 업무 스케줄, 업무 방식, 조직 구조, 관리 방식, 작업조건, 그리고 장비(equipment)의 효율성을 측정하는 기초로서 조직 내의 단위로서 뿐만 아니라 전체로서의 조직의 생산 효율성을 측정하는 기초 성과에 부합하는 임금과 봉급을 관리하는 수단이다.

2) 종업원 개인 발전(Individual employee development)

부가적인 정규 훈련을 통하여 보완될 수 있는 피고용자의 취약성을 확인하는 수단으로서 피고용자들의 상사들과의 정기적인 평가 면접 기간 중 그들의 성과와 관련된 피드백을 제공함으로써 피고용자들의 성과를 향상시키는 수단으로서 행동 및 성과 목표들을 확립함으로써 피고용자들의 동기를 증가시키는 수단으로서 관리자들로 하여금 그들의 부하직원들 각각의 행동을 관찰하고 개별적인 훈련과 발달의 욕구들에 관심을 취하도록 고취시키는 수단으로서 피고용자의 과거 결함들을 지적하고 그들의 장점들을 강화시키는 수단으로 사용된다.

3 평가기준(Standard for Evaluation the Adequacy of a Performance Appraisal Measure)

어떠한 성과평가척도가 관리자 혹은 피고용자 개발의 용도로 쓰여지기 위해서는,

다음 세 가지 중요한 요구사항을 충족해야 한다. 타당도, 신뢰도, 그리고 실용성이 그것이다.

1) 타당도(Validity)

타당도(때때로, "적절성(relevancy)"으로 설명됨)는 측정되어 얻어질 수 있는 숙련도(proficiency)가 부합되어지는 정도 내지는 궁극적이거나 실제로 측정되어지는 성공과 관련된다. 궁극적인 척도는 이상적인 것을 나타내며 그것을 얻는 것은 실행 불가능하다, 예를 들어, 생산 근로자들에 대한 궁극적인 성공측정은 조직에 대한 총 장기 생산기여도로서 정의된다(예를 들어, 결과의 양, 결과의 질; 훈련비용; 질병과 파업, 사고 등에 의한 시간 손실; 불만; 승진가능성). 우리는 대개 성공의 궁극적인 척도들을 보장할 수 없기 때문에, 즉각적으로 이용할 수 있고, 궁극적인 측정에 가능한 한 가깝게 접근한다고 추정되는 피고용자 숙련 척도에 의존한다.

통계적으로는 결코 타당도를 측정할 수 없는데, 그 이유는 궁극적인 측정은 가용한 것이 아니기 때문이다. 따라서, 타당도는 관리자의 판단과 조직의 목적에 정통한 전문가들에 의해 결정된다. 목표는 가능한 한 궁극적인 것과 손에 넣을 수 있는 척도 사이에서 완벽하게 일치(중복)하도록 하는 것이다. 이 중복은 대개 두 가지 이유로 완벽하게 이루어지지 않는다.

측정 결함(deficiency)과 측정 오염(contamination)이 있다. 측정결함은 가용한 측정이 궁극적인 측정의 모든 요소들을 고려하지 않았다는 사실을 지적한다. 예를 들어, 판매량을 계산하는 것으로만 판매 성공을 측정한다면, 고객과의 관계는 결핍될 것이다.

유사하게, 생산단위의 질이 아니라 양으로 구성된 생산부에서의 성공측정 역시 결함이 있는 것으로 간주된다. 측정 오염은 측정을 통해 얻어진 자료가 불순한 것이 원인이 된다. 즉, 궁극적인 측정과 관련되지 않은 요인들의 영향을 받는다. 근로자 기법상의 조건에서의 변인들이 개인의 숙련도 측정을 오염시킬 수 있다. 예를 들어, 압축공정 근로자(press operators) 집단 사이에서, 몇몇 사람들은 다른 사람보다 더 생산적으로 보인다. 그러나, 생산적인 듯 보이는 집단은 더 새롭고, 더 효율적인 기법을 사용하며, 이것이 생산성에 있어서 뚜렷한 차이를 설명한다. 이 절의 후반에 토론되는 수 많은 인간적인 오차들 역시 숙련 척도들을 심각하게 오염시킨다.

타당도는 어떠한 숙련도 측정보다도 가장 중요한 요소이다. 이것이 없다면, 측정은 무용지물이다. 왜냐하면, 그것을 측정이 측정하고자 하는 것을 측정하는 것이 아니기 때문이다.

효과적인 성과평가 방법을 설계하는 초석은 일명 직무분석(job analysis)이라 불리는 기법이다. 연방정부의 선거 절차에 대한 Uniform Guideline(1978)은 다음과 같이 서술함으로써, 이것을 명시화 했다.

> 중요업무 행동을 … 어떠한 직무분석이라도 작업행동과 연관된 직무에 초점을 맞춰야 한다.

직무분석이 성과되어지지 않는 곳이라면, 법정은 그 업무에 관하여 상당한 식견이 있는 6명 이상의 개인이 평가할 때조차도 그 지침의 타당성에 대해서 소송을 제기할 수 있다. 특히, 법정은 이 전문가들의 "법적 및 전문적인 요구사항들을 만족시킬 만한 직무 분석이 그들의 머리 속에 들어있다"는 것을 기각했다(Kirkland v. New York Department of correctional Service, 1974).

2) 신뢰도(Reliability)

성과평가에서 두 번째로 중요한 기준은 신뢰도이다. 숙련도의 측정은 때에 따라서 그리고 평가자에 따라서 개개인에 대한 일관적인 수량적 기술을 한다는 점에서 신뢰로워야 한다. 물론, 이것은 측정된 특성은 일정하게 유지된다는 것을 강조한다.

신뢰도를 측정하는 한 가지 방법은 기간을 다르게 해서 두 가지 분리된 상황에서 같은 집단의 고용자들을 측정하는 것이다. 여기서 적용되는 시간 간격은(예를 들어, 일년 혹은 3개월) 특정 직무 및 사용되는 숙련도 척도에 따라 달라진다. 두 측정 세트 사이의 일관성 정도는 상관계수로 알려진 통계치로서 측정된다. 일반적으로, 높은 정적 상관계수를 가지는 것이 바람직하다. 따라서, 판매량에 비중을 둔 측정은 모든 개개인의 판매량이 월별로, 크게 변화가 없을 경우, 신뢰롭다고 할 수 있다. 유사하게, 평가자로부터의 측정들이 시간이 경과함에 따라서 안정적으로 유지될 때, 신뢰로운 것으로 간주된다.

신뢰도를 측정하는 두 번째 접근은 둘 이상의 독립적인 평가자에게 동시에 이루어진 고용인 집단에 대한 평가 사이에 상관량(예로, 일관성)을 결정하는 것이다. 이 경우에서 얻어진 높은 정적 상관은 한 평가자로부터 높은 평가를 받은 고용인이 다른 사람들로부터도 높은 평가를 받는 경향이 있다는 것을 나타낸다. 그 역도 역시 성립해서, 한 평가자로부터 낮은 평가를 얻은 평가자들은 타인으로부터 낮은 평가를 얻게 된다.

신뢰도를 측정하는 세 번째 접근은 일반적으로 내적 일관성으로 불린다. 내적 일관성은 여러 가지 구성요소(예를 들면, 평가 척도)를 가진 평가 도구들에 있어서 중요하다. 성과평가 도구는 측정하려고 계획된 관점에서의 직무성과만을 측정해야만 한다(Carroll & Schneier, 1982). 내적 일관성은 성과측정의 여러 요소들이 높은 수준으로 상호 상관관계(intercorrelated)를 갖는가를 조사하는 것으로서 결정된다.

3) 실용성(Practically)

실용성은 경시해선 안 될 마지막 요구사항이다. 숙련도의 측정은 관리와 평가되는 고용인들이 수락할 수 있어야만 한다. 노동조합이 이루어진 곳이 노동자들간이든 내근직 근로자이든, 숙련도 측정은 조합에 의해서 지지되어야 한다. 이것은 특히 조합이 전통적으로 공식적인 평가 프로그램들보다는 봉급과 진급의 결정에 우선순위를 갖기를 선호해왔기 때문에 더욱 그렇다. 숙련도 측정의 수용을 널리 보급하려면, 모든 관리 조직에서 조합에까지 대표자들을 구성하는 위원회를 계획하는 것이 바람직하다. 이러한 경우에, 적용되는 숙련척도들을 결정하는 데 있어서 모든 집단의 견해를 고려해야 할 것이다.

4 종업원 숙련도 측정을 위한 세 가지 접근법(Three Approaches to Measure Employee Proficiency)

앞서 이미 성과평가의 목적과 타당도, 신뢰도, 실용성의 개념을 논의했다. 이것을 염두에 두고, 이제 피고용자의 숙련도를 평가하는 여러 가지 방법(수단)들을 토론해보기로 하자. 이러한 수단들은 세 가지 일반적인 범주로 분류될 수 있다. ① 주관적인 절차들, ② 직접적인 측정, 그리고 ③ 숙련도 검사이다. 주관적인 절차들을 우선 제시해 준다. 이 절차들은 관리자, 부하직원들, 동료들, 외부 관찰자들, 또는 자기 자신에 의해서 이루어진 피고용인의 직무 숙련도에 대한 평가와 판단을 포함한다. 모든 주관적인 절차들은 판단과 견해에 의존하기 때문에, 인간적인 여러 종류의 오차들이 평가과정에서 발견될 여지가 있다.

5 평가 시 인간의 실수(Human Errors in Subjective Procedures)

주관적인 척도에서 바람직하지 않은 왜곡은 인간적인 판단에 의한 특정한 오차에서 발생한다. 이 오차들을 너무 간교하게 하는 것은 대부분의 경우에서 평가자들이 자신이 만든 것을 의식하지 않기 때문이다. 그리고 그것을 인식한 경우에는, 종종 판단을 교정할 수가 없다. 마지막 결과는 잘못된 승진, 이직, 정리해고, 부당한 임금 인상을 받는 피고용자가 되는 것 뿐이다. 이러한 오류들은 더 나은 평가 도구들을 강화시키거나, 평가자에게 특별훈련을 제공하고 정확하게 평가하도록 동기화시키는 것에 의해서만 최소화할 수 있다. 이 절의 후반에 언급하겠지만, 인간적인 오류의 감소는 평가의 정확성을 자동적으로 보장하는 것은 아니다.

6 관용, 엄격, 중앙집중화(Leniency, stricrness, and tendency)

타인을 평가하도록 요구를 받을 때, 어떤 사람들은 점수를 극단적으로 높게 혹은 낮게 주는 것에 거부감을 느낀다. 그 대신에, 그 사람들은 부하직원들 사이에서 숙련도에 큰 차이가 있더라도 평가 척도상의 중심, 혹은 평균점을 사용하는 경향이 있다(중심 경향 오류라고 불린다). 다른 사람들은 평가를 척도의 상위 끝(leniency error – 관용오류) 혹은 하위 끝(structness error – 엄격오류) 쪽에 집중시키는 경향이 있다.

진학하는 경우를 포함하여 모든 학생들이 유사한 문제를 흔히 접한다. 관리자들 사이에서 규준과 관련된 그러한 차이들은 다른 부서에 있는 고용인들 사이에서 평가가 비교될 때 문제를 일으키는 원인이 된다. 규준에 있어서 그런 차이들이 존재한다면, 먼저 평가들을 모든 공통적인 수적 척도들로 전환할 때만이 비교할 수 있다.

7 후광효과(The halo effect)

후광 효과는 평가자가 고용인들이 몇 가지 단독적인 요인들에 있어서 높거나 혹은 낮다고 믿기 때문에 많은 요인들에 있어서도 역시 높거나 혹은 낮게 평가하는 경향을 가리킨다. 예를 들어, self–reliance(자기–신뢰)를 평가하는 관리자들은 자기–신뢰도 외의 다른 특성들에 있어서도 자기 신뢰적인 하급자들을 높게 평가하는 경향이 있다. 비록 자기–신뢰도가 직무에 필요한 인격적 특성(personal quality)에서 중요한 요소일지라도, 그것이 학습 능력, 정서적 안정, 리더십, 사회성과 같은 다른 요인들에 대해서 같은 평가로 어림잡아서 하는 경향이 있는 관리자들이 많이 있다. 후광효과를 감소시키는 한 가지 방법은 관리자가 첫 번째 차원을 모든 부하직원들에게 평가하도록 하는 것이다(self–reliance 등). 그리고 나서 두 번째 차원들(정서적 안정성 등)을 평가한다. 그것을 모든 차원들을 평가할 때까지 계속한다. 시간이 없을 때는, 이 모든 차원들까지 평가한 것을 참조해야 한다.

후광 오류는 또한 평가 척도 기준점을 더 행동에 입각하여 만들고 평가자들이 평가하는 각각의 특성에 대해서 명확하게 하기 위해서, 평가요인을 더 자세한 용어로 표현함으로써 줄일 수 있다.

8 평가자 특성(Rater characteristics)

평가자 자신들의 특정한 성향(trait)은 평가의 정확성에 영향을 줄 수 있다. 예를 들어, 자신의 직업에 유능한 관리자들은 훌륭하거나 서툰 고용자들을 더 차별화하는 경향이 있으며, 관용의 오류를 덜 범하였다(Kirchner & Reisberg, 1962). 부하직원을 평가하는데 있어서, 생산-지향적인 관리자들은 고용자-지향적인 관리자들보다 덜 관용적이었다(Lendy & Farr, 1980). 또한 더 훌륭한 평가자들은 더 높은 지능을 갖고, 더 분석적인 사고 능력을 지녔다는 증거가 제시되었다(Korman, 1971).

마지막으로, Wexely와 Pulakos(1982), 그리고 Mobely(1982)에 의한 현장 연구에서는 일반적으로 평가자와 피평가자의 성별이 평가에 영향을 주지 않는 것으로 나타났다.

9 평가자 직위(Rater position in the organization)

평가자의 정확성은 또한 평가자와 피평가자 간의 조직적인 거리의 기능에 있다. 조직의 거리가 멀수록, 그 평가는 적절하지 못하게 된다. 즉, 사람들은 자신보다 두세 레벨 정도 높은 상관보다는 직속 상관이 더 정확한 평가를 할 것이라고 기대할 수 있다. 밀접하게 관련된 요인은 평가자의 직무와 관련된 직접적이고 행동적인 지식이다. 일반적으로, 평가자가 핵심 직무 행동에 대하여 더 많이 알수록, 평가는 더욱 정확하다.

저자들은 매우 자주 평가가 직무와 피평가자에 대해 부적절한 정보를 가지고 있음을 목격하게 된다. 평가자의 특성에 의한 오차를 줄이는 한 가지 명백한 접근은 모든 평가자들이 관련 고용자와 직무에 정통하다는 것을 보장하는 것이다. 이것은 평가자로 하여금 고용자의 직무 행동을 관찰하는 기회와 시간을 제공하길 필요로 한다.

10 개인적 편견(Personal bias)

고용인의 육체적인 매력, 인종, 민족적 배경, 조직에서의 연공서열, 교육 수준, 지역사회에서의 사회적 지위, 직무 경험, 나이, 성격, 조직단위와 같은 요인들은 관리자의 평가를 왜곡시킬 수 있다. 양심적인 평가자들이라 할지라도 생물학적 배경, 태도, 그리고 행동패턴에 있어서 자기자신("similar-to-me" effect)과 유사하다고 지각된 부하직원들은 더 높게 평가하는 경향을 보였다(Pulakos & Wexley, 1983). 예를 들어, 당신은 일에 있어서 모든 요구조건을 충족 시킨다. 그러나, 당신은 볼링을 좋아하고 나는 골프를 좋아한다. 당신은 공화당원이고 나는 민주당원이다. 당신의 아버지는 수위인데, 나의 아버지는 회장이고, 당신은 부하직원이고, 나는 관리자라면, 당신이 높은 평가를 얻을 기회는 잠정적으로 줄어들 것이다.

성역할 고정관념(Schein, 1975)의 작용도 역시 성과평가를 왜곡시킨다. 이것의 두 가지 예는 다음과 같다. 'Ruth는 확실히 높은 잠재력을 가진 동료지만, 나는 그녀가 상급 부사장이 되는 것을 볼 수는 없다.' 혹은 'Robert는 모든 능력을 지녔지만, 나는 남자 비서를 두는 것을 허용할 수 없다.'이다.

11 주관적 절차(Subjective Procedures)

인사 전문가들은 고용자 직무 성과를 평가하는데 유용한 다양한 주관적 절차들을 알고 있다. 사용되는 절차들은 다음과 같다.

1) 평가척도(Rating Scales)

① 도식적 및 다단계 평가척도, ② 행동 관찰 척도(BOS), ③ 행동 지향적 평가 척도(BARS)

2) 체크리스트

① 가중치가 적용된, ② 강제선택(Forced-Choice)

3) 고용자 비교

① 대안순위, ② 짝비교, ③ 강제분포(Forced distribution)

4) 결정적 사고(Critical incident)

5) 집단평가(Group appraisal)

6) 에세이 평가(Essay evalution)

12 그래픽 혹은 연속 순위 척도(Graphic and multiple-step rating sales)

평가 척도는 몇 가지 다른 형식을 갖는다. "그래픽 혹은 연속 순위 척도(예를 들어, a와 b)는 연속된 선의 어디에나 체크 표시를 할 수 있다. 이러한 형태의 척도는 선에 표시된 거리를 측정하는 직선을 사용하여 점수화 한다. 다단계, 혹은 불연속 척도는 평가자에게 여러 개의 선택할 범주를 제공한다. 이 척도의 점수는 형용사(예: c), 숫자(예: d), 단문(예: e)으로 정의된다.

평가자들에겐 이러한 것들이 널리 쓰여지지만, 이렇게 단순한 평가 형식은 전에 토론했던 인간적인 오류를 범할 여지가 많다. 이러한 형식 중 어떤 것을 사용하더라도 그것이 특정 부하직원에 대해서 얼마나 쉽게 평가 편향이 일어나는지를 잠깐 생각해 보자. 또한, 이러한 척도가 관용, 엄격, 중심경향, 후광 오류 등에 얼마나 취약한지도 고려해보자, 이러한 이유로, 이 관습적인 평가 척도들의 유용성은 제한적이다.

평가자의 마음에 들면서, 동시에 오류를 줄일 수 있는 평가 척도를 개발하는 방법이 있을까? Latham과 Wexely(1981)가 개발한 행동관찰척도(Behaviooral Observation

Scale; BOS와 Smith와 Kendall(1963)이 개발한 행동지향평가척도(Behavirally Anchored Ration Scales; BARS))는 이 요구사항들을 충족시키려고 시도한 것이다.

13 행동관찰 척도(Behavioral Observation Scales: BOS)

Latham과 Wexley(1981)는 BOS를 개발하기 위해서 다음과 같은 절차를 추천했다.

1단계는 결정적 사건 기법을 사용한 직무분석의 구성(Conduct a job analysis using the critical incident technique)이다. 집단 혹은 개별면접은 그 직무의 의도와 목적을 알고 있으며 자주 사용되는 기준에 근거하여 사람들의 성과를 보는 관찰자들에 의해 시행된다. 따라서, 관리자, 동료, 부하직원, 그리고 고객들은 직무상의 중요한 요구사항들을 관찰한 것에 대해서 인터뷰를 받는 것이다. 관찰자들에게 이전 12개월 동안 관찰해 온 직무 행동 중 효과적이었거나 비효율적이었던 직무분석과 사건들을 기술하도록 한다.

일반적으로, 모든 내담자들은 다섯 개의 효과적이었던 사건과 다섯 개의 비효과적이었던 사건을 보고하게 되고, 적어도 30명이 총 300개 정도의 사건들을 면담하도록 한다. 만일 내담자가 "고용인들은 고객을 대할 때 불손한 태도를 갖고 있다."라고 한다면, 직무 분석가는 "불손한 태도가 의미하는 것은 개인이 어떻게 하는 거죠?"하고 질문해야 한다. 이제, 다음과 같은 내담자의 답변이 행동 가능한 행동들의 리스트가 될 것이다. 고객들과의 논쟁, 그들의 무릎에 음식이나 음료수를 떨어뜨렸을 때, 사과하기를 거부하는 것, 착석할 때까지 손님을 오래 기다리게 하는 것 등이 있다.

2단계로는 결정적 사건들을 행동목록들로 묶기(Cluster critical incident into behavioral items)이다. 동일한 것이 아니고, 문맥상 유사한 핵심 사건은 하나의 행동목록으로 구성하기 위해서 함께 분류한다. 예를 들어, 메뉴 상의 특정 항목에 대해 질문했던 고객 문제를 대답했던 웨이터와 웨이트리스에 대한 둘 이상의 사건들은 한 개의 행동목록으로 군집화 될 수 있다. 예를 들어, "고객이 요구했던 메뉴 상의 특별한 항목을 설명하라."가 있다.

3단계로는 행동목록들을 BOS 준거로 묶기(Cluster behavioral items into BOS criteria)이다. 유사한 행동목록들을 재직자들 혹은 분석가들이 하나의 BOS 준거를 형성하기 위해 분류한다. 일반적으로 이 단계에서는, 행동 items들이 약 3–8개의 BOS 준거들로 모아지는 것이 좋다.

4단계로는 상호 판단의 합의사항 평가(Assess interjudge agreement)이다. 상호동의는 또 다른 개인 혹은 집단이 같은 중심 사건에 바탕을 두었을 때 같은 행동 준거를 개발하는지에 관한 이슈와 관련된다. 이 사건들은 무선적인 순서로 배치될 수도 있고, 3단계에서 세워진 3–8개의 BOS 준거에 따라 사건을 재배치하게 하도록 할 수도 있다.

5단계로는 내용타당도 평가(Assess content validity)이다. 전에 언급했듯이, 내용 타당도는 행동의 관심 영역의 대표적인 예를 포함하는지를 알아보는 성과검사 지침에 대한 체계적인 평가와 관련된다. 주요 사건들을 행동목록으로 분류하기에 앞서, 그 사건들의 10%는 제외시켜야 한다. 범주화가 완성되면, 이 사건들이 아직 나타나지 않은 행동들을 기술한 것은 아닌지 검사한다. 만일 제외된 사건들이 존재하는 행동목록으로 분류될 수 있다면, BOS 지침은 내용상 타당하다(내용이 유효하다)고 제안한다(Latham, Fay, & Saaari, 1979). 내용 타당도를 측정하는 부가적인 방법들은, Latham과 Wexley를 참고하길 바란다(1981).

6단계로는 도구 구성(Instrument construstion)이다. 평가 도구는 각 행동목록을 5점 Likert 척도로 나타냄으로서 개발되었다. 관찰자들은(관리자, 동료, 고객 등) 각 행동에 관련 제작자들을 관찰한 빈도를 표시하도록 한다.

7단계로는 낮은 빈도의 항목들 제거하기(Elimination of infrequent items)이다. BOS의 많은 행동목록들은 매우 효과적이거나 혹은 매우 비효과적인 성과를 정의되었다는 면에서 중요할지라도, 너무 빈번하거나 혹은 너무 희소해서 훌륭한 재직자들과 나쁜 재직자들을 차별화 할 수가 없다. 예를 들면, "고객에게 주먹질하다."와 "고객에게 웃다."와 같은 항목들은 BOS 도구에 포함할 수 없다. 왜냐하면, 거의 모든 웨이터 혹은 웨이트리스는 같은 평가를 받을 것이기 때문이다. 따라서, 이러한 유형의 항목들은 제거되어야 한다.

8단계로는 신뢰도를 결정하고 모든 BOS 준거들에 가중치를 부여하기(Determine the reliability and weighting of each BOS criterion)이다. 각각의 BOS 준거의 신뢰도(예를 들어, 내적 일관성)는 통계적으로 결정된다. 마지막으로 성과평가 시스템의 최종 사용자들은 여러 BOS 준거들의 상대적인 중요성을 두어 가중치를 부여한다.

행동 관찰 척도를 작성하는 것은 몇 가지 중요성이 있다(Latham & Wexley, 1981). 첫째, 고용인들을 위해서, 고용인이 제공하는 체계적인 직무 분석을 개발한다. 따라서, 평가 도구들의 유용성에 대한 이해와 위원회가 장려되어야 한다. 평가 도구 상의 항목들이 직무에 부적절하거나 모호하다고 관리자와 하급자들로부터 불평을 자주 듣게 되는 것을 최소화한다. 둘째, BOS는 직무 기술로서의 역할을 해야 하고, 그것은 잠재적인 직무 지원자로 보여질 수 있다.

그와 같은 것은 그들이 고용되었을 때 해야 하는 것이 무엇인지를 현실적인 개관으로 보여준다. 이것은 지원자들이 직무를 원하는지 다른 직무를 원하는지를 결정하는 것을 돕고, 수반하는 이직과 직무 불만족을 줄이도록 한다(Wanous, 1980). 셋째, BOS는 성공적이지 못한 성과자들로부터 성공적인 성과자들을 구별하는 행동들이 척도에 포함된다는 면에서 내용상 타당한(효과적) 것이다. 네 번째, BOS는 각각의 BOS 준거들에서만 아니라 전체 도구로서도 점수화 되기 때문에, 그 자체가 개개인에게 특수한 성과 피드백과 목표설정을 제공한다. 피고용자들이 칭찬을 받거나, 금전적인 보상을 받기 위한 특정한 BOS 점수들과 관찰 가능한 행동을 선호하는 것이 일반적으로 금지된다. 사실, 학생들이 특정 목표와 결합하여 BOS를 사용한 성과 피드백은 정적인 행동 변화를 유지하는 것으로 나타났다(Dossett Latham, &Mitchell, 1979; Latham, Mitchell, & Dossett, 1978).

결론적으로, BOS는 타당도와 신뢰도라는 측면에서 합당한 요구조건을 만족시킨다. 내용타당도, 범주화 시스템에 대한 상호판단 동의, 그리고 BOS 준거의 타당도는 대개 규정된 관례에 따라 구성되었을 때, 만족스럽게 된다.

행동 관찰 척도 역시 다소 제한점이 있다. 평가자의 지각과 효과적 혹은 비효과적인 행동의 회상에 의지하는 방법은 평가자의 편견이 개입할 가능성이 있으면, 보통 다른 평가 방법들보다 완성하는 데 더 시간이 걸린다. 척도의 길이는 관리자가 많은 부하직원들을 평가할 때 문제가 될 수 있다.

14 Behaviorally Anchored Rating Sasles(BARS)

평가척도를 작성하는 또 다른 훌륭한 행동적 접근은 행동적으로 지향된 척도 혹은 행동상 기대척도라고 불린다. 이런 유행의 척도는 백화점 관리자, 간호사, 상점 직원, 대학 교수, 그리고 기술자들의 성과를 평가하는 등 다양한 장면에서 쓰여지고 있다(Jacobs, Kafry, & Zedeck, 1980). BARS는 적어도 세 가지의 장점이 있다. 첫째, 지향성은 본래 행동적인 것이고, 평가자의 자신의 용어로 표현된다. 이것은 "exceptionally good"과 같이 평가자들마다 다른 의미를 가질 수 있는 문장들의 모호함을 상당히 제거할 수 있다. 둘째, BARS는 고용자에게 개선이 필요한 힘과 영역에 대한 특정한 피드백을 제공함으로써, 고용자 개발에 기여한다. 이러한 장점이 있다는 것은 평가 기간 동안 피고용자의 행동을 기술하는 사건을 체계적으로 기록하는 원칙을 관리자가 가지고 있다는 정도에서는 사실이다. 세 번째, 최근의 연구는 공통적인 척도 set가 동시에 여러 직무들을 발달시킨다는 증거가 있다(Goodale & Burke, 1975). 예를 들어, 한 세트는 척도는 조직 내의 판매 직무에 대한 전체 군을 위해서 작성될 수 있다.

그러나 BES/BARS는 몇 가지 제한을 갖는다. 이들 사이에는 직무 분석 동안 상당한 수의 중요한 사건들이 수집된다는 사실이 있다. 예를 들어, 7개의 직무 범주들 혹은 성과 준거들이 평가 목적에 중요한 것으로 확인된다면, 직무 분석 동안 기록되는 수백개의 가능한 총 사건들 중에 단지 49개만이 anchor로 쓰여진다(Latham & Wexely, 1981). 더욱이, 평가자들은 종종 피평가자의 성과와 anchor 척도 상의 매우 특정한 행동 예들 사이의 행동적 유사성을 구분하는 데 어려움을 느끼게 된다. 그들은 종종 관찰된 직무 행동을 척도상의 anchors와 직접적으로 짝지을 수 없게 된다(Borman, 1979).

대부분의 경우에, 평가자들은 평가 척도 상에 여러 개의 포인트에 표시를 하거나 혹은 어느 포인트에도 체크할 수 없는 경우에 접한다. 평가 접근을 증명하기 위해서, 가설의 예를 보고, 이러한 평가 척도를 설계하는데 필요한 단계들을 살펴보도록 하자.

① 1단계: Generation of job dimensions

직무에 정통한 관리자 집단이 회의를 열었다. 이 회의의 목적은 직무에 있어서 고용자 능력의 독립적인 차원들을 정의하고 확인하는 것이다.

다음은 이 회의의 결과인 생산 직무에 대해 확인되고 정의된 네 가지 차원의 예이다.

- 직무 지식: 직무의 모든 양상을 포함하는 절차와 자원에 대한 근로자의 지식
- 동기: 힘든 일을 하려는 근로자의 욕구와 의지
- 타인과의 대인 관계: 동료 그리고 상급자와 잘 지내는 근로자의 능력
- 요구되는 관리: 최소한의 감독(관리)으로 문제를 해결하는 근로자의 능력

② 2단계:Generation of behavior

모든 관리자들은 훌륭한, 평균적인, 열등한 고용인 성과들을 반영하는, 각각의 차원들의 행동적인 예를 제공하도록 요구 받았다. 아래 열거된 것이 대인 관계 차원에 대해서 특정 관리자들이 제안한 행동목록이다.

- Good: 이 근로자들은 도우려고 노력하기 때문에 직무와 관련된 행동 뿐 아니라 대안적인 문제들을 토론하는 것에 어려움이 없다.
- Average: 이 근로자들은, 동료들을 도울 때, 우호적이지만, 종종 know-it all 방식을 가지기 때문에, 다른 사람들이 이 사람과 대화를 하는 것에 짜증을 느낀다.
- Poor: 이 근로자는 자신의 실수에 대해서 동료와 관리에 대해 비난을 하고, 다른 사람에게 모욕을 준다.

③ 3단계: Reallication of behaviors

또 다른 관리자 집단은 1단계와 2단계에서 생성된 차원, 정의 리스트와 함께 예시 리스트가 주어졌다. 이 관리자들은 각각의 항목을 개인적으로 그 예가 증명한다고 생각되는 차원에 할당하도록 하였다. 예를 들어, 한 관리자가 "이 근로자는 대부분의 어려움에 대해 혼자서 현명한 한 가지의 방법을 찾을 것이다." 라는 항목을 읽었다면 그것을 "감독이 요구됨"에 할당할 것이다. 관리자의 특정 배분율(60-90% 등) 이상 할당되지 않는 항목들은 제거되어야 한다. 이것을 함으로써, 모든 모호한 항목들은 제거되고, 고용자 능력에 대한 독립적인 차원들이 결정된다.

④ 4단계: Assignment of values

모든 관리자들에게 결정된 차원들을 포함하는 소책자가 주어진다. 각 차원에 대해서, 3단계에서 세워진 규준에 합당한 20개 이상의 목록이 있다. 관리자들은 모든 차원에 대한 정의를 읽고, 모든 항목들에 5–9점 평가 척도로 평가를 하도록 한다. 만일 7점 척도가 선택된다면, 1이라는 점수는 항목이 그 차원에서 매우 부적절한 성과임을 나타내고 7점은 "Very good"을 나타낸다. 그리고 4는 평균적인 성과를 나타낸다. 관리자들에게 각각의 목록들이 적절한지에 따라서 1, 2, 3, 4, 5, 6, 7 중 하나의 값을 가질 수 있음을 전달한다. 또한 목록당 오직 한 개의 값을 할당할 수 있으면, 목록을 빈칸으로 비울 수 없음을 주지시킨다. 아래 열거된 것은 한 관리자가 동기 차원 목록들에 할당한 값의 예이다.

Motivation - 어려운 날(hard day's work)의 일을 하려는 근로자의 욕구와 의지
1. 이 근로자는 거의 일하는 시간 동안 buddies를 얘기하는 것으로 시간을 낭비한다. 6
2. 이 근로자는 결과물을 엄격하게 함으로써 자신을 격려한다. 1
3. 이 근로자는 감독자가 주시하지 않을 때는 속도를 늦춘다. 3

할당된 점수들 사이에서 작은 차이를 갖는 item들은 보류한다. 즉, 보류된 items들은 그것이 성과를 양호하게 기술했는지에 관하여 관리자들 사이에 긍정적인 동의가 있는 것들이다. 모든 item의 마지막 값(value)은 모든 관리자들이 할당한 값에 의해서 결정되는 것이다.

⑤ 5단계: Formation of the rating scales 평가 척도의 형성

마지막 평가 척도에서 anchors로서 쓰여지는 항목들은 실제적인 행동에서(e.g., "This worker encourage others to restrict output") 기대 행동(e.g., "이 근로자는 타인으로 하여금 결과물을 제한하게끔 하는 것이 기대된다)으로 바꿀 수 있다. 모든 item은 결정된 척도 값에 따라서, 척도 상의 교정 위치에 주어지고, 더 적절한 차원에 할당된다. 필수적으로, 평가자들은 주어진 행동이 평가자들로 하여금 척도 상의 행동들을 예상하도록 하는지를 결정해야만 한다. 평가자들은 관찰해온 실제행동들을 묘사함으로써, 체크를 유지하도록 한다.

⑥ Checklists

성과평가에 대한 또 다른 주관적인 접근은 체크리스트들을 포함한다. 평가 척도와는 달리, 평가자는 일반적으로 행동적 진술 리스트가 주어지고, 피평가자의 직무 관련 행동의 우수성 혹은 빈도를 판단하는 것보다는 관찰되는가 관찰되지 않는가에 대해서 간단히 기록한다. 사용에 있어서 두 가지 체크리스트의 중요한 유형은 "가중치가 부여된 체크리스트"와 "강제선택형 체크리스트(forced-choice checklists)"이다.

• 가중치가 부여된 체크리스트: 가중치가 부여된 체크리스트를 개발하는 것은 세 가지 간단한 단계를 포함한다. 첫째, 직무 행동을 기술하는 많은 문장들을 수집하고, 특히 효과적인 행동으로부터 특히 비효과적인 효과까지 순위화한다. 그와 같은 문장의 원천은 부하직원의 직무 성과에 관하여 관리자들의 구어적, 혹은 문어적인 언급에서 온다. 둘째, 그 문장을 기술한 부하직원이 가지고 있는 고용능력의 정도에 따라서 10~15개의 독립적인 판단들로 척도화한다. 일반적으로, 그 판단을 우호적–비우호적 측정들과 관계된 7, 9, 11개의 pile로 분류함으로써, 각 item에 대한 바람직함을 측정한다. 예를 들어, 관리자들은 다음에 오는 11개의 범주의 하나에 "Can be counted on to get a job done on time"이라는 item을 배치하도록 한다.

판단(예를 들어, 낮은 변화도를 가지는 것)에 의해서 일관적으로 척도화된 진술들만이 최종 체크리스트에 적용된다. 예를 들면, desirability–undersirability에 있는 열 개의 판단들 사이에 일치하는 것이 없다면 그 진술들은 사용할 수 없다(e.g., 2, 7, 11, 4, 5, 6, 7, 10, 1 그리고 8의 judgement) 반면에, 수용 가능한 진술은 판단들 사이에 변화량이 거의 없거나 없는 것이다(e.g., 4, 5, 5, 5, 4, 4, 4, 4, 4, 그리고 4). 셋째, 각 진술의 척도 값 혹은 가중치는 judge의 분리된 측정치의 평균을 구하는 것으로 결정할 수 있다.

위 진술의 가중치는 4+5+5+5+4+4+4+4+4+4 = 4.3이다.

BOS에서는 평가자들이 모든 행동의 발생과 그 빈도를 기록하도록 한다. 체크리스트 상의 점수에는 가중치가 보이지 않음을 주목해라. 체크리스트 상의 피평가자들의 최종 점수는 체크된 모든 item들의 가중치를 평균한 것으로 얻을 수 있다.

• EVALUATION OF THE WEIGHED CHECKLIST: 적은 변화와 완성된 척도 값의 범위를 갖는 진술들을 얻는 데는 상당한 시간과 노력이 요구된다. 특히 분리된 체크리스트들을 각각의 직무 혹은 family 혹은 유사 직무들에 대하여 개발해야만 하기 때문에

특히 그렇다. 긍정적인 면에서는 이러한 방법이 고용 개발에 훌륭한 vehicle을 제공한다는 것이다. 왜냐하면 관리자들이 모호한 표현보다는 관찰 가능한 실제 행동을 feed back 하기 때문이다.

• **강제선택형 체크리스트**(Forced – Choice checklist): forced-choice checklist는 더욱 통계적으로 정교화된, 그러나 덜 유명한, 성과평가 도구들 중의 하나이다. 이 절차는 군대 지휘관들의 평가에 있어서 관용 오류를 줄이기 위해서 2차 세계대전 동안 산업 심리학자들에 의해서 개발되었다.

모든 직무 혹은 직무 군에 특정하게 설계된 평가 형태는 10에서 20개의 tetrad 들로 구성되거나, 혹은 네 개의 진술문을 가진 군으로 구성된다.

각각의 tetrad에서, 평가자는 고용자 평가를 가장 잘 묘사하고 있는 한 문장과 가장 덜 기술하고 있는 한 문장을 표시하도록 한다. 이 tetrad들은 평가자들에게 우호적으로 보이는 두 문장과 비우호적인 두 문장들을 포함하도록 훈련받은 인사 전문가들이 설계한다. 더욱이, 두 개의 우호적인 진술문 중에서, 하나는 효과적인 것과 비효과적인 인사를 구별하고 다른 하나는 그렇지 않다.

유사하게, 비우호적인 진술문 중에서, 오직 하나만이 효율적인 것과 비효율적인 고용인들을 구별할 수 있다. 절대로, 평가자는 자신이 부하직원들을 호의적으로 판단하는지 알 수 없다. 왜냐하면, 진술문의 실제적인 차별과 우호성이라는 값은 평가자의 내부적인 것이기 때문이다. 모든 점수화는 인사과에서 행해진다.

이 방법의 중요한 장점은 평가자들이 고의적으로 선호하는 고용인들에게 우호적인 평가를 하는 것을 감소시킨다는 것이다. 각 tetrad에 있는 진술들이 우호성과 비우호성을 동등하게 하기 때문에, 평가자들은 그것을 속이려면 어떤 진술문에 체크해야 하는지 알 수 없다.

게다가, 이 절차는 평가자에 있어서 대인적인 편견과 관용 오차를 줄인다. 불행히도, 이 기술 역시 약점이 있다. 작성하는데 시간과 비용이 든다는 것이다. 또한 그 자체가 개발 목적으로서 고용인들에게 feedback을 줄 수는 없다.

결국, 관리자가 tetrads가 어떻게 점수화되는지를 모르면서 평가 상담 동안 하급자를 평가하는 것은 어렵고 당혹스러운 일이다. 결론적으로, 관리자들은 이 방법을 싫어한다. 이러한 부정적 태도들은 평가에 대한 신뢰도와 타당도를 저하시키고, 특히 의

도적으로 평가 시스템을 파손하고자 할 때는 특히 그렇다. 이 때문에, 현재 조직에서는 이 절차를 거의 사용하지 않는다.

15 근로자비교(Employee comparisons)

① 대안 순위(Alternation Ranking)

대안 순위(Alternation Ranking)는 평가자가 개개인을 가장 낮은 순위부터 가장 높은 순위까지 순위화 하도록 한다. 일반적인 절차는 전체적인 직무 능력을 기초로 고용자를 순위화하는 것이다. 또 다른 접근들은 먼저 직무 능력의 분리된 차원들을 확인하고 나서 고용인들을 각각의 차원에 따라 순위화하는 것이다. 이렇게 분리된 순위들은 다시 분리된 차원들의 순위를 평균화함으로써 각각의 근로자들의 전체적인 순위로 전환된다.

순위 절차는 꽤 단순하다. 관리자 A가 9명의 부하직원을 가지고, 그 이름을 각각 Atkins, Rose, White, Dobson, Smith, Childs, Levine, Murphy, 그리고, ortega라고 가정해 보자. 관리자 A는 best 근로자(White), 가장 열등한 근로자(Childs), 그리고 두 번째로 훌륭한 근로자(ortega), 두 번째로 열등한 근로자(Dobson) 등등, 아홉명 모두가 순위가 매겨질 때까지 적어야 한다. 이 "peeling off" 과정은 결과적으로 아래와 같은 리스트를 만든다

1. White	6. Smith
2. ortega	7. Levine
3. Rose	8. Dobson
4. Murphy	9. Childs
5. Arkins	

관리자 A는 최고와 최악의 근로자를 구별하는 데는 어려움이 없을 것이다. 이 업무는 중간 범위의 능력을 지닌 하급자들을 차별화하려고 할 때 관리자에게 문제가 된다(e.g., Murphy, Arkins, 그리고 Smith). 비록 관리자가 그와 같은 어려운 구별을 하는데 저항

을 할지라도, 일반적으로 같은 순위에 둘 이상의 개인을 넣는 것은 허용되지 않는다.

모든 고용 성과평가 점수는 관리자로부터 얻은 순위이다. 만일 둘 이상의 평가자들이 고용인을 관찰하는 데 있어서 동등하게 좋은 기회를 갖는 것이 보장된다면, 모든 고용인들은 평균적인 순위를 할당받을 것이다.

② 짝비교(Paired Comparisons)

Paired Comparisons(Pair comparisons이라고 부르는 것이 더 적절하다)이라는 방식은 평가자의 decision-making 절차를 단순화하고 구조화한다. 이 방식을 쓰면, 평가자는 모든 하급자들을 체계적으로 서로 비교할 수 있다. 모든 가능한 하급자의 짝에 대해서, 평가자는 두 근로자 중에 누가 더 우수한지를 결정하기만 하면 된다.

각각의 하급자들을 다른 모두와 비교하기 위해서, 평가자는 N(N-1)/2 비교를 만들어야 한다. 여기서 N은 순위에 있는 고용인의 수이다. 관리자가 다섯 명의 하급자(Hopkins, Miller, Tyson, Haber 그리고 Bingham) 예를 들어, 5(4)/2=10개의 가능한 비교들이 나올 것이다.

1. Hopkins 대 Miller
2. Hopkins 대 Tyson
3. Hopkins 대 Haber
4. Hopkins 대 Bingham
5. Miller 대 Tyson
6. Miller 대 Haber
7. Miller 대 Bingham
8. Tyson 대 Haber
9. Tyson 대 Bingham
10. Haber 대 Bingham

특정한 상황에서 인사 전문가들의 첫 번째 단계는 10개의 카드를 준비하고, 각각의 카드는 10개의 가능한 하급자 이름의 쌍 중 하나를 포함하고 있다. 이 카드를 뒤섞어서, 각 카드의 쓰여진 이름의 위치를 교대한다. 예를 들면, Hopkins의 이름은 항상 왼쪽에 있지 않게 된다. 그리고 나서, 카드가 평가자에게 보여지게 된다. 평가자는 각 카드마다 더 우수한 사람의 이름을 체크한다. 관리자가 다섯 명의 하급자에 대한 전체적인 능력에 관하여 다음과 같은 판단들이 주어진다고 가정하자.

인사 전문가들의 다음 단계는 몇 가지 체계적인 방식으로 이 judgements들을 기록하는 것이다. 가장 효과적인 절차는 다음 같은 규칙에 따라서 matrix로 judgement들을 요약하는 것이다. 평가자가 횡렬보다 종렬을 선호한다면, matrix cell에 체크표시를 한다(Blum & Naylor, 1968). 아래에 보여지는 것이 위의 judgement를 요약한 완전한 matrix이다.

"타인에 비해 더 우월한 전체 수"를 보면, 이 관리자는 Miller를 최고로 평가하고, 이어서 Habor, Bingham, Hopkins 그리고 Tyson가 뒤를 잇는다.

paired 비교 방식은 여러 명의 관리자와 감독자들이 같은 하급자를 평가할 때도 역시 사용할 수 있다.

일반적으로, 평가자들이 많을수록, 하급자들에 대한 진정한 서열 측정은 더 정확하게 될 것이다.

사람들은 근로자들 사이의 차이 정도를 말하는 이상으로는 점수를 사용할 수 없다. 그러나, 짝비교 technique이 두 고용인들이 능력상 얼마나 차이가 나는지를 결정할 수 있도록 수정할 수 있다. 이러한 더 정교한 절차들을 Blum과 Naylor에 의해서 토론되었다(1968).

짝비교 방법을 하는데 문제점은 관리자들이 하급자가 증가함에 따라서 더 많은 판단들을 해야 한다는 것이다. 만일 40명의 하급자들이 포함된다면, 관리자들은 40(39)/2, 780개의 비교들을 만들어야 한다. 운 좋게도, 비교 수를 줄이는 방법들이 개발되었다. 짝의 수를 줄이는데 더 관심이 가는 독자들은 Lawshe, Kephart, 그리고 McCormick(1949)와 Bachus(1952)들의 자료를 참고해 보길 바란다.

③ 강제분포(Forced Distribution)

고용자 비교 접근의 마지막 버전은 forced – distribution(강제분포) 방식이다. 이 방식은 오직 다음과 같은 경우에 유용하다. (a) 많은 하급자를(e.g., 20 이상) 한 명의 평가자가 측정할 때; (b) 하급자들은 대략적으로 구분해도 충분할 때 (c) 하급자들의 직무 능력이 정상 곡선, 혹은 종모양 곡선을 따른다고 가정될 때이다. 일반적으로, 관리자들은 하급자의 이름을 다섯 개의 범주로 구분하고, 각각의 범주에 고용자의 비율을 미리 할당한다. 보통 적용되는 비율은 종모양의 빈도 분포를 따르고, 다음과 같다.

예를 들어, 30개의 하급자를 가진 관리자는 A, B, C, D 그리고 E의 범주에 각각

3, 6, 12, 6, 3명의 고용자의 이름을 강제로 배치한다. poorest와 worst와 같은 범주 이름은 피하는 것이 좋다. 왜냐하면, 관리자들은 종종 이러한 위치에 고용자를 강제로 배치하는 것을 꺼려하기 때문이다. 한 회사에서, 한 저자는 평가자에게 저항감을 주지 않는 다음과 같은 범주명을 사용했다. 평균 이하, 평균, 평균 위, 훌륭한, 현저한, 범주명은 피평가자(ratees)들 사이의 식별과 평가자가 방법을 수용하는 것에 비해서는 상대적으로 덜 중요하다.

이 방법과 관련된 몇 가지 문제점을 주목한다. 첫째, 정상성(normality)(i.e., 종모양의 곡선)을 자주 가정하는 것은 잘못된 것이다. 이것은 고용자가 이전에 효과적인 선택장치에 의해서 구분되고, 효과적인 직무 훈련을 받아왔던 상황에서는 사실이다. 이러한 경우에, 고용능력의 분포는 종모양이라기보다는 "편모된(skewed)" 분포가 될 것이다. 둘째, 몇몇 관리자들은 누군가가 미리 정해놓은 고정된 분포에 고용자들을 강제로 분류하는 것을 불쾌하게 생각한다는 결과가 있다. 어떤 관리자가 이렇게 말했다. "나의 사람들은 대부분 C, D, E, I에 속하고, A와 B 범주 있는 사람은 한두 명뿐이다." 셋째, 오직 5개 정도의 범주로 고용인을 대략적으로 분류하는 것은 성과평가 점수를 받는다면 어떻게 Smith에게 다음 해에 더 높은 임금 인상을 해줄 수 있을까? 우리는 모두 Jones보다 Smith가 좀 더 낫다는 것을 알고 있다.

④ 고용자 비교 방식(Advantages and Disadvantages of Employee Comparisons)

모든 고용자 비교 방식들은 공통적으로 한 가지 특성을 갖는다. 그들은 평가자가 한 근로자와 다른 근로자를 상대적으로 평가할 수 있도록 한다. 이러한 방법들은 다른 성과평가 방법들에 비해 두 가지 중요한 장점을 갖는 것으로 간주된다. 첫째, 고용자 비교들은 평가자가 쉽게 이해되고, 무리가 없다. 그러므로 종종 쉽게 평가자들이 수용한다. 둘째, 평가나 체크리스트와는 달리, 비교는 평가자들이 하급자들을 구별하게 해준다. 따라서, 고용자 비교들은 관용 오류 그리고 중심 경향 오류와 같은 여러 평가자 경향성을 극복하는데 유용하다.

이 테크닉의 한 가지 단점은 일반적으로 연속되는 할당에 대한 정보만을 제공한다는 것이다. 비록 John과 Bill에게 할당된 세 개의 순위(1, 2 그리고 3, 각각)가 같은 공간으로 나눠졌지만, 능력면에서 Bill이 Jim보다 우수한 것만큼, John이 Bill보다 우수하다고 말할 수는 없다. 개개인의 차이에 대한 정보가 없다면, 실제적으로 관리하는데 있어서, 집단에 걸쳐 개개인을 비교하는 것은 불가능하다. 이것은 특히 임금과 승진을 결정할 때 혼란스럽다. 물론, 앞서 언급했던 common(일반적인)수 척도로 전환하면 가능하다.

다른 고용자들과 상대적으로 고용인들을 평가하는 것은 종종 몇 가지 기대치 못하고 곤란한 문제들을 야기한다. 큰 규모의 제조 회사에서 일선 관리자는 한 문제를 이와 같이 기술했다.

> 이러한 성과평가 기술을 반 정도의 사람들에게 평균 이하의 평가를 하도록 했다. 50%의 사람들은 앉혀놓고, 당신은 평균 이하로 일을 하고 있다고 말하는 것은 그들이 다른 고용인들보다 잘하고 있다고 말할 때, 곤란한 일이다. 그것은 고용자들을 낙담시키게 한다. 그들의 자존심은 뭉게지고, 종종 몇 주 동안 일을 잘 하지 못한다.

또 다른 관리자는 저자 중 한 명에게 이렇게 말했다.

> 나는 최근에 나의 하급자 중 한 명에게 그녀가 향상되고 있다고 말했다. 그러나, 그녀를 평가할때, 나는 6개월 전과 같은 평가를 했다. 그녀가 나에게 왜 그러냐고 물었을 때, 나는 그녀의 성과가 나아졌지만, 우리 부서의 모든 사람들도 그만큼 나아졌다고 말했다. 그것이 나를 매우 바보같이 느껴지게 했다.

여기에 큰 규모의 제약 회사의 중역급 관리자가 나에게 한 말이 있다.

> 우리는 판매가 증가하는 판매 대표자들이 성과평가에서 동점이 되도록 했다. 우리의 소수 집단 사람 중 몇몇은 더 높은 임금을 받고 다른 회사를 위해서 우리를 떠날 우려가 있었다. 당신과 나 사이에서, 우리는 그들을 잃기 위해서 다른 것들을 희생시키고 스스로 더 높은 평가를 주었다.

⑤ Critical incident

Critical incident라는 용어는 이 장에 몇 군데서 쓰여졌다. 그것은 BOS를 구성하데 사용되는 직무 분석 기술(technique)로서 앞서 언급되었다. 이제 중요 사건 자체를 성과평가 방법으로서 이야기하도록 하자. 이 방법은 직무의 여러 양상에서 보기 드문 성공 혹은 보기 드문 실패를 야기하는 모든 하급자들의 행동에 대한 사건들을 관리자들이 기록하는 것을 포함한다. 관리자가 관찰한 모든 사건들은 여러 행동들을 기록할 수 있게 되어 있는 일반적인 범주들을 포함하는 특별히 설계된 노트에 매일 적어둔다. 관리자들을 위한 그 범주의 예는 planing, 결정, delegating(파견), 기록, 대인 관계 등이다.

시간마다 일하는 생산 근로자들에게는, 범주화의 예로, 안전, initiative(주도권), 동료와의 협동, 정확성, 문제에 대한 alterness 등을 포함한다. 노트에서 각 범주의 표제 아래에 긍정적인 사건과 정적인 사건 모두를 기록하기 위한 공간을 둔다.

이 방법은 주기적인 평가 상담을 하는 동안 고용인들과 토론된 구체적인 정보를 제공한다. 관리자는 더 이상 애매한 일반화("Joe, 당신은 동료들과 지내는 데 어려움이 있어요")를 통해서 말하지 않고, 관찰 가능한 사실들을 토론하는 데 집중할 수 있다. 이러한 절차가 가진 중요한 문제점은 관리자의 record keeping(기록유지)은 지나치게 통제하게 하고, 하급자들이 "big brother"가 지켜보고 있다고 느끼게 한다. 또한 하급자들은 그들이 한 모든 것이 상관의 "작고 까만책에 쓰여질 것"이라는 느낌을 주게 할 수도 있다. 그러나, 이와 같은 비판은 BOS와 다른 방법들에서도 지적된 것이다. 방법은 양을 정할 수 있는 것이 아니기 때문에, 승진과 임금 결정을 어렵게 만든다.

⑥ Group appraisal

집단-평가 절차는 세 명 혹은 네 명의 다른 관리자들이 하는 평가 과정에서 함께 immediate supervisor를 포함한다. 추가적인 관리자들은 고용자의 직무 능력에 대한 어느 정도의 지식을 갖고 있으면 아마도 평가 토론에 어느 정도 기여했기 때문에 신중하게 선택된다. 평가 집단은 가능한 한 객관적인 평가를 할 수 있는 책임감이 있는 조정자를 가진다.

이것은 대개 관리자 집단보다 바로 위인 관리자이다. 종종 인사과의 숙련된 협의

(conference) 지도자일 수도 있다. 이런 경우에, immediate 관리자들을 돕는다(Beach, 1975). 이 방법의 한 가지 방법은 immediate 관리자를 둠으로써, 사적인 편견, 관용오류, 엄격오류, 중심 경향 오류를 제거할 수 있는 복합적인 판단들을 사용한다는 것이다. 고용인 개발은 중요한 절차이다. 왜냐하면, 집단은 각 appraisee에 따라 포괄적인 행동 계획에 도달하기 때문이다. 이 방법의 가장 큰 문제들은 비용과 집단의 구성원들로의 역할을 하는 고용자들의 성과에 정통한 immediate 관리자를 찾기가 어렵다는 데 있다.

⑦ Essay evaluation

수필식 평가 절차에서, 평가자는 각각의 하급자의 장점과 약점을 기술하는 글을 쓴다. 어떤 조직에서는, 평가자가 직무 성과, 이러한 성과의 이유, 고용 특성들, 그리고 개발의 필요성(Beach, 1975)과 같은 특정한 표제 내에서 집단 평을 한다. 또 다른 조직들은 covered된 주제에 대한 지침을 제공하지 않는다. 모든 관리자는 무언가를 쓰는 것에 구속을 받지 않는다. 이 접근은 관리자들에게는 시간을 소비하는 일이다. 승진과 임금, 봉급을 결정하는 것은 고용인들을 양적으로 비교하는 것이 불가능하기 때문에 어렵다.

실제적으로 관리자들이 부정적인 평을 하지 않기 위해서, 그들의 능력과 상관없이 하급자에 대한 glowing(강렬한) 기록을 쓴다. 한 중역 관리자는 최근에 이렇게 말했다. "내가 아는 한, 그는 수년 안에 나의 보스가 될 것이다. 이러한 절차 때문에, 고용인의 평가는 작문에서 잘 표현하는 관리자의 기술과 의지에 달렸다. 이 방법은 분명히 사적인 편견, 관용오류, 후광오류 등등에 취약하다. 결국, 가능한 한 사용하지 말아야 한다.

⑧ Direct Measures

이제까지 모든 절차들은 평가자의 역할에 따른 판단을 요구하는 것이었다. 다행스럽게도,주관적인 판단이 필수적이지 않은 특정한 유형의 직무들이 있다. 예를 들어, 조립부품 혹은 인쇄 작업을 고려해보자. 이러한 유형의 직무는 주어진 기간 내에 생산되는 unit의 개수, 불량품의 수, 특정 기간 동안 일어나는 사고의 수 등을 기록함으로써, 직접적으로 측정될 수 있다. 이 직무들을 성과하는 일은 인사 관리, 기술자, 그리고 화학사가 성과하는 것과는 상당히 다르다. 이렇게 생산직이 아닌 직업들은, 결과에 대한 양적인 측정을 할 필요가 거의 없고, 고용 능력의 질적인 측정을 주로 해야 한다.

직접적인 측정에는 두가지 유형이 있다. 생산을 다루는 것과(e.g., 폐기물, 생산된 unit, 달러소득, 작업의 질, 반품된 양) 개인적인 정보를 포함하는 것들(e.g., 결근, 수용 가능한 성과 단계에 도달하는 데 드는 훈련시간, 불평, 지각, tenure(보장제도), 상해, dispensaryvisits(검지))과 관련된 것이 있다. 생산성은 대개 회계 부서 혹은 품질관리 부서에서 쉽게 구할 수 있다. 보통, 단 한 가지의 척도만으로 부족하기 때문에 여러 종류의 생산성 척도들을 얻는 것이 필수적이다(예를 들어, 결과의 질과 양). 이러한 척도들은 무작위적인 불안정성이 통제되었다는 것을 보장하기 위해서 오랜 기간 충분히 실행되어 온 것이어야 할 것이다(e.g., 12달). 신뢰로운 도구임을 보장하는 적절한 시간은 쓰여진 척도와 특정 직무에 달려 있다.

둘 이상의 다른 생산 직업군에 있는 고용인의 결과물을 어떻게 비교할 수 있을까? A라는 노동자는 하루에 7시간당 6개의 여객기용 타이어를 생산한다. 반면 B라는 노동자는 같은 시간 동안 2개 반의 산업용 트럭의 타이어를 생산하다. 두 직무의 측정 단위가 동일하지 않기 때문에 누가 더 능숙한지를 판단하기가 어렵다. 역시, 육중한 트럭 타이어보다 작은 승객용 타이어를 만드는 것이 시간이 덜 요구된다. 이 문제는 각각의 노동자의 생산량을 그 직무에 할당량 혹은 기준과 비교해서 다룰 수 있다. 예를 들어, 승객용 타이어의 기준은 하루에 8개이고, 트럭 타이어의 기준은 하루에 2개라고 가정해보자. 노동자 A는 75(6/8×100)의 성과 지수를 갖고, 노동자 B는 125(2.5/2×100)의 지수를 가지므로 더 우수하다고 할 수 있다. 이 문제가 갖는 더 어려운 문제는 모든 직무에 대한 적절한 기준을 결정하는 것이다.

비록 상급 수준의 관리, 주주들, 그리고 고객들이 일반적으로 이러한 종류의 비용 관련 측정들에 관여되어 있지만, 그들은 몇 가지 이유로, 직접 고용인의 효과성을 평가하는 것이 부적절하다(Latham & Wexley, 1981). 먼저, 고용자가 책임을 져야 할 의무가 있는 중요한 요소를 생략한다는 점에서 부족하다(e.g., 동료들과의 협동). 성과표가 설정되고 비용 관련 타깃과 관련해서 평가되는 objectives programs에 의하면 이러한 결점은 관리에서 중요한 비판점이 된다. 둘째, 직접 적은 측정들은 여러 직무에 있는 고용인들을 얻기가 힘들다. 그와 같은 측정치들을 얻을 지라도, 그것은 대개 전체로서의 작업 집단에만 적용될 것이다. 왜냐하면, 어떤 노동자들도 측정된 결과물 이상을 통제할 수 없기 때문이다. 세번째, 직접적인 측정들은 개개인이 그것을 거의 통제할 수 없는 것에 비하여, 종종 상황적인 요인들의 영향을 받는다(예산지원, 도구와 장비의 질, 원료의 유효성 등). 마지막으로, 이러한 유형의 측정을 단독으로 사용하는 것은 법률상의 요구조건, 법인의 인종 정책과 조직의 장기목표 둘 다를 거스르는 results-at-coats mentality 심리를 유발할 수 있다.

개인적인 측정들은 주로 생산 직무들에서 고려되지만, 역시 다른 직무들에도 적합하다.

비록 이러한 personal item들이 생산성 척도들과 관련한 직무에는 없지만, 각각의 고용자 능력에 대하여 중요한 것들을 시사할 수 있다. 고용인이 과하게 지적하거나 결석할 때, 자주 불만을 제기할 때, 훈련 후 바로 그만 둘 때, 일을 배우는 데 걸리는 상당한 시간이 걸릴 때, 잃는 생산성을 조직의 비용으로 고려해보자.

⑨ Proficiency Testing

직무 재직자의 성과를 평가하는 또 다른 접근은 여러 종류의 능력검사를 사용하는 것이다. 여러 접근 중 하나는 작업 표본과 시뮬레이션으로 구성된다. 여기서, 실제적인 작업 환경과 모의상황을 사용함으로써, 고용자는 직무에 포함되는 작업 행동을 더 정확하게 성과하게 된다. 이것의 예들로는 타자 시험, 교환원에게 있어서의 모의 통화, 불량 gear reducer를 고치는 것, 그리고 자동차 엔진 교환하는 것 등이 있다. Assessment Center에서는 관리자급 사원들의 능력을 평가하는데 모의 상황 장치를 사용한 예를 들었다.

두 번째 접근은 고용자의 직무 지식과 이해도를 평가하기 위해서 성문화된 시험을 설계하는 것을 포함한다. 그 같은 측정들이 사용될 때, 테스트되는 지식은 실제 직무 성과에 필수적인 조건으로 가정할 수 있다. 예를 들면, 전기 이론에 대한 지식은 전선 기계류와 장치를 책임지고 있는 전기 기사의 직무 능력과 관계가 없다. 반면, AC와 DC, 전자 흐름에 대한 지식과 이해 정도를 측정하는 것은 꽤 중요하다.

능력 테스트들은 고용자가 하는 메일의 작업 활동을 대표할 수 있는 것이어야 한다. 그렇지 않으면, 측정은 불충분하다. 몇몇 개인들은 테스트 할 때, 신경질적이 되고, 결과적으로 서툴게 일을 하게 된다. 이러한 특정한 고용인들에게, 숙련도 테스트로는 정확한 평가를 할 수 없다.

⑩ Implemenying Appraisal Programs

지금까지, 여러 가지 평가 방법들은 살펴보았고, 앞으로는 성과평가 프로그램을 실행하는 데서 오는 여러 쟁점들을 알아볼 것이다. 특히, 다음의 여섯 가지 문제들을 고려해보자.

1. 누가 평가를 해야만 하는가?
2. 누가 평가되어야 하는가?
3. 언제 평가가 이루어져야 하는가?
4. 평가자는 훈련받아야 하는가?
5. 평가를 통하여, 고용인들은 어떻게 피드백을 받아야 하는가?

⑪ Who should appraise?

대부분의 조직에서 널리 쓰는 것은 고용자들을 immediate(직접적인) 감독자, 혹은 관리인들이 평가하는 것이다. 하급자의 행동을 관찰하고, 목표에 비추어 이러한 행동을 평가하는데 가장 적절한 위치에 있는 상관이라고 가정할 수 있다(Glueck, 1982). 최근 몇 년 동안, 몇몇 조직들은 고용자의 직속상관이 평가하는 것보다는 다른 부서에서 평가하는 것을 실행하고 있다. (1) 고용자의 조직에서의 동료들, (2) 고용자의 부하직원, (3) 고용자 자신, (4) 고용자의 작업 부서 외에 있는 사람, (5) 고객.

이러한 접근에 대해서 뭐라고 말할 수 있을까? 동료들의 평가는 군대나 산업현장에서 성과된 연구된 결과로부터 상당한 지지를 받고 있다(Kane & Lawler, 1978). 고용인의 직장 동료들에 의한 평가는 다음과 같은 조건들이 충족된다면, 고용자 능력에 관한 귀중한 정보들을 제공할 것이다. (1) 동료들 사이에, 고수준의 대인적인 신뢰가 있다. (2) 경쟁적인 보상 시스템이 존재한다. (3) 조직적인 기여가 있다. (4) 고용자 능력에 관한 정보가 동료들에게 직접적으로 효과가 있다(Cummings & Schwab, 1973). 불행히도 동료들의 평가가 오늘날 사업과 산업 분야에서 널리 쓰여지지는 않는다. 아마도 이것은 인사 관리자들이 그것의 잠재력을 거의 인식하고 있지 않기 때문이다.

관리자의 하급자들에 의한 평가는 훌륭한 접근이다. 이것은 관리자들이 사람들이 그 자신을 어떻게 인식하고 있으며, 어떻게 행동을 개선해야 하는지에 대한 이해를 제시한다. 반면, 하급자들의 평가는 좀처럼 진급, 임금, 그밖에 다른 관리적인 결정에 사용되지는 않는다. 많은 관리자들은 하급자의 평가가 부적절하다고 생각하며 그것의 합법적인 힘을 훼손하려고 한다. 최근의 연구는 하급자들이 직속상관들에게 우호적일수록, 더욱 "일치하게 인식한다"는 흥미로운 사실이 보여졌다(Wexley & Pulakos, 1983). 즉, 관리자가 스스로를 어떻게 보는가와 유사한 방식으로 하급자가 관리자를 볼수록, 하급자가 관리자를 더 높게 평가한다.

고용자의 자기 평가는 일반적으로 상급자의 평가보다는 부풀려진다. 따라서, 사람들이 자기이득(self-interests)을 취하는 것이, 타당도를 심각하게 낮춘다고 믿는 데는 충분한 이유가 있다. 긍정적인 면에서는, 자기-개발을 촉진하는 효과적인 도구가 된다. 고용인들은 자신의 약점과 장점을 생각하고, 미래의 개선을 위하여 목표를 설계하도록 고무된다.

외부인(예를 들면, 외부 상담자 혹은 인사과의 전문가들)들에 의한 평가는 특히 승진 결정이 필요할 때 유용하다. 종종, 작업단위에서 그것들은 평가에 있어서 기정 관심사이고 전체적으로 객관적이기는 힘들다. 또한 이러한 접근은 관리자가 평가 시 외부의 도움을 필요로 할 때 유용하다.

고객에 의한 평가는 음식점, 호텔, 은행, 병원, 대학과 같은 서비스 조직에서 특히 중요하다. 만약 이러한 형태의 조직이 고객들의 욕구를 만족시키지 못하면, 계속적인 생존에 위협이 될 것이다.

⑫ What should be evaluated?

고용인의 능력은 세 가지 다른 방식으로 관찰될 수 있다. 직무를 성과하는 데 있어서 고용자가 보이는 행동에 의해 표현될 수 있다. 고용자가 성취한 만질 수 있는 결과, 혹은 소득으로 관찰할 수 있다. 또한 drive(추동), 충성도, 주도성(initiative), 잠재적인 지도력, 그리고 도덕적인 용기와 같은 요인들을 평가에 포함할 수 있다.

기질을 평가하는 것은 다소 쓸모 없는 것으로 보여져왔다. 고용자들이 더 능숙하게 일할 수 있도록 돕는 것에는 가치가 없다. 예를 들어, 어떤 사람이 도덕적 용기를 어떻게 향상시키는가? 더욱이, 그러한 기질들은 대개 불완전하게 정의되어 있어서, 평가자 간 신뢰도를 심각하게 손상시키고, 측정상의 사적인 편견을 촉진한다. 그러한, 기질 평가는 개인의 승진을 고려하는 미래의 성과평가를 예측하고 싶을 때는 상당히 유용하다.

행동과 결과를 동시에 평가하는 것이, 기술적으로 그렇게 하는 것이 가능할 때, 조직에 있어서 최선의 방침 행동이라는 연구 증거가 있다(Porter, Lawler, & Hackman, 1975). 이것은 고용자들로 하여금 효과적인 행동을 하도록 할 뿐만 아니라, 바람직한 결과를 성취하게끔 한다. 예를 들어, 판매사원들은 판매량뿐만 아니라, 곤란한 거래의 유지, 새로운 판매기술사용, 고객들의 장비와 display에 대한 도움 등이 평가되어야 한다. 그러나 객관적인 측정이 무익하고, 심각하게 오염된 직무들에 대해서는, 오직 행동적 측정으로 쓰여져야 한다.

⑬ When should appraisals take place?

대부분의 조직은 고정간격으로 피고용인들을 평가하도록 예정되어 있다. 예를 들어, 대부분의 회사들은 모든 피고용인들을 평가하는 기간을 일년에 한 달 정도로 정한다. 어떤 회사들은 매년 개인이 일을 시작했던 달에 모든 피고용인을 평가한다. 이러한 유형의 고정 간격계획은 피고용인의 행동 혹은 성과에 있어서 현저한 변화가 있을 때, 지도를 해주지 않는다면, 성과-개선 혹은 심리적인 관점으로부터 보호되기가 어렵다. 이러한 방식으로, 피고용일들이 일 년에 한두 번 받는 공식적인 피드백은 매일, 주마다, 달마다 성과 변화와 연결된 피드백에 따라서 증대된다.

⑭ Why is there union resistance?

지금까지 수집해 온 것을 보면, 산업 분야에 있는 노조들은 일반적으로 공식적인 성과평가를 반대해왔다. 이것의 이유는 노조원들의 직무의 보장을 지키고자 하는 납득할 수 있는 바람 때문이다(Schulys, 1978). 그것은, 대부분 성과평가 방법의 타당도와 신뢰도에 대한 의심에 기반한다. 이러한 이유로, 노조원들은 전통적으로 승진, 접근, 정직, 임금 인상 등을 결정하는 주요 요인으로서 연공서열의 사용을 지지해왔다. 이것은 물론 모든 평가 시스템이 강조하는 가정과는 반대이다. 피고용인들은 그들의 장점에 따라 보상되어야 한다.

⑮ Should evaluator be trained?

성과평가는 거의 필수적으로 후광이란 관용과 같은 판단적 오류에 의해서 오염된다. 인간적인 오류들을 해결하기 위해서는 논리적이어야 하고, 평가자는 훈련을 받아야 한다. 최근 연구에서, 큰 회사의 관리자들은 성과평가와 선반 상담에서 발생하는 후광 효과, 유사성 효과(자신과 유사하다고 지각되는 사람들에게 더 우호적으로 평가하는 평가자의 경향성), 첫인상(처음 만남 후에 처음 평가한 것을 기반으로 누군가를 평가하는 경향), 그리고 대비효과(정해진 anchor 혹은 기준보다는 다른 하급자들과의 비교로 부하직원들을 평가하려는 경향) 등의 평가오류를 제거하는 훈련을 받는다. 첫인상과 대비효과 두 가지 오류는 앞서 토의되지 않았음을 주의해야 한다. 훈련은 참가자들이 관리자에 의해 평가되는 직무 참가자들의 가정적 직무 비디오를 보는 9시간 반 동안의 워크ㅁㅁ이 포함되어 있다.

피훈련자들은 후보자들을 평가하는 비디오에서 관리자를 어떻게 생각하고 그들 자신이 그 후보자들을 어떻게 평정하는가에 대하여 평가한다. 이러한 방식에서, 피훈련자들은 비디오 속의 관리자들이 인간적인 오류들을 범하는 것에 관한 기회를 제공받게 되며 그들 자신이 그러한 오류에 처할 가능성이 있다는 생각을 가지게 되는데, 이는 그들 스스로의 평가에 대한 피드백을 받는 것과 직무관련 과제의 성과가 그들이 저지르는 오류들을 감소시키게 된다(Latham, Wexley, & Pursell, 1975).

연구결과들은 판단오류의 완강함이 그에 대하여 평가자들에게 경고하여 학습시킴으로써 감소시키려는 시도에도 불구하고 유지된다고 제안한다. 이러한 오류들은 몇 가지 기본적인 학습원칙으로 설명될 수 있는 강력한 훈련 프로그램에 의해 감소될 수 있는 것으로 보인다(Wexley, Sanders, & Yukl, 1973).

분명히, 평가자 훈련에 대한 보다 많은 연구들이 촉구되고 있다. 예를 들어, 앞서 언급했듯이, 몇몇 최근 연구들은 후광효과나 관용오류와 같은 판단 오류들의 감소는 평가의 정확성을 향상시킨다는 것을 반드시 의미하지는 않는다는 것을 제안하고 있다(Ivancevich, 1979).

아마도, 더 많은 오류 유형들이 훈련기간 동안 발견될 필요가 있다. 지각적 오류를 보다 덜 강조해야만 하며 평가자들이 결정적 사건들을 기록하고, 평가형식을 이해하고, 조직에서의 평가 목적을 이해하며 보다 정확한 평가가 되도록 동기화 시키는 훈련이 보다 강조되어야 할 것이다.

16 요약

성과평가는 조직에서 통제과정의 필수적인 부분이다. 성과자료들은 행정적인 결정 시에 사용되며 피고용자들에 대한 개발적 피드백을 제공하는 데 이용된다. 성과평가의 유용성은 타당도, 신뢰도, 실용성에 달려있다.

성과 측정은 3개의 일반적 목록 중에 1개로 분류될 수 있다. 주관적 절차, 직접적인 측정, 그리고 숙련테스트. 주관적 방식은 평가 척도, 체크리스트, 고용자 비교, 중요사건기법, 그룹평가, 현장평가 그리고 에세이 평가 등을 포함한다. 그 과정들은 관용, 중심 경향, 후광 효과, 개인적인 편향들은 포함한 여러 가지 인간적인 오류가 일어날 가능성이 있다. 주관적 절차의 신뢰도와 타당도는 피고용자를 평가하는 데 있어서 평가자의 기술과 특정 지식에 의존한다. 행동지향평가척도와 행동관찰척도들은 평가자에게 수용적일 수 있으며 동시에 인간적인 오류를 최소화할 수 있는 방법이다.

피고용자 수용에 대한 직접적인 측정들은 생산성과 생산량 그리고 결근, 지각, 상해와 같은 개인적인 측정치들을 포함한다. 이 측정들은 성과 목표를 설정하는데 혹은 성과 기준을 세우는 기초로서 쓰인다.

성과 측정의 세 번째 범주는 숙련도 검사이다. 피고용자 숙련도는 직무상에서 요구되는 동일한 행동 및 기법들을 포함하는 직무 표본들이나 시뮬레이션에 의해 평가될 수 있다.

피고용자 성과는 직속 감독관, 하급자들, 동료들, 피고용자들, 내지는 외부전문가들에 의해 평가될 수 있다. 평가들은 보여지는 행동, 행동을 통해 나타난 두드러진 결과들, 내지는 피고용자의 기질 및 기술들에 의해 표현될 수 있다. 성과는 평가자의 훈련, 정확한 측정 절차들의 개발, 그리고 적절한 간격에서의 평가 계획 등으로써 향상될 수 있다. 관리자와 피고용자 간의 성과평가면접은 참여, 지지, 목표설정, 문제의 논의 그리고 세션의 분할을 포함할 때, 가장 효과적일 수 있다.

17 복습과 토론 문제

1. 다음의 중요 용어들에 대한 정의를 하고 설명하여라: measurement deficiency(측정결함),measurement contamination(측정오염), halo effect(후광효과), sex-role stereotype(성역할 고정관념), paired comparison(짝비교), critical incident(결정적 사고), forced distribution(강제분포), alternation ranking(대안순위), performance appraisal interview(성과평가면접), similar-to-me effect.
2. 피고용자 비교방법들을 사용하는 것의 상대적인 장점과 단점은 무엇인가?
3. 모든 주관적인 절차들이 다소간 인간적인 판단에 의존하기 때문에, 그것들은 어떤 종류의 왜곡가능성을 가지고 있다. 이러한 평가에 영향을 미치는 편향과 오류의 잠재적 원천들은 어떤 것이 있는가?
4. 조직 세팅에서 피고용자 숙련도 평가의 광범위한 사용에는 어떤 것이 있는가?
5. 개인적인 능력의 효과를 가르치는 것을 측정하는 것이 당신의 대학에서 요구된다고 가정하자. 당신은 사용할 수 있는 아무런 직접적인 측정이 없으며 따라서 주관적인 절차들에 의존해야 한다. 당신은 가능한 한 타당하고 신뢰롭고 실용적인 측정을 원한다. 어떤 방법을 선택할 것이고 왜 그것을 선택했는가?
6. 당신이 약간의 친숙성을 가진 직무를 생각해 보라. 당신이 행동지향척도를 개발할 절차를 개관해보라.
7. 피고용자 숙련도를 측정하는 데 대한 지식의 현재 진술을 비판적으로 평가해보라. 당신은 우리가 많은 것을 알고있다고 생각하는가? 우리는 어떤 것을 더 알아야 하는가?
8. 당신이 회사에서 성과평가 프로그램을 중급 이상의 관리직을 대상으로 만들 임무를 받았다고 가정하자. 어떤 방법을 사용할 것이며, 왜 그것을 선호하는가?
9. 행동관찰척도를 사용하면 어떤 장점과 단점이 있는가?
10. 행동관찰척도와 행동지향평가척도의 이점들을 비교하여라.

11. 여섯 가지 효과적인 성과평가면접의 특성들을 기술하여라.
12. 평가가 획득될 수 있는(상급자, 동료 등) 다양한 원천에 대하여 논하시오. 어떠한 원천이 사용 시 가장 좋은가?
13. 피고용자들은 그들의 기질, 행동 내지는 결과에 의해 평가되어져야 하는가? 왜 그런가? 당신의 답변은 피고용자가 가지고 있는 직무유형에 의존하는가?
14. 어떤 종류의 훈련이 평가자들에게 주어져야 하는가?

SECTION 04 국내 L호텔의 고용관리

호텔 경영에 있어서 대규모의 호텔시설관리 이상으로 중요한 것이 인사 관리이다. 특히, 90년대 중반에 들어오면서 봉사료의 기본급화에 따른 인건비 구조변화와 호텔의 저성장에 따른 경영여건의 변화로 각 호텔의 인사관리의 방향도 크게 변화하고 있다. 인건비에 대한 부담이 심화되어 일반기업들에 못지 않게 연봉제, 팀제 도입 등 조직, 인사관리상 많은 변화가 불가피한 실정이다. 국내 호텔의 고용관리 실태를 간단히 정리하면 다음과 같다.

1 모집관리

1) 고용조건의 결정

호텔에서 인력을 모집하기 위하여는 임금, 수당, 근로시간, 기타 근로조건 등을 미리 결정하여야 한다. 응시자의 궁금증에 대하여도 사전에 준비하여야 한다.

2) 모집방법의 결정

호텔의 운영 및 경영주체에 따라 모집방법은 다양하지만 채용인원수, 직종, 시기, 모집지역, 선발방법 등을 고려하여 호텔 내부에서 모집할 것인지 호텔 외부에서 모집할 것인지를 결정한다.

(1) 호텔내 모집

현재 근무중인 산학협동실습생이나 아르바이트, 촉탁, 계약직, 임시직 등의 비정규직에서 인사기록부, 인사고과, 현 근무부서의 관리자의 추천 등 다면평가를 통해 선발하는 방식이다. 이는 어느 정도 검증된 자원을 모집할 수 있다는 장점이 있어 많은 호텔이 선호하고 있다.

(2) 호텔외 모집

일부 대형호텔이나 신규호텔의 개관 초기에는 광고에 의한 공개모집을 활용하며, 이밖에 일반적인 방법으로 관광관련 학교의 추천의뢰, 직업안내소를 통한 모집, 직원의 추천을 통한 모집, 개별 및 수시모집 등 다양하다. 일부 체인호텔들은 지원자의 이력서 및 지원서를 사전에 접수하고 결원이 발생할 때마다 면접 등을 통해 개별 또는 수시모집한다.

2 선발관리

모집이 호텔이 입사하려는 자를 모으는 과정이라면 선발은 유능한 자를 선택하거나 호텔 각 직무에 부적격한 자를 가려내어 배제시키는 과정이므로 호텔인사관리에 있어 매우 중요하다. 선발에 있어 가장 중요한 평가 요소는 호텔맨으로서의 역할수행에 필요한 지식과 기능, 태도 등이다.

1) 선발시험관리

호텔직무를 수행하는 데 가장 필요한 능력이 무엇이냐를 분석하는 직무분석이 우선적으로 필요하며 직무분석이 되면 선발시험을 어떤 종류로 할 것인지 결정한다. 호텔별로 차이가 있겠으나 육체적 건강을 확인하기 위하여 신체검사는 필수이며, 정신적 건강과 업무수행능력의 확인을 위해 면접이나 외국어시험, 적성검사를 실시하기도 한다.

2) 선발평가 핵심요소

호텔의 운영직종은 크게 일반관리, 영업, 시설 등으로 분류되며, 영업부문은 객실, 객실관리, 식음료, 연회, 조리, 수납, 기타 부대부문 등이 있다. 평가 핵심요소는 호텔에 따라 다소 차이가 있으나 공통적으로 호텔서비스업계에 대한 투철한 직업관과 성장성을 평가한다. 여기에 객실, 객실관리, 식음료, 연회, 수납 등은 외모와 외국어능력을 평가하는 경우가 많으며, 조리는 조리기능소유자를 선발 시 우대한다. 기타 외국인의 이용비율이 높은 면세점 근무자는 호텔에 따라 일어 또는 영어회화 가능자를 우선 배려한다.

3) 선발면접

호텔의 채용에 있어서 가장 일반적으로 사용되고 있는 시험이 면접인데, 이는 주로 지원자에 대한 모든 정보(지원서, 예비면접, 시험점수, 신원조회, 경력조사)를 종합하여 심사할 수 있는 방법이다. 면접 시는 일반적으로 사전에 작성된 입사지원서 또는 이력서 등을 참고하여 사실적 자료(체격, 출생지, 학력, 가족관계, 성장관계)를 기본적으로 판단한다. 일반적으로 인성, 태도, 표현력, 지식, 장래성, 건강상태, 가정환경, 일반상식, 경력사항, 외국어능력 등 포괄적으로 평가하는 경우가 많다.

4) 신체검사

과거에는 형식적인 경우가 많았으나, 청결과 위생의 중요성이 더욱 증가하고 관광호텔 관련 행정기관에서의 지도도 강화되고 있어 매우 중요한 절차가 되고 있다.

5) 외국어 시험

면접 시 간단히 외국어 능력을 평가하는 경우도 있겠으나, 외국어에 대한 중요도가 상대적으로 높은 직종이나 호텔에서는 별도의 평가를 실시한다. 영어는 구두시험, TOEIC, G-TELP 등을 활용하고 있으며, 일본어는 구두시험, JPT 등을 많이 활용하는 추세이다.

연구문제

1. 본인이 현재 소속해 있는 조직 하나를 선택하여 고전적 조직이론–신고전적 조직이론을 이용하여 설명하여라.
2. 고전적 조직이론–신고전적 조직이론의 공통점 및 차이점을 구체적으로 제시하여라.

생각해볼 문제

1. 김과학 씨의 종업원 관리 방식 – 과학적 관리론의 한계

김과학 씨는 얼마 전 기업에서 퇴직한 회사원이었다. 그는 새로운 기업을 세우기로 하고 소규모 자본으로 레스토랑을 개업하였다. 이를 세우려고 그는 많은 노력을 기울였다. 그는 이 회사의 운명이 곧 자신의 운명이라 생각하고 어떻게 하면 회사가 무궁한 발전을 할 것인가를 밤낮없이 고민하였다. 그 결과 결국 회사를 움직이는 것은 사람이며 자신의 종업원들이 얼마나 일을 능률적으로 하는가에 따라 회사의 성패가 달려 있다는 결론을 내리게 되었다. 따라서 그는 자신의 이름처럼 일을 과학적으로 분석하여 전 생산 공정을 최소 단위로 분해하고 각 요소별 동작의 형태, 순서, 소요 시간 등을 계산하여 하루의 작업량을 종업원마다 분담하게 하였다. 또한 인간은 경제적 존재이기 때문에 자신에게 주어진 과업의 달성 정도에 따라 급여와 상여금을 차등 지급하면 종업원들은 당연히 열심히 일할 것이라 생각하였다. 김과학 씨의 이러한 결정에 대한 당신의 입장은?

① 인간을 단순히 일만 하는 기계처럼 다루는 경향이 있으며 작업의 관습이나 종업원의 성질 등을 고려하지 않아 문제가 있을 수 있다.

② 원래 인간은 일하기 싫어하기 때문에 당연히 일을 하도록 어떤 유인책을 강구해야 하는데 김과학 씨의 생각은 경제적 유인이라는 방식을 사용하고 있다. 따라서 훌륭하다고 할 수 있다.

③ 종업원들은 대부분 게으름을 피우는 경향이 있고 쇄신적이지 못하다. 따라서 전보다 더욱 감독을 철저히 하여 딴 짓을 못하게 해야 한다.

④ 설문 조사를 실시하여 이의 방법이 적당한지 종업원에게 물어 보아야 한다.

2. 김아우 씨의 아우성 – 인간관계론

소규모 레스토랑으로 출발하여 이젠 대기업으로 발돋움할 단계에까지 이른 주식회사 'Rocco's'는 10개의 chain을 거느린 음식점이다. 따라서, 소수인으로만 회사를 구성하던 때와는 달리 이젠 조직을 효율적으로 관리할 필요가 생기게 된 것이다. 최고 관리자 김아우 씨는 관리의 진정한 능률을 추구하기 위해서는 인간을 기계적으로 취급할 것이 아니라 인간의 감정적 요소와 비합리적 요소가 능률을 향상시키는 중요한 요인이라고 판단하고 경제적 유인보다는 비경제적 보상, 가치 인정, 소속감, 만족감 등 심리적 요인을 높이고자 하였다. 즉, 의사 전달의 효율화와 민주적 리더십의 발휘, 참여 확대에 의한 심리적 욕구의 충족이야말로 능률 향상을 위한 지름길이라고 김아우 씨는 생각하였는데 여러분의 생각도 과연 그러한가?

① 아니다. 인간은 이기적 동물이기 때문에 통제와 압력을 가하지 않으면 안된다. 따라서 직원들에게 채찍을 가하지 않는 김아우 씨의 생각은 위험하기 짝이 없다.

② 아니다. 방목의 폐단이 무엇인가? 소를 아무 데서나 방목하여 키운다면 그 소는 독풀을 뜯어먹고 죽게 될 것이다. 따라서 직원에 대한 철저한 감시와 감독이 필요하다.

③ 인간을 단지 경제적 욕구를 지닌 존재로만 파악하지 않고 사회 심리적 욕구를 지닌 전인격적 존재로 파악한 점에서는 훌륭하다. 그러나 전적으로 사회 심리적 욕구의 충족만으로는 능률 향상이 어려우며 인간의 합리적 및 비합리적 요소도 함께 고려해야 한다.

④ 인간이 인간을 믿고 사는 것은 당연하다. '로코'의 직원들은 끈끈한 인간관계로 성장해 온 회사이다. 따라서 김아우 씨의 생각은 절대 옳고 더 나아가 자유 방임적 관리 방식으로 적극 나아가야 할 것이다.

3. 이몽룡이 춘향과 결혼한 이유는?

이몽룡이 춘향과 사랑에 빠질 때 이몽룡은 "인간의 내재적 욕구를 충족시키기 위해서 동기가 부여된다"는 매슬로 이론에 심취해 있었다. 즉, 첫째, 자신의 행동에 영향을 줄 수 있는 욕구가 필요하며 둘째, 욕구에도 우선 순위가 있으며 셋째, 하위의 욕구가 충족되면 상위의 욕구 충족을 위해 동기가 부여된다는 매슬로 이론

Maslow의 욕구 계층제 모형

의 가정을 신봉하고 있었다. 이몽룡은 인간의 동기 유발은 생리적 욕구, 안전 욕구, 사회적 욕구, 자기 존경 욕구, 자기 실현의 욕구 등 5단계로 나뉘어 있고, 하나의 하위 욕구가 충족되면 상위 욕구를 달성할 수 있으므로 제일 첫 단계인 생리적 욕구 충족을 위해 자신은 춘향과 16세의 나이로 부모의 허락 없이 결혼하였던 것이라고 주장하였다. 이 주장에 대해서 동기 부여 이론에 일가견이 있는 오장섭 교수의 견해는 어떤 것일까?

① 이몽룡의 주장은 옳다. 결국 이야기의 하이라이트인 과거 시험에서의 급제는 자아 실현 욕구를 충족시켰다고 볼 수 있지 않은가? 춘향과의 결혼이 없었더라면 과거 시험에서의 급제는 불가능하였을 것이다.
② 인간의 욕구는 매슬로나 이몽룡의 주장처럼 고정되어 있는 것이 아니라 상황에 따라 변할 수 있고 두 가지 이상의 욕구가 한 개인에게 동시에 작용할 수 있다는 점에서 반드시 옳은 것은 아니다.
③ 이몽룡이 춘향과 결혼한 것은 생리적 욕구 충족이 자신에게 무엇보다 필요하다고 생각한 것으로 볼 수 있다. 따라서 생리적 욕구 충족이야말로 자신에게 무엇보다 필요한 것이라고 생각하였다면 이는 자기 실현 욕구라고 볼 수 있고, 결국 매슬로의 이론은 생리적 욕구와 자기 실현 욕구만 존재하는 것으로 욕구 2단계 이론으로 수정되어야 한다.
④ 궁극적으로 이몽룡의 주장은 교육 정도가 높은 사람에게만 적용되는 것이다. 만약 그가 천한 신분의 태생으로 교육의 정도가 전혀 갖추어지지 않은 사람이었다면 이 단계가 반드시 진행되는 것은 아니다.

4. Website를 검색해 Enneagram 9개 유형을 검사하고, 자기의 성격 유형을 알아보자

5. 조직변화와 변화에 대한 저항: 누가 내 치즈를 옮겼을까?를 읽고 조직 변화에 대한 감상문을 써보자.

6. 학습조직(Learning Organization)에 관한 Wolf and Sheep(늑대 뛰어넘기) 이야기를 번역해 보자.

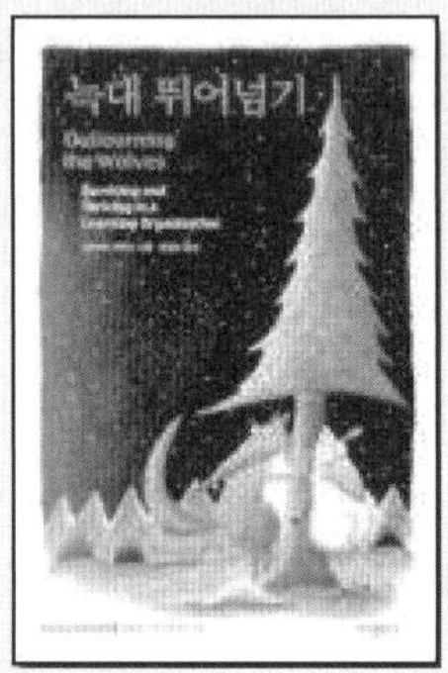

7. 조직변화와 변화에 대한 저항: Change Monster?를 읽고 조직 변화에 대한 감상문을 써보자.

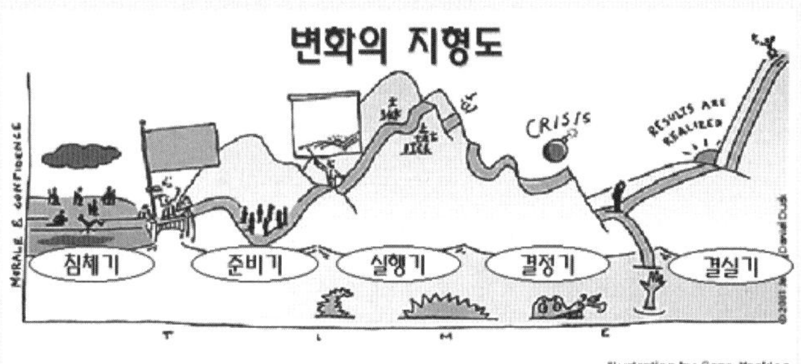

8. The Restaurant Part I: Culinary Arts를 상세히 알아보자.

Pasta 종류

사례문제

1. 축구경기를 관찰하고 축구팀의 조직화 원칙을 이해해 보도록 하자.
   ① 기계적 조직관점 이외의 다른 관점에서 축구팀을 분석해 보자.
   (Team제, 유기체로서의 조직관, 두뇌로서의 조직관, 정치로서의 조직관, 문화로서의 조직관 등).
   ② 고전적 조직이론 및 관료제 이론의 조직원칙이 축구팀의 조직에 어떻게 나타나고 있는가?
   ③ Taylor의 과학적 관리 4대 원칙이 어떻게 적용되는가?
   ④ 호텔 등의 관광산업에 팀제가 도입된 현황을 조사해 보자.

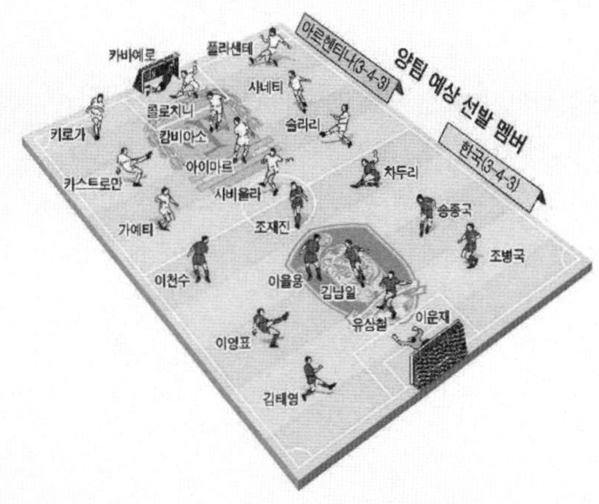

2. Hiddink는 과학적 관리법을 어떻게 적용했다고 생각하는가? 또한 그의 리더십을 연구해보자.

3. Charlie Chaplin의 "Modern Times" 영화의 처음 약 15분을 관람하고 다음을 생각해 보자.

"Modern Times" 영화감상

① 이 영화가 전달하고자 하는 주제가 무엇인가?
② Charlie Chaplin이 일하는 조직의 조직화원칙은 무엇인가?
③ 현대조직이 본 영화가 제시해 준 교훈으로부터 배운 것이 있다고 생각하는가?
④ 영화 "Modern Times"를 관료제 비판적 관점에서 설명하라(다음 신문기사 참조).

Modern Times

감독/Charlie Chaplin, 주연/Charlie Chaplin

찰스는 나사공장의 직공이다. 하루 종일 나를 죄는 것이 그의 일이다. 간단한 일이지만 일년내내 나사만 죄다 보니 자신이 나사를 죄는지 나사가 자신을 죄는지 모를 지경이 되었다. 기계 앞을 떠나 집에 돌아오는 길이었다. 앞서가는 아가씨의 뒷단추가 나사로 보인 찰스는 달려가서 그 환각의 나사를 죄었고, 그 덕분에 미친 사람으로 오인되어 정신병원에 감금된다.

찰리 채플린이 각본을 쓰고 감독을 하고 음악을 맡았으며 주연까지 한 50년 전의 무성영화 '모던 타임즈'는 노동의 인간소외를 고발하여 각광받은 명작이다. 사람이 사람으로서 소외받고 기계의 부속품으로 전락한 노동의 비인간화는 노동자들에게 임금 다음으로 중요한 문제로 대두되고 있는 것이다. 기업의 이익과 직결되는 제품의 품질을 향상시키는 TQC는 잘 알려져 있다. 하지만 노동자의 이익과 직결되는 노동의 인간화, QWL이란 말은 생소하다. 지금 노도처럼 일고 있는 노사분규에서 QWL이 부재했다는 증거라 할 수가 있다. 노동의 인간화는 전 세계적인 추세다. 그 QWL의 첫 도시는 컨베이어에 실려오는 부속을 기계적으로 조립하는 단순반복의 타율적 작업에서 어느 단위공정을 도맡아 하는 자율적 직업으로의 전환이었다.

이 QWL에 성공한 기업으로 스웨덴의 최대 자동차메이커인 볼보사를 든다. 볼보사는 단순반복생산체제 아래에서는 노동자의 이동률이 40%나 되었고, 결근율이 19%에 이르는 별볼일없는 회사였다.

그런데 그 작업체제를 철폐하고 벌집처럼 육각형의 돌방을 만들어 8~10명 단위로 20~25개 작업과정을 맡게 하여 반제품을 만들도록 시켰다. 이 육각방마다 화장실, 휴게실, 냉장고를 두어 휴식과 사생활을 자율화했고 시간을 자유롭게 쓰게 하며 서로 인간적 유대와 합심과 성취욕구와 제품에 대한 긍지를 유발하였다. 이 새 시설을 위해 10%의 투자가 늘었지만 노동이동은 40%에서 14%로, 결근율은 19%에서 5%로 격감하고 있다. 그만큼 노동의 인간화가 진행된 셈이다.

QWL의 또 다른 시도는 한 사람이 하는 일의 한계, 곧 작업의 영역을 기계적으로 딱 잘라 서로 불가침하도록 한 종전의 방식에서 인간적으로 유동성있게 재량을 주는 방식으로의 개선이었다. 영국의 ICI가 이 QWL을 성공시키고 있는데 창의력이 왕성해지고 자신이 하는 일에 긍지를 갖게 되어 파업일수를 75%나 격감시키고 있다.

미국의 제너럴 푸드가 성공시킨 QWL은 관리자나 노동자, 숙련공이나 미숙련공 사이의 모든 차별, 이를테면 시설차별, 복장차별, 휴식, 복지공간차별을 일소함으로써 괴리감을 증발시킨 것이다. 미국에도 근년에 급식하는 회사가 늘고 있는데 이 식당의 시설, 메뉴차별도 일소했던 것이다.

QWL의 노동쟁의를 기적적으로 감소시킨 회사로 자동세탁기메이커인 미국의 메이택회사가 곧잘 거론된다. 이 회사는 노동자의 노동시간관리보다 여가시간관리에보다 관심과 예산을 쏟았다. 공장 내에 종교적 감동을 체감시키기 위한 참선이나 초월명상의 도장, 예술적 감동을 체감시키기 위한 각종시설, 신체적 감동을 체감시키기 위한 각종 스포츠시설을 갖추어 휴식시간을 관리하였다. 또한 직장 밖의 여가시간까지 연장관리하여 무슨 취미건 그에 몰두할 수 있도록 여가수당을 지급하고 그 취미농도를 승급이나 승진에까지 반영토록 한 것이다. 우리의 경영자들은 노사문제가 임금문제만이 아닌 노동의 인간화에서도 곪고 있다는 것을 차제에 각성했으면 한다.

– 조선일보, 87년 8월 20일자, CD-ROM으로 보는 이규태 코너에서–

4. ○○ 호텔 박과장의 부하 직원들에 관한 다음 사례를 읽고, 분석해보자

○○ 호텔 박길동 과장에게는 차철환, 정병철, 박주영 등의 부하 직원이 있다.

이들의 특성을 간략하게 소개하면 다음과 같다.

차철환 씨는 일단 자발적으로는 거의 일을 하지 않고, 박과장이 지시한 것 이상의 업무는 절대로 하지 않는다. 또한 새로운 업무는 무조건 싫어하고, 이미 정해져 있는 업무만을 하려 한다. 어떻게 보면 호텔 종업원이라는 직업이 차철환 씨에게는 단순히 밥벌이만을 위한 것 같기도 하다.

정병철 씨는 반대로 새로운 업무를 좋아하고, 자신이 수행한 업무의 결과 및 성과를 반드시 박과장에게 확인한다. 업무를 수행하는 방식에도 나름대로의 고집이 있고, 박과장의 지시로 일을 하는 것보다는 스스로 일을 찾아서 한다. 자신이 수행한 업무에 대해서는 책임을 지는 것을 좋아하지만, 자신이 보기에 의미가 있는 업무만을 선호하고, 여러 가지 일을 부분적으로 하는 것보다는 한 가지 일이라도 자신이 완성시키는 것을 좋아한다.

마지막으로 박주영 씨는 동료들과 잡담을 하거나 퇴근 후에 각종 친목모임에 참석해서 함께 시간을 보내는 것을 가장 좋아한다. 절대로 업무로 인해 다른 직원들과 갈등을 일으키지 않으며, 자신의 주관으로 행동하기보다는 다른 사람들이 생각하고 행동하는 방식을 그대로 따라서 하는 경우가 많다.

① 이 장에서 배운 여러 가지 욕구이론을 이용해서 이 세 명의 부하 직원들을 지배하고 있는 가장 중요한 욕구가 각각 무엇인지 설명하라.

② 박과장은 직무특성 이론을 이용해서 이 세 명의 부하 직원들이 수행하고 있는 직무를 재설계하고자 한다. 박과장이 사용할 수 있는 효과적인 직무 재설계 방법을 제시하라.

CHAPTER

07

환경변화와 관광산업

환경변화와 관광산업

SECTION 01 환경변화와 관광

1 관광 정책결정 모형

인간과 조직의 합리성을 전제하였던 폐쇄-합리적 조직이론은 의사결정이 합리적 절차에 의하여 이루어지는 것으로 보았다. 그러나 폐쇄-자연적 조직이론이 지배하던 시기를 거쳐 현대에 오면서 이러한 합리적 모형은 많은 비판과 함께 수정되어 왔다. 합리적 모형을 수용해 수정하는 이론 이외에도 합리적 모형을 부인하는 이론도 등장했고, 또한 합리적 모형과 그 모형을 부인하는 모형을 절충하는 이론도 등장하게 되었다. 여러 가지 이론 중 몇 가지 대표적인 의사결정모형을 살펴보기로 한다(오석홍, 1990: 625-644).

1) 합리적 모형

의사결정행동의 고전적 접근방법으로 인간과 조직의 합리성, 합리적 경제인, 완전한 정보환경을 전제로 하여 합리적인 의사결정행동을 모형화한 것이다. 즉, 모든 조건의 충분한 제공 하에서 합리적 인간이 최대의 효과를 얻을 수 있는 의사결정을 하는 것을 제시한다. 합리적 의사결정 모형의 특징을 살펴보면 다음과 같다(Arnold & Feldman, 1986: 396-402).

첫째, 합리적 의사결정모형에서는 문제의 발견과 진단, 대안의 탐색 · 평가, 대안선택 등 의사결정의 각 단계들이 독립적으로 순서대로 진행된다.

둘째, 개인은 항상 추구하는 목적을 극대화시킬 수 있는 대안을 선택하게 된다.

셋째, 의사결정에 고려될 수 있는 대안은 모두 인지할 수 있으며 각 대안을 모두 탐색할 수 있고 그 대안들이 가져올 결과를 포괄적으로 분석할 수 있다.

넷째, 대안분석에 있어서 가중치나 확률 및 복잡한 계산이 가능하므로 어려운 의사결정 사항도 계산이 가능하다.

마지막으로, 대안선택에 있어 영향을 줄 수 있는 비합리적 요인은 통제되고 일정한 기준에 따라 최적의 대안을 선택하게 된다.

전술한 바와 같이 합리적 의사결정모형은 너무 이상적이고 규범적이기 때문에 현실의 의사전달 상황을 제대로 설명하지 못하는 면이 많다. 즉, 현실상황에 있어 미래상황에 대한 불확실성이나 정보의 결여 등이 발생하는 경우에 이 모형은 그 효용에 있어 큰 문제가 있는 것이다. 결국 합리적 모형은 예외적이고 비정형적 문제의 해결에 있어서는 적합하지 못한 모형이라고 할 수 있다.

2) 만족모형

March와 Simon은 합리적 모형을 수정한 만족모형을 제시하였는데, 이 모형을 '제한된 합리모형'이라고도 한다(March & Simon, 1958; Simon, 1948). 이 의사결정 모형에서는 개인의 합리성이 가정되어 있지 않다. 조직 내에서의 의사결정자는 전체 문제에 대한 일부분의 정보만을 가지고 의사결정에 임하므로 합리적 의사결정을 저해하게 된다는 것으로, 최대로 가능한 만족을 어느 정도 희생하여 대충 만족만 할 수 있는 의사결정을 한다는 것이다. 만족모형의 기본적 가정을 살펴보면 다음과 같다.

첫째, 사람은 자신의 제한된 능력과 환경적 제약으로 인해 완전한 합리성을 발휘할 수 없다. 따라서 인간은 합리적이 되고자 노력할 뿐이며 대안의 분석에 있어도 완벽을 기하려고 노력할 뿐이다.

둘째, 대안의 선택에 있어서도 최소한의 만족을 유지하지 못하는 경우가 계속된다면 그에 맞추어 대안의 선택기준을 낮추어 가게 된다.

셋째, 의사결정을 하는 사람의 가치관 등 심리적 성향에 의하여 형성되는 주관적 합리성이 의사결정의 기준이 된다.

마지막으로, 의사결정에서 탐색활동은 만족을 줄 수 있는 대안을 찾는 데 그 목적이 있다. 즉, 주관적으로 좋다고 생각되는 대안을 선택하게 된다는 것이다.

이 모형은 고전적 합리적 모형과는 달리 완전정보, 완전대안, 완전선호체제를 부인하고 의사결정상황에서의 정보환경적 제약조건과 의사결정자의 심리적 제약조건 등을 강조하고 있다.

3) 타협모형

조직을 개인과 집단의 연합체로 보고 기대, 욕구수준, 목표 간 갈등의 부분적 해결, 조직의 경험축적 등 여러 가지 개념을 동원하여 합리적 의사결정모형을 수정하는 기술적 모형이 정립되었다. 이 모형을 정립한 Cyert와 March는 준거대상을 사기업조직으로 삼고 모형설정을 하였는데, 이들이 제시한 모형의 주요 내용을 다음과 같이 정리할 수 있다(Cyert & March, 1963).

첫째, 조직은 불확실성을 피하려는 노력을 한다.

둘째, 조직의 운용목표(operational goals)는 단일이 아니라 복수이다. 따라서, 대안 선택의 기준은 여러 목표를 동시에 충족시켜 줄 수 있는 것이어야 한다.

셋째, 의사결정의 기준을 제시할 수 있는 운용목표는 조직이라는 연합체를 구성하는 사람들의 타협과 협상을 통해서 형성된다.

넷째, 조직은 성공과 경험 등의 과거 경험을 통해 성장하게 된다. 즉, 조직은 과거의 경험에 비추어 목표를 수정해 나가는 것이다.

다섯째, 조직은 여러 목표를 충족시켜 줄 수 있다고 생각되는 대안이 나타나면 그것을 바로 선택해 버리는 경향이 있다. 또한 조사를 계속해도 받아들일 수 있는 대안이 없으면 목표를 하향조정하게 될 것이다.

4) 점증적 모형

점증적 모형이란 의사결정이 순차적, 부분적으로 진행되고 의사결정과정에서 대안의 분석범위는 크게 제약을 받는다고 보는 모형이다(Lindblom, 1959). 합리적 의사결정 모형과 크게 다른 이 모형은 현재의 상황을 바탕으로 의사결정에서 선택된 대안이 기존의 정책이나 결정을 점증적으로 수정해 나간다는 것이다.

5) 최적정책 결정모형

이 모형은 합리적 모형과 점증적 모형을 절충한 것으로, Dror가 정부기관의 주요 행동노선을 결정하는 정책결정과정을 준거대상으로 제안한 것이다(Dror, 1968).

Dror는 합리적 모형이 주장하는 인간의 완전한 합리성을 비판하고, 점증적 모형에서 제시하는 인간의 비합리성을 전제로 미래에 대한 예측이 합리적 증거에 의해 이루어질 수 없다는 것 또한 비판했다. 즉, 인간의 비합리성과 미래예측능력을 인정하면서 절충모형을 제시한 것이다. Dror의 규범적 최적모형은 계량적 측면과 질적인 측면을 구분하여 검토한 다음 이를 결합시키는 질적 모형이며, 합리적 요인과 초합리적 요인을 함께 고려한 모형이라고 할 수 있다.

6) 쓰레기통 모형

고도로 불확실한 조직상황하에서의 의사결정양태를 설명하기 위한 모형이 쓰레기통 모형이다(Cohen, March, & Olsen, 1972: Daft, 1989: 372-376). 이 모형은 의사결정상황을 고도로 불확실한 상황이라고 전제하고 이러한 상황을 '조직화된 혼란상태(organized anarchy)'라고 규정했다. 이러한 혼란상태는 세 가지의 중요한 요소를 포함하고 있다. 그 내용을 살펴보면 다음과 같다.

첫째, 문제와 해결책, 목표 등 의사결정의 각 부분들은 분명하게 규정되어 있지 않고 모호한 상태로 놓여 있다.

둘째, 의사결정과정에 참여하는 구성원들의 유동성이 심하다.

셋째, 의사결정에 적용할 인과관계에 대한 지식과 그 적용기술의 기초가 분명하지 않아 참여자들이 잘 이해하지 못한다.

쓰레기통 모형에서는 조직 내의 문제의 흐름, 해결책의 흐름, 참여의 흐름, 선택기회의 흐름 등이 서로 독립되어 있다고 본다. 이 모형에 있어 의사결정은 논리적이고 순차적인 방법으로 이루지는 것이 아니라, 큰 쓰레기통 속에 각기 독립적으로 흘러 다니는 흐름이 우연히 만났을 때 문제가 해결되는 것이다. 그러나 이러한 연결로 반드시 문제가 해결되는 것이 아니라, 문제가 해결되지 않을 수도 있고 해결이 적절하지 못한 경우도 있다.

모호한 상황하의 쓰레기통 속에서 의사결정은 여러 양태가 나올 수 있지만, ① 문제에 대한 해결방안을 찾지 못한 경우, ② 선택된 대안으로 문제가 해결되지 못한 경우, ③ 문제가 없는데 해결책이 제안되는 경우 등이 있을 수 있다.

7) 상황적응 모형

상술한 의사결정모형 중에 현실적으로 의사결정 세계와 밀접한 모형도 있고 그렇지 못한 것도 있다. 의사결정을 연구하는 학자들은 의사결정 현상의 상황적응적 이해를 원칙적으로 강조하고 있다. 이러한 원칙에 입각하여 연구된 것 중 가장 대표적인 모형으로 Daft에 의해서 만들어진 상황적응적 의사결정모형이 있다(Daft, 1989: 378-385).

그가 고안한 모형을 살펴보면 의사결정상황을 목표불확실성(goal uncertainty)과 기술적 불확실성(technical uncertainty)으로 분류해 놓고 이를 기준으로 네 가지의 상황으로 구분하여 각 상황에 맞는 접근방법을 제시해 놓았다.

목표의 불확실성은 조직이 추구하는 목표에 대한 관리자의 동의에 의해 결정된다. 목표의 불확실성은 문제의 확인단계에서 특히 중요하다. 조직의 목표에 대한 합의가 있을 때 문제의 확인은 용이해진다.

기술적 불확실성은 어떻게 조직목표에 도달하는가에 대한 동의와 이해라 할 수 있다. 즉, 조직목표의 달성 방법에 관한 합의, 이해, 지식 수준 등에 의해 결정되는 것이다. 기술적 불확실성은 문제의 해결단계에서 특히 중요하다. 문제해결의 수단이 확실히 이해 되었을 때 대안에 대한 비교적 확실하고 정확한 평가가 이루어질 수 있다. 수단에 대한 이해 정도가 정확하지 않았을 때 대안에 대한 정확한 평가는 이루어질 수 없고 직감, 판단, 시행착오 등이 중요한 의사결정기준이 된다.

8) Allison의 의사결정모형

표 7-1 Allison의 의사결정모형

모형 (Model)	합리적 행위자 (Rational Actor)	조직과정 (Organizational Process)	관료정치 (Bureaucratic Politics)
의사결정이란?	국가이익 추구라는 공통의 목표를 극대화하는 합리적 선택	준독립적인 하위조직 간의 조직적 갈등과정	철의 삼각형 간의 정치적 협상 및 타협의 결과에 불과
가정	조정, 통합, 통제 가능	조정, 통합, 통제 불가능	정치적 협상
목표 (Goal)	국가목표(National Goal) 공통 목표	운영목표 (Operative Goal)	개인 및 이익집단 목표 (Individual, Interest Group Goal)
권한소재지 (Locus of Authority)	중앙정부	국방부(DOD), 국가안보의(NSC) CIA	철의 삼각형(Iron Triangle) 군산복합체

CHAPTER

08

관광숙박업

관광숙박업

현재 「관광진흥업」은 관광숙박업을 호텔업과 휴양콘도미니엄으로 분류하고 다시 호텔업을 관광호텔업, 수상관광호텔업, 한국전통호텔업, 가족호텔업, 호스텔업, 소형 호텔업, 의료관광호텔업 등으로 세분하고 있다. 그러나 본서에서는 이러한 분류와 무관하게 실제로 관광객들이 주로 이용하는 관광숙박업체들에 대한 내용만 소개하였다.

SECTION 01 호텔의 분류

1 호텔

호텔은 고객이 집을 떠나 다른 지역에서 머물게 될 때 'A home away home'으로 집에서와 같은 안락함과 편리함을 제공하고 'An office away office'로서 비즈니스의 추가적 기능까지 제공하며 고객이 호텔에 머무는 동안 불편함이 없도록 품격있는 서비스를 제공하는 곳이다. 호텔은 고객의 투숙 1박을 위하여 100개 이상의 아이템을 갖추고 1년 365일 연중무휴로 운영되고 있으며 지역민들에게는 품격있는 문화의 전달사로서 그 역할이 더욱 다양화되고 확장되어가고 있는 추세이다. 호텔에서 대규모

이벤트나 국제회의가 개최되는 경우에는 전 세계의 분야별 전문가들이 최신 정보 공유와 문화교류를 통한 네트워크의 장이기도 하며 주요 비즈니스가 이루어지는 시장이기도 하다.

1) 호텔의 역사

인류가 전쟁과 종교순례를 위해 대규모 이동을 시작하고 그 규모가 확대되면서 기본적인 숙박과 식사 해결을 위한 호스피텔러티(Hospitality) 산업이 필요하게 되었다고 볼 수 있다. 호텔의 어원은 라틴어인 '호스피탈레(Hospitale)'에서 유래되었는데 이는 '순례자를 위한 숙소'를 뜻한다. 그 당시에는 즐기기 위해 여행을 한다는 것보다 평생에 한 번은 성지를 가보아야 한다는 다소 종교적 목적을 가진 여행이었기에 낯선 땅에서 병들고 지친 그들에게 휴식을 취할 수 있는 시설과 환대 서비스에 대한 수요가 나타났고 고대 로마에서 군대의 이동을 위해 건설된 도로망은 그 당시 교역, 종교, 그리고 휴양을 위해 여행하는 사람들의 활발한 교류를 촉진시키는 역할을 하였다.

11세기 말, 동양과 서양의 통상무역 및 문화교류가 상당히 활발하였고 그러한 당시 상황을 잘 보여주는 것이 초창기 숙박업 형태로 보이는 인(Inn)의 등장인데 오늘날 호텔을 비롯한 다양한 형태의 숙박업체들이 탄생하는 근거가 되었다. 또한 인의 발전은 17세기 후반부터 18세기 중반까지 유럽에서 유행했던 그랜드 투어의 영향이 크다고 볼 수 있는데 그랜드 투어라는 용어는 영국의 가톨릭 신부 리처드 러셀스(Richard Lassels)의 책 《이탈리아 여행(The Voyage of Italy)》(1670)에서 처음 나타난다. 러셀스는 영국에서 어느 명망 높은 귀족 집안의 가정교사로 일했으며, 이탈리아를 다섯 차례 방문했다. 그는 건축과 고전, 그리고 예술에 대해 알고 싶다면 프랑스와 이탈리아를 방문해야 하며, 젊은 귀족의 자제들이 세계의 정치와 사회, 경제를 제대로 이해하기 위해서는 반드시 그랜드 투어를 해야 한다고 말했다.

당시 유럽의 변방이었던 영국에서 귀족들은 다른 유럽 나라들과 종교적 갈등이 완화되고 경제력이 향상되자 앞다투어 자녀들을 프랑스와 이탈리아 같이 고전문화의 유산이 찬란히 남아있는 곳으로 보내 앞선 해외의 문화를 경험하고 예법과 외교를 배우게 하였고 실제로 이러한 과정을 갖춘 사람들이 높은 관직에 채용되는 일이 발생하자 이러한 여행문화는 유럽 전체로 확대되며 붐을 이루었다. 그랜드 투어에 대한 정의 및 범위에 대해서는 여러 가지 견해가 있지만, 브루스 레드포드(Bruce Redford)는 그의 저서 《Venice and the Grand Tour—New Heaven and London(1996)》에서 다음의 네 가지 요소를 갖추어야 그랜드 투어라고 주장한다.

첫째, 영국의 귀족 자제(aristocracy or gentry)들이 하는 여행이다.

둘째, 여행의 전체 과정을 수행하는 가정교사(tutor)가 있어야 한다.

셋째, 여행일정에는 반드시 로마(principal destination)가 주 목적지가 되어 있어야 한다.

넷째, 여행기간은 평균 2~3년으로 한다.

이렇게 유럽을 돌아다니며 장기간 여행하는 이들에게 작은 여관이라고 할 수 있었던 인(Inn)과 주막 형태의 터번(Tavern) 같은 숙박시설이 호텔의 기본적 기능을 하였을 것으로 보여진다.

2) 서양호텔의 변천사

오늘날의 호화롭고 세련된 호텔은 1898년 세자르 리츠가 자신이 이름으로 파리에 개관한 리츠호텔에서 기원하였다. 1850년 스위스에서 태어난 그는 프랑스, 영국, 스위스의 고급호텔에서 일하면서 호텔경영인으로서의 자질을 연마하였고 1905년 마지막으로 리츠런던호텔 건립에 참여하였다. 그는 일하는 동안 귀족들이 1789년 프랑스혁명 이전 호화롭고 사치스러웠던 귀족생활에 대한 향수가 있다는 것을 알게 되었고 파리의 맨션을 인수한 후 2년에 걸친 준비 끝에 객실 210개와 고급스럽고 호화로운 레스토랑을 갖춘 리츠호텔을 탄생시켰던 것이다. 비록 그가 세자르호텔을 경영한 기간은 짧지만 오늘날 호텔경영이념과 서비스정신은 그의 정신을 그대로 이어 받고 있어 호텔산업을 발전시킨 주역으로 기억되고 있다.

리츠(César Ritz)

그의 "고객이 항상 옳다(Guest is always right)"라는 경영

이념은 호텔산업이 오늘날처럼 다양해지고 상용화되는데 절대적인 역할을 한 미국의 호텔 왕스타틀러에게 큰 영향을 주었다.

19세기에서 20세기 초까지 호텔은 여전히 일반 여행객들이 사용하기에는 여러모로 부담이 가는 숙박시설이었으나, 현대의 체인호텔과 대중화된 호텔을 탄생시킨 호텔맨의 제왕으로 불렸던 스타틀러(E. M. Startler: 1860~1928)는 1908년 버팔로 스타틀러 호텔을 설립한 뒤 일반 서민이 부담할 수 있는 저가의 객실과 세계 최고의 서비스를 제공한다는 경영이념을 갖고 "1.5달러의 욕실 딸린 객실"이라는 홍보문구를 내세우며 호텔산업 경영에 새로운 시대를 열었다.

스타틀러가 처음 시도한 스타틀러호텔 체인은 합리적이고 효율적인 호텔운영의 현대적 경영시스템 구축에 효시가 되었으며 미국에서 호텔산업의 제2호황기를 이끌어 내 미국 상용호텔의 황금기를 이루었다.

3) 국내호텔의 변천사

(1) 대불호텔과 손탁호텔

한국 호텔산업의 효시는 1888년 인천에 세워진 대불호텔이며, 14년 후인 1902년 독일여성 손탁(Sontag)에 의해 서울 정동에 서양식 숙박시설을 갖춘 손탁호텔이 들어선다. 근대 개화기에 한국을 찾은 여행가, 외교관, 선교사, 특파원, 탐험가, 기업가 등 많은 외국인들이 숙박으로 인한 어려움을 호소하던 터라 손탁호텔의 개업은 한국의 호텔 역사에 무척 의미있는 시작이었다. 손탁은 궁중에서 서양문물을 소개하는 일을 맡아 하던 중 고종의 신임을 얻어 정동의 땅을 하사받아 2층 양옥으로 호텔을 건축하였는데 2층은 귀빈을 위한 객실로, 1층은 보통객실과 식당으로 꾸몄으며 서양가구와 악기, 서양요리를 처음으로 소개하며 운영하였다. 1909년 손탁이 조선을 떠날 때까지 손탁호텔은 조선의 숙박시설이 여관형태에서 벗어나 서양식으로 변화하는 데 획기적

손탁호텔

인 역할을 하였다.

(2) 철도호텔

1912년 부산역에 세워진 2층짜리 벽돌건물과 같은 해에 신의주에 세워진 3층짜리 호텔이 한국철도호텔의 효시인데 이는 1908년 일본이 한반도를 중국침략의 교두보로 삼고자 경인선, 경의선, 경부선 등의 철도를 부설하면서 철도이용객들을 위한 편의를 제공하기 위하여 건립한 것이다.

(3) 조선호텔

조선호텔

우리나라에서 현존하는 호텔 중 가장 오래된 호텔인 조선호텔(현, 웨스틴조선호텔)이 1914년 경복궁 정면(현, 소공동)에 세워졌는데 일본총독부 철도국 주관으로 프랑스 요리를 제공하는 등 내 · 외국인들이 국제회의와 사교를 하는 장소로 이용되었다. 건축가는 당시 조선 조선총독부 신청사를 설계했던 독일의 건축가 게오르그 데 랄란데(Georg de Lalande, 1872~1914)였다. 당시 조선호텔은 프렌치레스토랑, 아이스크림, 사교댄스와 서양식 결혼식 등으로 장안에 큰 화제가 되었으며 주변에 은행, 우체국, 백화점등이 들어서면서 자연스럽게 경제, 행정, 문화의 중심지가 되었다. 처음에는 만철회사(滿鐵會社)가 건설했는데, 1920년대에 들어와서 철도국 직영이 되었다.

(4) 휴양지호텔

휴양지호텔의 시작은 1915년에 금강산호텔과 장안사호텔이 그 시초였으며 그 후 온양온천에 호텔이 들어서게 된다.

(5) 민영호텔

1929년에는 일반대중을 상대로 한 상용호텔이 생기기 시작했는데 대표적인 민영호텔의 등장은 1936년에 일본인 노구찌에 의해서 세워진 반도호텔로서 미국의 스타틀러 호텔의 경영방식을 도입하였으며 당시로서는 한국 최대의 시설규모를 갖추었다. 그 후 1952년 대원호텔, 1955년 금수장호텔, 1957년 해운대관광호텔과 사보이호텔 등 민영호텔들이 등장하기 시작하였다.

해방직후의 사회혼란이 안정화되고 경제성장과 더불어 정부의 본격적인 관광정책이 추진됨에 따라 국내 호텔산업은 현대화 과정이 진행되고 양적 · 질적 발전을 이루었는데 1961년과 1962년에 진행된 관광사업진흥법과 시행령 및 시행규칙 제정은 관광호텔들에게 획기적인 발전의 기회를 주었고 시설을 기준으로 우수한 호텔을 선정하여 관광호텔로 분류하고 행정지원을 하였다. 최초의 관광호텔로 선정된 호텔은 메트로호텔, 아스토리아호텔, 뉴코아호텔, 사보이호텔, 그랜드호텔 등이었다.

1962년 6월 26일 국제관광공사가 설립되면서 반도호텔, 조선호텔과 지방 7개 호텔의 경영권을 인수하였고 1963년에는 254개의 객실을 보유한 우리나라 최초의 현대적인 호텔이라고 할 수 있는 워커힐호텔이 개관되었으며 1970년에는 국제관광공사와 미국 아메리카항공사가 합작투자한 조선호텔이 개관되어 처음으로 자본과 경영이 분리 운영되는 호텔이 등장하였다.

1976년에 서울 프라자호텔, 1978년에 하얏트호텔, 부산 조선비치호텔, 코모도호텔, 경주 코오롱호텔이 각각 개관하였으며 호텔신라, 호텔롯데, 경주조선호텔, 경주도큐호텔, 부산서라벌호텔, 서울가든호텔 등의 대규모 호텔이 1979~1980년 사이 서울과 지방에 앞다투어 개관하였다. 또한 제주 중문단지와 경주 보문단지 건립을 추진하는 등 지역의 관광단지를 조성하고 그곳의 중심에 호텔을 두어 관광업을 활성화해 대규모 국제적인 행사 개최를 필두로 본격적인 호텔산업의 선진화가 진행되었다.

호텔산업은 1986년 아시안 게임과 1988년 서울올림픽과 같은 대규모 국제적 행사가 개최되면서 정부의 국가 전략적 지원에 따라 발전의 계기를 맞이하는데 1988년 서울 올림픽대회를 대비하여 스위스그랜드호텔, 인터컨티넨탈호텔, 라마다호텔, 롯데월드호텔 등 유수의 외국 체인호텔들이 개관되었으며 1990년에는 제주 중문단지 안에 본격적인 체재형 리조트 호텔인 제주신라가 개관하였다.

1998년 IMF사태 이후 지방 중소도시의 호텔이나 규모가 작은 호텔들은 어려움에 복착했으나, 외형적인 성장보다 내실을 다지는 기간이 되어, 관광증가와 더불어 성장 기회의 국면을 맞이하게 되었으며 2000년의 ASEM회의, 2002년의 월드컵과 같은 국제 행사나 대회를 거치면서 재도약의 계기를 마련하게 되었다.

4) 호텔경영의 특성

호텔은 매번 고객의 수요에 맞추어 제공하기가 쉽지 않은데 고객이 스스로 내방했을 때 서비스 상품이 즉시 제공되지만 그 일부는 즉석에서 소멸되는 특성이 있어 그 상품을 달리 전매한다는 것은 불가능하다.

또한 그 상품은 건축 초기에 이미 정해진 수량으로 한정되어 있어 "성수기", "비성수기"의 계절적인 변동차가 심하고 예측도 어려운 문제점을 갖고 있으며 이동이 불가능하여 고객의 내방을 기다려야만 하고, 상품의 구입자인 고객의 입장에서는 숙박해 보아야만 비로소 평가가 가능하다고 하는 상품적 특성을 갖고 있다. 오늘날 호텔경영의 3대 기본적 요소는 봉사(Service), 판매(Sale), 과학화(Science)이다.

(1) 경영상의 특성

① 호텔경영은 기계화의 한계성을 내포하고 있다.

② 현대호텔기업은 최소의 비용으로 최대의 효과를 달성하기 위해 현실성에 부합되는 범위 내에서 과학적이고 합리적인 방법이 필요조건의 하나가 된다.

③ 호텔의 제품은 이동할 수 없는 특성이 있다.

④ 고정자산의 구성비율이 높다.

⑤ 호텔사업의 높은 고정비의 지출은 경영의 난점을 가중한다.

⑥ 비보관성 상품이다.

⑦ 비신축성 상품이다.

⑧ 자본의 회전율이 낮다.

(2) 운영상의 특성

① 인적서비스에 대한 의존성이 크다.
② 호텔경영은 협동체계가 제도적으로 마련되어 있다.
③ 호텔운영에 있어 작업조건이 편리하고 유리하다.
④ 연중 무휴로 영업을 한다.
⑤ 계절성 상품이다.

(3) 시설상의 특성

① 호텔시설은 건축상의 특성으로 일시적 최초의 투자(Initial investment)가 높다.
② 호텔시설은 노후가 빠르다.
③ 호텔은 비생산적, 공공적 장소(Public space)가 필연적으로 있어야 한다.

(4) 환경상의 특성

① 국내 · 외적으로 정치와 사회 및 경제적 변화에 민감한 영향을 받는다.
② 환경오염 방지에 대한 제재를 받는 특성이 있다.

5) 호텔의 등급화

한국관광공사는 2014년 9월 「관광진흥법」의 개정에 따라 호텔의 등급을 1971년부터 사용해왔던 '무궁화' 등급제도에서 국제적 관례에 부합하는 '별등급' 제도로 변경하였다. 이것은 외국인 관광객의 급증에 따라 그들이 알아보기 쉽도록 하기 위한 것으로 기존의 무궁화 개수에 따른 특1등급 · 특2등급 · 1등급 · 2등급 · 3등급으로의 구분을 5성급 · 4성급 · 3성급 · 2성급 및 1성급의 체계로 변경한 것이다.

그림 8-1 국제표준에 맞는 호텔등급의 표준화 '별등급'

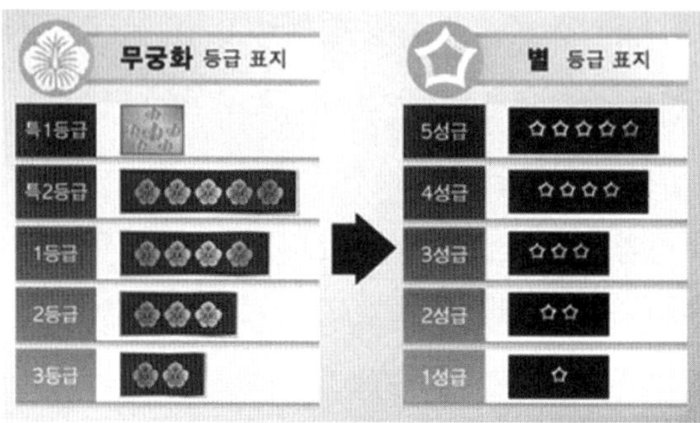

자료: https://www.hotelrating.or.kr/syst_intro.do

6) 국내·외 유명 호텔 현황

다음은 2018년 세계적인 여행정보 사이트인 TripAdvisor에서 뽑은 인기호텔 순위이다.

표 8-1 Top 15 Best Hotels in the World 2018

순위	호텔명	지역명	국가
1	Viroth's Hotel	Siem Reap	Cambodia
2	Tulemar Bungalows & Villa	Manuel Antonio	Costa Rica
3	Umaid Bhawan Palace Jodhpur	Jodhpur	India
4	Hanoi La Siesta Hotel & Spa	Hanoi	Vietnam
5	Gili Langcanfushi	Langcanfushi	Maldives
6	Hotel Belvedere	Riccione	Italy
7	The Nantucket Hotel & Resort	Nantucket	Massachusetts
8	La Reserve Paris-Hotel & Spa	Paris	France
9	Nayara Springs	La Fortuna de San Carlos	Costa Ricca
10	Hanoi La Siesta Hotel Trendy	Hanoi	Vietnam
11	Shinta Mani Shack	Siem Reap	Cambodia
12	Kayakapi Premium Caves- Cappadocia	Urgup	Turkey
13	The Leela Palace Udaipur	Udaipur	India
14	Hotel 41	London	UK
15	Baros Maldives	Baros Island,	Maldives

표 8-2 Top 20 Best Hotels in Korea 2018

순위	호텔명	지역명
1	Four Season Hotel	서울
2	Oakwood Premier Incheon	인천
3	Oakwood Premier Coex Center	서울
4	Lotte City Hotel Guro	서울
5	JW Marriot Dongdaemoon Square Seoul	서울
6	L7 Myeongdong	서울
7	Lottel Hotel Pusan	부산
8	Lotte Hotel World	서울
9	Courtyard Seoul Pangyo	성남
10	The Classic 500 Executive Presidence Pentaz	서울
11	Gyeongwonjae Ambassador Incheon Associated with AccorHotels	인천
12	Courtyard by Marriott Seoul Namdaemun	서울
13	WE Hotel	서귀포
14	JW Marriott Hotel Seoul	서울
15	Lotte City Hotel Myeongdong	서울
16	The Suites Hotel Jeju	제주
17	Best Western Arirang Hill Dongdaemun	서울
18	Lotte City Hotel Mapo	서울
19	Park Hyatt Busan	부산
20	Conrad Seoul	서울

2 모텔

1950년대 초, 미국의 호텔 업계에 나타난 두드러진 특징은 자동차여행자들의 급증이었다. 2차 세계대전 이후 내수의 발달이 가져온 도로의 발달과 자동차 산업의 호황으로 일반인들이 주말에 자동차를 가지고 가족여행을 다니는 일이 많아졌고 이들을 위한 새로운 형태의 숙박업의 형태가 나타나게 되었다. 이러한 여행 현상과 함께 나타난 숙박업의 형태가 모텔과 모터 호텔이다.

이러한 여행객들에게 기존의 호화롭고 값비싼 호텔은 정장을 갖추고 형식적인 것에 신경을 써야하는 불편한 곳이었기에 보다 접근성이 좋고 경제적으로 큰 부담이 없이 편안하게 쉴 수 있는 저가의 숙박시설이 필요했다. 모텔은 최대한 여행객의 접근을 쉽게 하기 위하여 도로에서 가까운 곳에 위치해 있으며 객실 앞에 바로 주차할 수 있도록 설계하기도 하였으며 최신의 청결한 객실과 가구, 카펫, TV를 갖추는 등 실용적인 시설구비에 집중하였다.

모텔이 나타난 초기에 호텔경영자들 대다수는 모텔의 등장을 일시적 현상일 것으로 여겨 비중을 두지 않았으나 차차 모텔의 발전함에 따라 호텔의 새로운 경쟁자가 될 것이라는 사실을 깨달았고 만약 모텔산업의 확장을 저지할 수 없다면 모텔을 활용한 새로운 숙박업 형태를 도입해야 할 필요성을 절감했다. 결국 모텔이 호텔처럼 고층화되고 서비스, 건축, 시설면에서 규모가 큰 모터 호텔로 발전해가면서 점차 호텔과 모터 호텔을 구별하는 일이 모호해졌고 호텔과 경쟁하게 되었다.

1950~60년대가 모텔의 성장시기라고 한다면 1970년대는 새로운 형태의 숙박시설인 버짓 모텔(Budget motel)의 등장 시기라고 할 수 있다. 버짓 모텔은 저렴한 비용으로 표준규모의 객실, 2인용 침대, 샤워시설, 냉 · 난방 시설을 갖춘 객실과 함께 무료주차 시설을 이용할 수 있는 실비의 모텔이다. 버짓 모텔의 성공비결은 원가절감을 위한 노력으로 여행객의 짐을 나르거나 안내를 하는 벨맨이 없으며 고급호텔에서 격식차린 고급 파티를 하는 연회장이 없고 식사 시간 이외의 식사를 제공하는 룸서비스도 제공하지 않는다. 거기다 객실 내에 전화나 TV 이용에 추가요금을 부과하며 로비나 수영장의 면적을 효율적으로 설계하여 건축비를 최소화 하는 건축법을 적용하였다.

모텔과 호텔의 경쟁이 치열한 단계에 이르자 1910년에 설립된 '미국호텔협회(The American Hotel Association)'의 명칭은 1917년 "미국 호텔과 모텔협회(The American Hotel and Motel Association, 1917)'로 변경되었고 최근에는 American Hotel and Lodging Association으로 통합되었다.

모텔(MOTEL)은 "Motor hotel", "Motorists' hotel"의 줄임말로, 이 말을 최초로 쓴 업소는 1925년 12월 12일 캘리포니아 샌루이스오비스포(San Luis Obispo)에 문을 연 아서 하이네만(Arthur S. Heineman)의 마일스톤 모텔(Milestone Mo-Tel)이다. 나중에 이름을 모텔 인(Motel Inn)으로 바꾸었다.

하이네만이 자동차 여행객을 위해 특별히 설계한 건물이었지만, 사람들은 처음에는 간판을 보고 hotel을 motel로 오기(誤記)한 것으로 알았다. 하긴 하이네만도 처음에는 제한된 공간에 Milestone Motor Hotel이라고 길게 쓰는 게 여의치 않아 Mo-Tel이라는 줄임말을 생각해냈다고 한다. 지금도 샌루이스오비스포에 남아 있는 건물에는 '세계 최초의 모텔'이라는 현판이 걸려 있다.

1950년대 초까지도 모텔들의 시설은 열악했고 서비스는 부실했다. 1951년 여름 테네시 주 멤피스에서 성공한 건축업자인 케먼스 윌슨(Kemmons Wilson, 1913~2003)은 가족과 함께 워싱턴 D.C.로 여행을 떠났는데, 모든 모텔이 아이들에 대해 추가요금을 받고, 식사할 만한 곳도 없는 것에 분노하여 직접 모텔 사업에 뛰어들기로 결심했다.

윌슨은 1년 만인 1952년 8월 멤피스에서 내슈빌로 이어지는 간선도로 변에 방 120개가 갖추어진 '홀리데이 인(Holiday Inn)'을 개장했다. 식당, 선물의 집, 수영장 등을 갖추고, 각 방에는 에어컨디셔너를 달았다. 다른 모텔에서는 1달러의 추가 비용을 받는 텔레비전 시청도 무료로 했다. 당시 모텔 요금은 8달러에서 10달러였고, 애들이 있으면 20달러를 받았는데, 그는 수에 관계없이 싱글룸은 4달러, 더블룸은 6달러를 받았다.

윌슨의 사업은 성공을 거둬 2년 내 멤피스로 이어지는 3개 다른 간선 도로변에 모텔 3개를 더 신축할 수 있었다. 간판은 도로 양방향에서 볼 수 있게끔 약 15미터 높이에 크게 내걸었다. 그는 다른 건축업자들에게 체인 사업에 동참하라고 제안했지만, 겨우 3명이 참여하는 데 그쳤다. 건축업자들이 고속도로가 늘어나고 자동차 여행이 증가 추세에 있는 걸 깨닫지 못한 탓이었다.

윌슨은 의사, 변호사 등 전문직종을 대상으로 소유권 분양 방식을 택해, 방 하나에 3,500달러에 분양하는 방식을 택했다. 호응이 좋아 1954년 홀리데이 인이 11개 더 생겨났다. 1956년에는 26개에 객실이 2,107개가 되었다. 1956년 의회가 760억 달러에 달하는 예산을 세우고 전국 고속도로망 설립안을 통과시키자, 윌슨은 1957년 기업을 공개해 무한성장의 길로 나아갔다.

윌슨의 강점은 좋은 입지를 골라내는 능력이었다. 그는 가시성이 높고 도심으로 통하는 도로변을 증축하고 싶을 경우에 대비하여 여분의 땅이 넓은 곳을 택했다. 단발 엔진 비행기인 보난자를 타고 전국 입지 선정을 다니는 게 그의 주요 일과였다. 그것도 교통의 흐름을 정확히 파악하기 위해 이른 아침과 초저녁에 입지 선정을 했다.

그 결과 한때는 이틀 반나절마다 모텔 1개가 세워지고 매 15분마다 새로운 객실이 생겨나더니, 급기야 '홀리데이 인'은 1,500개 모텔 체인으로 성장했다. 나중에 하워드 존슨(Howard Johnson), 쉐라톤, 라마다 등의 경쟁자들이 생겨났지만, 1970년대 초기 '홀리데이 인'은 다른 주요 경쟁사보다 3배가 넘는 20만 8,939개의 객실을 보유하게 되었다.

오늘날 미국에서 motel이라는 단어는 인기가 없다. 낡고 부실하다는 느낌을 준다. 그래서 motor inn, motor court, motor lodge, tourist lodge, cottage court, auto camps, tourist home, tourist cabins, auto cabins, cabin camps, cabin court, auto court 등 다양한 이름으로 불린다. 2000년 미국 호텔–모텔협회(American Hotel-Motel Association)가 이름을 호텔–숙박 협회(American Hotel and Lodging Association)로 바꾼 것도 그런 변화상을 잘 말해준다.

출처: [네이버 지식백과] motel(교양영어사전2, 2013. 12. 3., 인물과사상사).

3 유스호스텔(Youth Hostel)

유스호스텔(Youth Hostel)은 청소년을 위한 숙박시설로 영리를 목적으로 하는 호텔 및 모텔과 달리 청소년을 위한 실비의 숙박시설로서 일종의 사회적 숙박시설인데 농가의 단순한 숙소에서부터 한 번에 며칠 동안 수백 명을 수용할 수 있는 호텔에 이르기까지 그 규모는 매우 다양하다.

유스호스텔은 세계 곳곳에 분포되어 있는데, 대개는 경치가 좋은 곳에 위치해 있으며 유스호스텔은 청소년의 건전한 여행경험, 심신수련, 견문확대, 건강한 심신함양에 기여할 수 있도록 식당, 집회장, 도서관, 음악감상실, 운동장 등의 시설을 갖추어 놓는다. 유스호스텔은 남녀의 객실을 엄격히 구분하고 식당은 셀프서비스를 원칙으로 하며, 자취설비,각종운동기구, 등산장비 등을 갖추어 놓고 청소년을 위한 건전한 프로그램과 지도 및 교육서비스를 제공하기도 한다. 유스호스텔은 세계에 널리 퍼져있으며 저렴하고 간소하며 청결함을 특징으로 청소년의 건전관광에 일조하고 있다.

유스호스텔은 1909년대 독일의 리하르트 쉬르만(Richard Schirmann)이 방학 중 도시의 학생들에게 대자연에서 건강한 생활을 체험할 수 있도록 시골의 학교를 숙소로 활용한 데서 비롯되었는데 제1차 세계대전 후 유럽을 비롯한 전 세계로 급속히 퍼져나갔다. 유스호스텔은 회원등록제로서 회원소지자는 저가로 이용할 수 있으며 유스호스텔의 위치와 편의시설 등이 기록되어 있는 안내서가 각국 협회에 의해 정기적으로 발행되고 있다.

1932년 여러 국가에 있는 유스호스텔 협회의 활동을 조정하고 회원의 국제적 여행을 용이하게 하기 위해 국제 유스호스텔 연맹이 설립되었으며 1987년까지 53개국에 있는 각국 협회에 회원자격이 부여되었다. 한국은 1968년 제27차 국제 유스호스텔 연맹 총회를 통해 가입, 2018년 현재 전국에 117개의 유스호스텔이 있다.

유스호스텔증이란?

국제유스호스텔연맹(IYHF)은 1931년 유럽 10개국을 시작으로 결성되었으며, 점차 아메리카, 아시아, 아프리카로 확산되어 UNWTO, UNESCO에 등록된 세계적 비영리 민간 국제기구로 성장하였습니다.
국제유스호스텔연맹(IYHF)은 Hostelling을 '다양한 문화, 인종, 세대를 아우르는 소통과 화합의 인류애를 키우고, 여행을 통한 배움과 서로 이해하는 마음을 키워 평화를 이야기하며, 푸른 지구를 지키기 위해 함께 노력하는 것'이라고 정의하고 Hostelling을 통한 세계 각국 사람들 간의 이동 및 문화 교류를 도모하고 있습니다.
국제유스호스텔연맹(IYHF)에서는 각국의 대표부를 통해 유스호스텔증을 발급하고, 회원들에게 세계 90여 개국의 4,000여 호스텔을 10-30% 할인된 가격으로 이용할 수 있도록 서비스를 제공하고 있습니다.
국제유스호스텔연맹(IYHF)의 한국대표부인 한국 유스호스텔연맹은 1967년부터 한국인들의 유스호스텔 회원 가입 및 국제 유스호스텔 활동을 지원하는 업무를 하고 있습니다.

\- 한국유스호스텔연맹

그림 8-2 유스호스텔증

유스호스텔증 둘러보기

1) 이멤버쉽 유스호스텔증

이멤버쉽은 카드 없이 이용할 수 있는 유스호스텔증입니다.
휴대폰에 이멤버쉽을 다운 받아 여행중 유스호스텔증으로 이용할 수 있습니다.
온라인으로 신청서 등록 및 발급비 결제가 가능하며, 결제 완료 후 바로 이멤버쉽이 발급됩니다.

이멤버쉽 발급비

유효기간	발급비
1년	17,000원

- 이멤버쉽은 개인 회원에게 발급되는 유스호스텔증입니다.

2) 카드 유스호스텔증

카드 유스호스텔증 신청

카드 유스호스텔증은 카드로 발급되는 유스호스텔증입니다.
카드발급은 한국유스호스텔연맹 발급처에 방문하셔서 발급 받거나 우편으로 발급 받는 방법이 있습니다.

카드 우편발급 방법

1. 왼쪽 '카드 유스호스텔증' 버튼을 클릭하여 온라인 신청서를 작성해주세요.
2. 발급비를 입금해주세요.
3. 영업일 기준 2~3일 이내에 카드가 우편배송됩니다.

카드 방문발급 방법 - 신분증과 발급비를 지참하여 올림픽파크텔에 방문해주세요.

- 올림픽파크텔 주소: 서울특별시 송파구 올림픽로 448 올림픽파크텔YH (몽촌토성역 인근)

그림 8-3 유스호스텔 카드

개인 카드 발급비

유효기간	발급비
1년	22,000원
2년	34,000원
3년	46,000원
4년	58,000원
5년	70,000원
평생	210,000원

패밀리 카드 발급비

유효기간	발급비
1년	27,000원
2년	39,000원
3년	51,000원
4년	63,000원
5년	75,000원
평생	없음

리더 카드 발급비

유효기간	발급비
1년	61,000원
2년	97,000원
3년	133,000원
4년	169,000원
5년	205,000원

그룹 카드 발급비

유효기간	발급비
1년	105,000원
2년	165,000원
3년	225,000원
4년	285,000원
5년	345,000원

- 패밀리: 가족(성인1명) + 17세이하 동반 자녀 (인원 제한없음) 사용가능
- 리더: 교사 및 청소년 지도자 발급 가능 (본인 포함하여 9명까지 청소년 및 학생 인솔 가능 / 교사 또는 청소년지도자 자격증 제출 필수)
- 그룹: 여행사, 본인 포함 10-30명 단체 인솔 가능
- 우편발급 신청 시 배송비 3,000원이 부과됩니다.

4 펜션

프랑스어의 'pension'(팡시옹)에서 유래한 펜션(Pension)은 본시 '연금'을 뜻하였으나 훗날 유럽의 은퇴한 연금생활자들이 전원생활을 즐기면서 자신의 집에서 여행객에게 숙소와 조식을 제공하는 경영을 하면서 '식사가 제공되는 숙소'라는 의미를 가지게 되었다.

펜션의 형태는 운영형태에 따라 전원형, 농원형, 카페형, 관광형 등으로 구분할 수 있으며 전원형은 텃밭이 딸린 전원주택을 짓고 여행객을 받는 형태이고 농원형은 감귤농장, 허브농장 등 특화된 상품이 있는 농원을 운영하고, 카페형은 주위경관에 어울리는 카페 등을 운영하는 것이고 관광형은 산, 호수, 온천, 바다, 스키장 등 관광지를 배후지로 여행객을 유치하는 형태이다. 이제 주5일 근무가 정착되면서 소득수준의 향상, 소비심리의 다양화, 관광 및 문화사업의 확대 등으로 펜션시장은 지속적으로 성장할 것으로 예상되나 수요에 비해 과잉공급 현상이 나타나므로 콘셉트의 다양화와 차별화가 필요하다.

5 게스트하우스

주로 개인 가정의 일부를 활용하여 여행자에게 침실 제공을 위주로 하는 객실을 갖춘 숙박 시설로서, 세계의 일부 지역에서는 호스텔이나 B&B(Bed And Breakfast), 여관과 유사한 형태를 띠기도 한다. B&B는 가족 중심의 주거 공간에 침대와 아침만을 제공하는 형태이고, 여관이나 호텔이 전임 직원을 위주로 완전한 사업으로 운영되는 것이라면, 게스트하우스는 대개 소수의 제한된 직원을 두고 예약제로 운영되는 형태이다. 때로는 소유자가 완전히 별도의 영역에 살고 있는 숙박 시설의 형태가 되기도 한다. 세계의 일부 지역에서는 게스트하우스가 지역 내에 함께 있을 만한 친척이 없는 방문자를 위한 숙박 시설의 유일한 종류이기도 하다.

국내에서 2000년 이후 급속하게 증가하고 있는 게스트하우스의 초기 개념은 단독 · 연립 · 다세대주택이나 아파트의 빈 방을 활용하여 '도시민박업'으로 등록을 하고 외국인 관광객들에게 1인당 숙박비가 보통 2~5만 원 정도(2013년 9월 8일 기준)의 저렴한 숙소를 제공하는 것으로 출발하였다. 그러나 최근에는 한 방에 침대가 하나 있는 싱글룸, 큰 침대 하나에 두 명이 자는 더블룸, 작은 침대 두 개가 한 방에 있는 트윈룸, 한 건물에 2~3층 침대가 여러 개 있는 방을 갖추고 여러 명이 함께 투숙하며 샤워실, 화장실, 주방을 공동으로 사용하는 도미토리 형태가 나타났으며 경주 등 한옥을 활용한 체험 숙박시설이 증가하고 있는 추세이다.

또한 게스트하우스는 단순히 숙박업만 하지 않고 스마트폰 애플리케이션으로 주변 관광지 안내, 날씨 및 교통관련 정보를 제공하고 준비물품 등을 알려주기도 하는데 교통이 불편할 경우 터미널이나 지하철 역 등으로 마중을 나가는 픽업 서비스를 하기도 하며 더러는 함께 장보기, 맛집 체험 등을 함께하며 투숙객들과의 지속적인 유대관계가 형성되기도 한다.

게스트하우스의 등록은 230m^2 미만의 부동산이면 구청 신고만으로 창업할 수 있고 공동으로 이용할 수 있는 화장실, 샤워장, 취사장 등만 갖추고 관할 시군에 허가를 받으면 건축물 용도나 도시계획구역상 지목에 관계없이 영업이 가능하다.

CHAPTER

09

여행업

여행업

SECTION 01 여행업의 개념

1 여행업의 정의

관광진흥법상의 정의(관광진흥법 제3조)에 의하면 여행업이란 "여행자, 운송시설, 숙박시설, 기타 여행에 부수되는 시설의 경영자 또는 여행업을 경영하는 자를 위하여 동 시설이용의 알선, 여행에 관한 안내, 계약체결의 대리, 기타 여행의 편의를 제공하는 업"으로 규정할 수 있다. 미주여행업협회(ASTA)에 의하면 여행업은 "티켓을 판매하는 것 이외에 다음과 같은 역할을 수행하는 사업단위"이다. 여행업은 관광교통수단 예약 및 수배(항공·해상·지상·렌터카 등), 개별여행자 여행일정 개발 및 준비, 에스코트 서비스, 패키지 투어 개발 및 행사, 호텔 · 모텔 · 리조트 등 숙박시설 예약 및 수배, 여행 관련 제반 사항 정보제공 및 상담을 한다.

여행사가 오늘날의 형태를 갖춘 계기는 19세기 후반 최초이며, 영국의 토마스쿡이 그 주인공이었다. 토마스쿡은 19세기 말 미드랜드 철도와 연계된 패키지 여행을 개발하여 처음으로 일반 소비자들을 대상으로 영업하였을 뿐만 아니라 다른 여행사에도 상품이란 개념으로 공급하여 판매를 하였다. 1881년 토마스 쿡은 여행자 수표(TC) 발행을 계기로 금융업에 진출하였으며, 현존하는 세계 최대의 여행사인 아메리칸 익스프레스가 등장한 것도 1850년이었다.

2 여행업의 특성

1) 인적 자원이 최고의 자본이다

여행사의 상품은 여행사들마다 상당한 유사성을 갖거나 동일 상품일 경우가 종종 있으나 상품의 효과는 여행사가 보유한 인적 자원의 인적 서비스에 따라 달라진다. 인적 서비스는 여행상품의 품질 결정에 영향을 미치고 여행상품의 만족도와 재구매에 결정적인 요소가 된다

2) 고정자본의 투자가 적다

여행사 설립을 위한 초기 자본금의 규모는 법규상 업종별로 정해져 있지만 실질적으로 여행사 경영에 고정자본이 크게 필요한 것은 아니다. 여행사 개업에 필요한 사무실 임대를 위한 보증금과 운영비용이 여행사 경영의 전부이다.

3) 사무실의 위치 의존도가 점차 작아지고 있다

대도시를 중심으로 젊은 층에서는 여행사의 위치에 관계없이 on-line 여행사들의 상품구매 활동이 왕성하다. 그러나 중 · 소도시에서는 여전히 다수의 고객이 상품구매에 앞서 여행사를 직접 방문하여 직원의 여행상품에 대한 상세한 설명을 듣고 싶어 한다.

4) 직원의 전문성이 요구된다

여행사의 소속된 직원은 누구나 할 것 없이 여행상품 관련 상담을 할 경우 정보를 구체적으로 꿰뚫고 있어야 고객에게 신뢰감을 주고 전문가로 인정 받으며 이러한 직원의 자신감 있는 태도는 고객이 여행상품을 구매하고 충성고객으로 연결되는 과정에 결정적인 영향을 미친다.

5) 계절성이 강하다

여행에서 계절성은 여행상품 및 여행수요와 불가분의 관계에 있으며 계절적인 패턴을 가지고 있어 관광수요의 변동뿐만 아니라 관광상품 및 관광자 유인과 관련하여 관광산업에 큰 영향을 미치고 있다.

6) 무형의 상품을 유형의 상품화 한다

일반상품은 현장에서 형태, 성능, 디자인 등을 확인할 수 있으나, 여행상품이란 볼 수도 맛을 볼 수도 없는 무형의 상품으로 여행사의 생산과 관광자들의 참여로써 상품화 되고 있다. 관광상품은 직접 가보거나 경험하지 않으면 상품확인이 불가능하여 무형의 상품으로, 감각기관을 통해 사전에 직접 체험할 수 없다는 특성이 있어 유형상품보다 판매에 어려움이 있다.

3 여행업의 분류

관광진흥법 제3조에 의하면 국내 여행업의 종류에는 세 가지가 있는데 국내 · 국외 · 외래관광 업무를 종합적으로 담당하는 일반여행업과 국외관광 업무를 전문적으로 담당하는 국외여행업, 국내관광 업무를 전문적으로 담당하는 국내여행업으로 구분한다.

1) 일반 여행업

국내 또는 국외를 관광하는 내국인 및 외국인을 대상으로 내국인의 국외관광을 위한 Outbound Tour 업무와 외국인의 국내관광을 위한 Inbound Tour 업무 및 내국인의 국내관광을 위한 Domestic Tour 업무를 병행하는 여행사를 말하며 내국인 및 외국인을 대상으로 하는 여행업 사증(査證)절차를 대행하는 행위를 포함한다.

(1) Inbound Tour

외국인의 국내관광을 위한 수배 · 알선 등의 일을 담당한다.

(2) Outbound Tour

내국인이 국외로 나가서 여행을 할 때 항공권 판매, 국외관광의 수배와 알선, 국외여행상품 판매 및 국외관광에 따른 사증(VISA) 수속 등 기타 서비스를 알선하는 일을 한다.

(3) Domestic Tour

내국인이 국내관광을 할 때 국내항공권 혹은 철도승차권 등의 이용권을 판매하거나, 전세버스의 알선업무, 국내여행상품의 예약 및 수배와 판매 및 안내 등의 일을 한다.

2) 국외여행업

내국인이 국외관광(Outbound Tour)을 하기 위해 받는 사증을 포함한 국외관광 관련 업무를 주로 수행하는 것을 말한다.

3) 국내여행업

국내여행업(Inbound Tour)은 국내를 관광하는 내국인을 위하여 전세버스의 알선업무, 여행안내 및 여행상품 판매를 주로 하는 것으로 대형전세버스를 소유한 회사가 관광업을 겸하고 있는 경우가 많다.

SECTION 02 여행업의 설립

1 여행업 설립의 전제조건

최근 경기불황에도 불구하고 월 근무시간 단축과 주 5일 근무제가 안정기로 들어서면서 여가 시간 증가와 주말 여행에 대한 관심이 확대되고 있다. 각종 레포츠, 공연, 영화, 레스토랑 사업이 성장하고, 특히 주말을 이용한 짧은 여행 패키지를 제안하는 여행사들이 늘어나고 있다. 여행업의 경영환경은 경제 및 무역의 글로벌화 및 인터넷 전자상거래 시장의 급속한 발전으로 새로운 국면에 들어서고 있으며 여행업계에 다년간 근무한 경력자들을 중심으로 할인항공권 및 특수 목적 여행상품들을 On-line과 Off-line에서 연계하여 중 · 소규모 여행업을 설립하는 사례가 크게 늘어나고 있다. 이러한 추세 속에서 신규 여행업을 설립하는 자의 자질과 경영능력은 여행업 성패에 바로 직결되는 더없이 중요한 요소이다.

2 여행업 경영의 유형결정

1) 개인 기업과 법인 기업

소유주는 여행업을 설립하기 전에 여행업 경영의 유형을 먼저 결정하여야 한다. 기업은 출자형태에 따라서 개인 기업과 법인 기업으로, 기업의 법률적 형태에 따라서 개인 기업과 법인 기업(회사형태의 기업)으로 구분하는데, 일반적으로 업계에서는 법률적 형태에 따른 구분이 많이 쓰이고 있다.

(1) 개인 기업

개인 기업은 개인이 사업의 주체이므로 개인 사업과 관련하여 발생한 모든 채무에 대하여 무한으로 책임을 져야 한다. 즉, 채무의 소멸시효가 경과하지 않는 한 채무에 대해서 계속 변제책임을 져야 하고, 채무자의 사망 시에도 상속인은 채무자의 피상속인이 남긴 상속재산의 한도 내에서 채무를 변제해야 한다. 하지만, 보통 상속인은 피상속인의 상속재산보다 부담해야 할 채무가 더 많은 경우에는 상속포기를 법원에 신청하여 상속재산과 채무를 모두 포기할 수 있다.

(2) 법인 기업

개인 기업과는 달리 법인은 법인의 주주나 출자자와는 독립하여 법인 자체가 법적인 능력을 가지고 있으므로 법인의 재산은 주주나 출자자의 재산과는 명확히 구분되어 있다. 법인의 형태는 일반적으로 주식회사가 있다.

주식회사는 설립 시 3인 이상의 발기인이 있어야 하며, 설립 이후에는 대표이사를 포함하여 3인 이상의 이사와 1인 이상의 감사를 두어야 한다. 이러한 주식회사는 주주의 출자로 운영되므로 대표이사를 포함한 모든 구성원들은 회사의 채무에 대하여 자신의 출자액 범위 내에서만 채무를 부담하면 된다. 즉, 주식회사는 사업과 관련하여 발생한 모든 채무에 대하여 회사 자체가 책임을 지므로 채권자는 회사소유의 재산에 대해서만 채권을 행사할 수 있고, 회사의 출자자나 대표이사의 개인재산에 대해서는 채권행사를 할 수 없다. 따라서 여행업을 개인 기업으로 하려면 관할관청에 먼저 인·허가를 받고, 세무서에 사업자등록을 위한 신청서를 제출한 후 사업자등록증을 교부받음으로써 사업을 개시할 수 있으나, 법인을 설립하는 경우에는 관할 지방법원이나 등기소에 설립 등기를 한 후에 법인설립신고를 하는 절차를 거쳐야 하므로 개인 기업에 비해 절차가 복잡하고 비용과 시간이 많이 소요된다.

2) 독립경영과 대리점(Franchieses) 경영

많은 소유자들은 재정적인 이익을 확산하기 위하여 단독으로 경영할 것인지, 아니면 기존의 여행도매업자(Wholesaler)의 판매점에 가입하여 대리점 형태, 즉 대리점

프랜차이즈로 경영할 것인지를 결정하여야 한다. 독립경영은 상품구매 등 경영의 모든 일을 독자적으로 수행하는 반면, 대리점 경영은 여행도매업자의 대리점으로 가입하여 본사의 상품을 판매하고 수수료를 받는 것이다.

3 여행업 설립의 단계

여행업을 설립하고자 하는 자는 아래 〈그림 9-1〉과 같이 각각 시장분석, 여행사 형태결정, 사업자 입지선정, 인원조직 구성 및 인 · 허가 절차 단계를 거쳐 합리적이고 빈틈없이 추진하여야 한다.

1) 업종선정 및 사업 계획 수립

(1) 사업아이템 구상

기업을 설립하고자 하는 자가 가장 먼저 봉착하는 고민이 아이템 선정이다. 그런만큼 아이템 선정에 대한 수많은 가이드가 제시되고 있고, 그 내용도 여러 가지 면에서 접근하고 있다.

사업아이템을 선정하는 데 있어서 가장 중요한 것은 자신에 맞는 창업아이템을 선정해야 한다는 것이다. 관련된 전문지식이나 경험이 있는 분야와 연관하여 업종과 창업아이템을 선정하는 경우 자신이 가장 자신있는 분야로 하는 것이 성공확률을 높

그림 9-1 사업계획수립

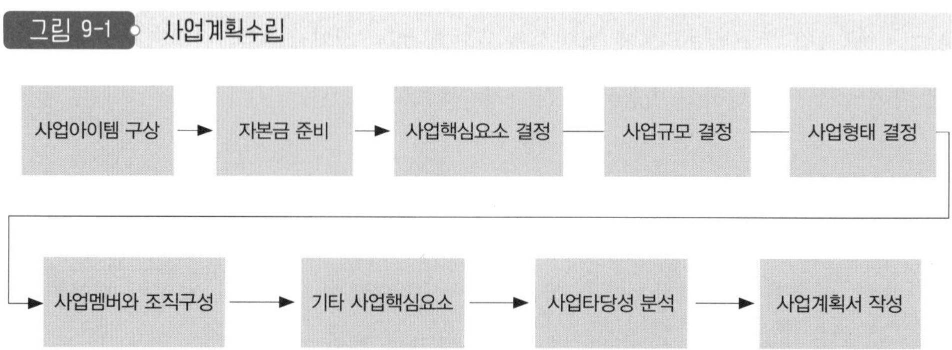

여 준다.

(2) 자본금 준비

시장이 넓은 만큼 누구나 쉽게 진입할 수 있는 것이 여행업종의 특색인데, 틈새시장에 대한 시장세분화 능력과 경쟁력의 Know-how는 필수적인 조건이다. 이러한 과정을 거치면서 충분한 사업승산이 있다고 판단될 때 여행사 설립에 필요한 금액과 손익분기점(BSP)에 도달할 때까지의 운전자금을 포함하여 최소한 자기 자본의 50%의 범위 내에서 자금을 준비하여야 한다.

(3) 여행업 종류의 선택

현행 관광진흥법상으로 보면 일반적으로 상품을 생산 · 판매까지 할 수 있는 여행업을 바람직하게 할 수 있으려면 일반여행업 등록을 하여야 Travel Maker, 즉 Tour Operator로서의 업무를 충분히 수행할 수 있으며, 국외여행업은 최소한의 규모로 국외여행상품을 판매한다든지 알선을 하여 주고 수수료를 받는 국외여행 Retailer가 된다. 여행업 경영의 주가 되는 직원의 구성은 어떻게 할 것이며, 어떤 조직기구에 의할 것인가는 판매의 목표나 인건비의 지출예산이나 여행업의 규모 등을 결정하며, 여행업의 종류를 결정하는 데 있어 중대하다.

(4) 사업타당성 분석

사업타당성 분석은 기업을 설립 시 실패로부터 지켜줄 수 있는 좋은 보조 장치이다.

흔히 사업타당성 검토와 사업계획서를 동일시하는 경우가 있는데 엄격하게는 서로 다르다. 사업계획서란 사업타당성 검토 후 사업타당성이 인정된 경우에 작성하는 것으로서 사업의 내용, 경영방침, 기술성, 시장성 및 판매전망, 수익성, 소요자금 조달 운영계획, 인력 충원계획 등을 일목요연하게 표현한 일체의 서류를 말한다.

따라서 사업타당성 검토는 외부 전문기관에 의뢰하거나 제3자에게 최종 검토하게 하는 것이 합리적이며, 사업계획서는 사업타당성 검토에 근거하여 창업사장이 직접 작성하는 것이 가장 이상적이다. 이와 같은 견지에서 사업타당성 검토는 사업성공의 첫 번째 단계라 볼 수 있으며, 그 필요성은 다음 네 가지로 요약할 수 있다.

첫째, 자신의 주관적인 사업 구상이 아닌, 객관적이고 체계적인 사업타당성 검토는 계획사업 자체의 타당성 분석을 통해 사업의 성공률을 높일 수 있다는 장점이 있다.

둘째, 사업타당성 검토를 통하여 구상하고 있는 기업의 제정 요소를 정확하게 파악하여 설립기간을 단축할 수 있고, 효율적인 기업 설립과 관련된 제반업무를 수행할 수 있다.

셋째, 독자적으로 점검해 볼 수 없는 계획상품의 시장성, 수익성, 자금수지 계획 등 세부항목을 분석 제시함으로써 해당 업종에 대해 미처 깨닫지 못한 세부 상황을 사전에 인지하여 효율적 경영을 도모할 수 있다.

넷째, 기업의 구성요소를 정확하게 파악함으로써 도움을 줄 뿐만 아니라 계획사업의 균형 있는 지식습득과 보완해야 할 사항을 미리 확인하여 조치를 취할 수 있게 된다.

사업타당성 분석은 크게 나누어 제1단계 사업성 분석과 제2단계 사업성 분석, 즉 예비 사업성 분석과 본 사업성 분석으로 대비할 수 있다.

예비 사업성 분석은 소수의 특정 프로젝트 선정 전에 다수의 예비 프로젝트를 선별해 가는 과정이라 볼 수 있다. 이 예비 사업성 분석은 후보 사업 아이디어 발견을 위해 사업가능 아이디어의 나열, 예비 사업 아이디어의 발견, 예비 사업성 분석 및 후보 사업 아이디어의 1차적 선정으로 이어진다.

제2단계 사업타당성 분석은 예비 사업성 분석에서 1차적으로 선정된 후보 사업 아이디어의 상세한 분석, 즉 아이템 적응성 분석, 시장성 및 판매전망 분석, 상품 및 기술성 분석, 수익성 및 경제성 분석, 국민 경제적 공익성 분석 등을 통해 사업 성공가능성을 확인하는 과정이라 볼 수 있다.

(5) 사업계획서 작성

여행업의 설립과정에 있어서 사업계획서의 작성은 사업자 등록에 필요한 요식행위에 그치는 것이 아니라 실제에 있어서도 매우 중요한 계획서일 수 있다. 따라서 사업계획을 작성할 때는 해당 사업내용과 추진일정 등이 구체적이고, 객관적으로 작성되어야 하며, 상대방으로 하여금 신뢰성을 주는 사업계획서가 작성되어야 한다. 특히, 신규 여행업 설립의 경우에는 경영하고자 하는 여행업의 등록기준에 적합하게 관련 구비서류를 갖추어 해당 관청에 등록을 하여야 하므로 빈틈없이 치밀하게 작성하여야 한다.

(6) 여행업 사업계획서의 구성

① 개요에는 여행업의 설립목적과 여행업의 운영방침을 정한다.

② 사업체 내용으로 회사명, 사업의 종류, 대표자, 소재지(약도까지 포함), 여행업의 업무추진을 위한 기구 및 조직, 사무실의 시설 및 장비, 사업내용, 향후 3년간 여행상품 판매 및 알선계획인원과 사업의 규모 등을 작성해야 한다.

③ 재정내용에는 자본금, 자금계획, 고정자산 투자비의 내역, 소요자금의 조달(주식발행의 총액수), 주주명단 및 배당주 수 등을 기록한다.

④ 지출경비 내역 및 예산으로는 인건비(급료, 상려금, 퇴직금), 사무실 임차료(관리비 포함), 세금, 공과금, 차량유지비, 통신(전화, Fax, Cable), 여비(국내출장비, 국외출장비, 기타), 광고 선전, 국외시장 개척, 소모품비, 접대비(임원, 직원), 기타 판매관리비 등의 내용이 있어야 한다.

⑤ 수입예상계획 내용에는 관광수입, 항공권수입, 관광수속 수수료, 기타수익(쇼핑수수료, 선택관광 수수료) 등이 포함되어야 한다.

⑥ 등기부등본: 법인 등기부등본, 법인 인감증명, 정관, 주식납입금, 보관증명(은행발행), 주식발행현황 및 주주명단

⑦ 납입자본금 사용내역서: 공채, 임대료, 차량, 집기 및 비품명세서, 일반관리비 명세서 등이 있어야 한다.

2) 입지선정 및 회사설립

(1) 여행업 입지선정

여행업 설립의 경우 사무실의 위치 선정은 여행사 성공의 중요한 부분을 차지하는 만큼 다른 어떤 업종에 비하여 가장 중요하다. 여행사의 중점관광업무에 따라서 다소간의 차이는 있으나 여행사의 위치를 정하는데 있어서 고려되어야 할 여러 가지 요소들은 다음과 같다.

그림 9-2 회사설립

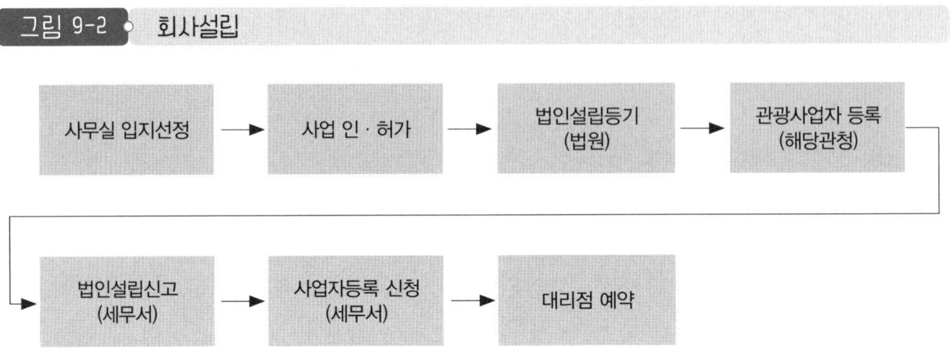

① 쉬운 접근성(Accessibility)

여행사는 대중이 접근하기 쉬워야 한다. 교외의 여행사들은 시내에 있는 상업 건물의 높은 층에 위치한 여행사보다 예약 없이 지나다가 들어갈 수 있는 장점이 있다. 여행사는 들어가기 쉽고, 찾기 쉽고, 적당한 주차 시설을 가지고 있어야 한다. 만약에 고객이 주차에 대해 돈을 지불해야 한다면, 여행사는 고객의 주차 티켓 준비를 고려해 보아야 한다.

② 사무실의 크기(Size)

그 동안은 관광관련법규에 의하여 여행사의 종류별로 사무실의 크기가 규정되어 있었으나, 이제는 경영하는 사업자가 영업성과를 기초로 하여 사무실의 크기를 정할 수 있다. 만약에 자신하고 있는 많은 거래 때문에 6개월 안으로 더 큰 공간이 요구된다면, 더 많은 공간을 확장할 수 있다. 너무 빈 공간이 많거나 가구가 적다면 공간을 분할시키는 것도 좋을 것이다.

③ 주위의 성장(Area Growth)

사무실의 위치를 지금 성장하고 있거나 개발하고 있는 지역으로 고려하여야 한다.

잠재적으로 성장 가능한 지역은 부흥되거나, 새롭게 성장하는 산업의 공원이거나, 새로운 구역이 집중되어 있는 도시(상업 지구)의 오래된 지역을 포함할 수 있다. 위치를 정할 때에는 미래 자산의 세금이나 직원 고용 비율 등을 고려하여야 한다. 상공회의소나 부동산 업자, 집주인, 그리고 도시 계획 위원회는 이러한 정보를 많이 가지고 있다.

④ 공간 설계(Space Design)

새로운 건물에 필요한 공간을 만드는 것보다 오래된 공간에 벽과 유용물 등을 재배치시키는 것이 더 많은 비용이 드는지 결정하여 개조하는 것이 훨씬 비용이 적게 들 수 있다. 개조하기로 결정했다면, 개조 비용에 책임이 있는 임대공간의 소유주와 서면으로 된 계약서를 작성하여야 한다.

⑤ 경쟁(Competition)

여행사 입지의 최적지는 도시의 중심지이고 보행자의 통행이 많아야 하며, 찾기 쉬워야 하고, Business가와 Shopping가 쪽이 좋으나 너무 시끄러운 곳은 피하여야 하며, 대형 Shopping Center와 특급호텔 내에는 영업소의 Counter를 설치하는 것이 매우 바람직하다. 또한 교통량이 많고 사람들의 집중이 많은 곳이어야 하며, 관공서, 외국공관 및 항공사(Carrier)의 사무소가 가까운 곳이어야 하고, 주 거래처의 위치를 고려해야 하며, 빌딩 내에 위치할 경우 1층 로비 위치에 여행사의 Counter 설치가 용이하여야 한다.

일단 여행업의 위치가 선정되면 사무실 위치를 탐색하게 되는데, 일반적으로 여행사의 사무실 위치를 선정하는데 고려해야 할 사항은 다음과 같다.

㉠ 주위 상권과 조화를 이루어야 한다. 음식점과 주점 옆에 노래방이 서로 상승효과를 일으키는 업종이듯이 여행사는 주위에 오피스 빌딩과 사무실 및 관광관련업이 함께 존재되어야 한다.

㉡ 고객이 쉽게 접근할 수 있는 곳이어야 한다. 여행사의 항공권, 기차표 판매에 있어서 그것을 구입하고 배달함에 있어서 교통 및 접근이 용이해야 한다.

㉢ 주변 고객들이 왕래 중 쉽게 여행사를 볼 수 있도록 간판 및 위치 홍보가 용이한 곳에 위치되어야 한다.

㉣ 가장 기본적인 이야기지만 여행사로 실패한 경험이 있는 사무실은 반드시 피해야 한다. 왜냐하면 동종업종이 과거에 실패한 경험이 있는 곳에서 여행사를 설립하게 되면 고객들에게 남아있는 나쁜 이미지를 없애는 데는 상당한 시간이 소요되기 때문이다.

ⓜ 유동인구 분석을 통한 통행계층의 예상 구매동향과 여행사 설립자가 선정한 영업전략이 세분화 전략에 적합한 곳이어야 한다.

(2) 사무실의 시설

입주예정 사무실이 구해지게 되면, 판매 및 접객을 위한 제 시설 및 Lay-out(안)을 작성하며, 입지 대비 채산성을 검토하여야 한다. 고객들이 사무실을 용이하게 찾고 고객의 관광욕구 심리를 자극시키기 위하여, 눈에 잘 보이도록 위치시켜 여행사로서의 강한 이미지를 부각시켜야 한다. 사무실의 건물외벽을 잘 장식하여 안전하고 즐거운 관광을 할 수 있다는 고객의 심리가 생기도록 창안하여 장식하도록 하여야 한다.

(3) 법인설립 등기 및 법인신고

여행업을 설립하기 위한 법적 자본금의 최소규모는 업종에 따라 국내여행업은 3천만 원, 국외여행업은 6천만 원, 일반여행업은 2억 원의 자본금이 필요하다. 그러나 여행업 자본금의 납입에 있어서 자본금은 원칙적으로 자기자본으로 하여야 하나 원천이 불분명한 자금으로 자본금을 준비한 경우 처벌의 대상이 된다.

여행업 설립 시 우선 개인 기업 또는 법인 기업으로 할 건지를 결정해야 한다. 여행업을 개인 기업으로 하려면 관할관청에 먼저 인·허가를 신청, 관광사업등록증을 교부받고, 세무서에 사업자등록을 위한 신청서와 함께 관광사업등록증을 제출한 후 사업자 등록증을 교부받음으로써 사업을 개시할 수 있다. 그러나 법인을 설립하는 경우에는 관할 지방법원이나 등기소에 설립등기를 한 후에 법인설립신고를 하는 절차를 거쳐야 하므로 개인 기업에 비해 절차가 복잡하고 비용과 시간이 많이 소요된다.

표 9-1 여행업 설립 비용

구분	자본금	등기비용(법인)	면허세, 관광기금(법인)
국내여행업	3천만 원	약 180만 원	12만 원
국외여행업	6천만 원	약 310만 원	12만 원
일반여행업	1억 5천만 원	약 960만 원	28만 원

자료: 한국일반여행업협회, 2017.

(4) 관광사업자등록

관광진흥법상 일반여행업은 시, 도청에게 등록하여야 하며, 자본금(개인의 경우에는 자산 평가액)이 2억 원 이상이어야 하고, 사무실은 소유권 또는 사용권이 있어야 한다.

국외여행업은 해당 관할 구청에 등록하고, 자본금(개인의 경우에는 자산 평가액)은 6천만 원 이상이어야 하고, 사무실은 소유권 또는 사용권이 있어야 한다.

국내여행업은 주된 사업장이 소재한 구청에 등록하도록 되어 있으며, 자본금(개인의 경우에는 자산 평가액)은 3천만 원 이상이어야 하며, 사무실은 소유권 또는 사용권이 있어야 한다.

여행업을 경영하고자 하는 자는 일정한 양식의 서류를 갖추어 해당 관청의 등록을 필하여야 한다.

(5) 관광사업자의 보험가입

관광진흥법 제9조를 보면 관광사업자는 당해 사업과 관련하여 사고가 발생하거나 관광자에게 손해가 발생한 경우에는 문화체육관광부령이 정하는 바에 따라 피해자에게 보험금을 지급할 것을 내용으로 하는 보험 또는 공제에 가입하거나 영업보증금을 예치하여야 한다고 규정되어 있다.

① 보증보험가입

여행업은 사업을 개시하기 이전에 관광알선과 관련된 사고로 인하여 관광자에게 피해를 준 경우, 그 손해를 배상할 것을 내용으로 하는 보증보험 또는 공제에 가입하

표 9-2 여행업의 등록기준

종류	자본금	사무실	등록관청
일반여행업	자본금(개인의 경우에는 자산평가액)이 1억 5천만 원 이상일 것	소유권 또는 사용권이 있을 것	시, 도청
국외여행업	자본금(개인의 경우에는 자산평가액)이 6천만 원 이상일 것	소유권 또는 사용권이 있을 것	주된 사업장이 소재한 구청
국내여행업	자본금(개인의 경우에는 자산평가액)이 3천만 원 이상일 것	소유권 또는 사용권이 있을 것	주된 사업장이 소재한 구청

거나, 업종별 관광협회 또는 지역별 관광협회에 영업보증금을 예치하고 당해사업을 하는 동안 계속하여 유지하도록 하고 있다.

그리고 일반여행업 및 국외여행업에서 기획여행실시 신고를 하고자 하는 자는 5억 원 이상의 보증보험에 가입하거나 영업보증금을 예치하여야 하는데, 가입 시는 피보험자가 한국여행업협회(KATA)장 또는 지역별 관광협회장이므로 한국여행업협회 또는 지역별 관광협회에서 명의 이용확인서를 발급 받아 보증보험에 가입하여야 한다.

② 여행공제가입

여행업을 등록한 사업자는 그 사업을 개시하기 전에 여행공제회에 가입하여야 하며, 관광알선과 관련된 사고로 인하여 관광자에게 피해를 준 경우 그 손해배상을 변상할 것을 내용으로 하고 있다(관광진흥법 제9조 및 동법 시행규칙 제 18조). 규정에 의하여 보험 또는 공제에 가입한 자는 그 사실을 증명하는 서류를 바로 등록관청에 제출하여야 한다.

(6) 기획여행의 신고

기획여행이란 관광진흥법 제2조 제2의 2호에 의하면 여행업을 경영하는 자가 국외관광을 하고자 하는 관광자를 위하여 관광의 목적지 · 일정 · 관광자가 제공받을 운송 또는 숙박 등의 서비스 내용과 그 요금 등에 관한 사항을 미리 정하고 이에 참가하는 관광자를 모집하여 실시하는 여행을 말한다.

(7) 마케팅계획수립

여행업을 개업하는 데 있어 원래의 경영계획이나 소유주에 의해 결정된 실행계획을 결합하는 것은 중요한 일이다. 창업 전에 결정되어야 할 계획의 몇몇 요소들은 다음과 같다.

① 실행의 기본계획으로 여행업의 목적과 관련된 여러 가지 문제들

② 각각의 간부와 직원의 책임

③ 여행업 이미지와 판매할 상품들

④ 예산과 이익에 대한 기대로서 여행업 비용이 효율적이기 위하여 가장 비싼 방법을 선택할 필요는 없다.

⑤ 명확하고 적극적인 판매계획으로 경영자나 소유주는 아주 가까운 거리에서 잠재적인 고객을 찾기 위하여 은퇴한 가정을 방문할 것을 고려할지도 모른다.

⑥ 정확한 지리적 정보

⑦ 개인적인 접촉: 여행업이 조직이나 고객을 끌어들이기 위해 단체나 지역 공무원, 특별한 모임, 고객에게 만족될만한 상품들과 접촉하는 것 이상으로 대체될 만한 것은 없다. 접촉을 하여야 한다. 개인적인 접촉은 사업을 하는 동안 여행업의 기초를 튼튼하게 하는 데 있어 도움이 된다.

⑧ 전문가 기질: 여행업을 알리기 위하여 가장 전문적으로 구성된 서류를 사용하고 대부분의 여행업들이 같은 서비스를 제공한다는 것을 기억하여야 하지만 그들이 제시하는 방법이나 소개하는 방법은 각각 서로 다를 수 있다.

SECTION 03 여행업의 변경등록과 취소

1 여행업의 변경등록

여행업에 등록을 한 자가 등록사항의 변경등록을 받고자 할 때에는 그 변경사유가 발생한 날로부터 30일 이내에 관광사업 변경등록신청서에 다음 각호의 서류를 첨부하여 일반여행업은 시, 도청에게 신청하여야 하며, 국외여행업은 해당 관할 구청에, 국내 여행업은 해당 관할 구청에 신청하여야 한다.

2 여행업의 등록 취소

시 · 도지사와 구청은 다음에 해당될 때에는 등록을 취소하거나 6개월 이내의 기간을 정하여 사업정지를 명할 수 있다.

① 결격사유에 해당될 때
② 본 업무 이외의 행위를 업으로 한 때
③ 등록, 변경등록, 등록의 갱신을 부정한 방법으로 한 때
④ 한정된 관광업무의 취급대상 지역 등을 위반하여 관광업무를 한 때
⑤ 명령을 위반한 때
⑥ 규정에 의한 증빙서의 교부 및 비치를 하지 아니한 때
⑦ 금지행위를 한 때
⑧ 관광진흥법에 의한 명령이나 처분에 위반할 때

3 여행업의 양도 · 양수

여행업을 양도하거나 양수하고자 하는 경우에는 양도 · 양수 사유가 발생한 날로부터 30일 이내에 양도 · 양수를 증명할 수 있는 서류를 첨부하여 등록관청에 신고하여야 하며, 이 경우 신고관청은 시 · 군 · 구의 관광담당부서의 문화관광부가 모두 포함된다.

4 여행업의 휴업과 폐업

관광사업의 전부 또는 일부를 휴업이나 폐업하고자 하는 자는 휴업 또는 폐업한 날로부터 7일 이내에 관광사업휴업(폐업)신고서를 작성하여 등록관청에 신고하여야 한다.

CHAPTER

10

국제회의업

CHAPTER 10 국제회의업

한국, 2016년 국제회의 개최 순위 세계 1위 달성

문화체육관광부와 한국관광공사는 매년 세계 국제회의 통계를 공식적으로 발표하고 있는 국제협회연합(Union of International Associations: UIA)의 2016년도 세계 국제회의 개최 순위를 인용해 한국이 세계 1위를 기록했다고 발표했다.

국제협회연합은 2016년 한 해 동안 전 세계에서 총 11,000건의 국제회의가 되었는데 이 중 한국은 총 997건의 국제회의를 개최하여 세계 1위를 기록하였으며 세계시장 점유율도 7.5%에서 9.5%로 상승했다고 밝혔다. 한국은 2014년 4위(636건), 2015년 2위(891건)에 이어 올해 1단계 상승한 세계 1위를 달성해 세계 국제회의의 주요 개최지로서의 위상을 굳혔다.

세계 도시별 개최 순위에서는 ▲서울이 브뤼셀(1위, 906건)과 싱가포르(2위, 888건)에 이어 작년과 동일하게 세계 3위('16년 526건), 아시아 2위를 기록했다. ▲부산은 14위(152건), ▲제주는 17위(116건), ▲인천은 30위(53건)를 기록했다. 특히, 인천은 작년에 19건이 개최되어 50위권 밖에 있었는데, 이번 발표에서 30위를 달성해 가장 급성장한 도시가 되었다.

이번 성과는 정부가 1996년 「국제회의산업 육성에 관한 법률」 제정 이후 ▲지속적인 국제회의 개최 지원 서비스 강화, ▲다양한 국제회의 유치 마케팅 홍보 활동, ▲마이스(MICE)* 산업 지역균형 발전 유도 등을 추진한 것이 결실을 맺은 것으로 분석된다. 특히, 국제회의 등 마이스 산업에 대한 각 지방자치단체의 지속적인 관심과 지원 등이 대한민국의 국제회의 산업발전에 중요한 원동력이 된 것으로 보인다.

* 마이스(MICE): 기업회의(Meeting), 인센티브 관광(Incentive Travel), 국제회의(Convention), 전시회(Exhibition)의 영문 앞 글자를 딴 말로서, 좁은 의미에서 국제회의와 전시회를 주축으로 한 유망 산업을 뜻하며, 광의적 개념으로는 참여자 중심의 보상관광과 대형 행사 등을 포함한 융 · 복합 산업을 뜻한다.

정부는 올해 2월 발표한 '마이스 산업 발전방안'을 근거로 국제회의 등 마이스 분야의 양적인 성장과 함께 질적인 내실화를 위한 정책을 추진하고 있다.
문체부 황성운 국제관광정책관은 "우리 마이스 산업이 질적으로 성장하기 위해서는 산업 관계자 모두가 상생 발전할 수 있는 체계를 만들어나가야 한다."라며, "앞으로는 우리나라에 더 큰 부가가치를 창출할 수 있는 고품격 마이스 행사를 유치하고 행사가 원활하게 개최될 수 있도록 지원에 더욱 집중하겠다."라고 밝혔다.

표 10-1 2016년 국제회의 개최 실적 (단위: 건)

순위	국가별	개최건수	도시별	개최건수
1	대한민국	997	브뤼셀	906
2	벨기에	953	싱가포르	888
3	싱가포르	888	서울	526
4	미국	702	파리	342
5	프랑스	523	비엔나	304

자료: 국제협회연합(UIA), 문화관광체육부(2018).

표 10-2 주요 국가/도시별 국제회의 개최 건수 순위

국가별	'16년 개최건수	3개년 순위			도시명	'16년 개최건수	3개년 순위		
		'16년	'15년	'14년			'16년	'15년	'14년
대한민국	997	1	2	4	브뤼셀	906	1	2	2
벨기에	953	2	3	2	싱가포르	888	2	1	1
싱가포르	888	3	4	3	서울	526	3	3	5
미국	702	4	1	1	파리	342	4	4	4
프랑스	523	5	6	6	비엔나	304	5	5	3
일본	523	5	5	5	도쿄	225	6	6	6
스페인	423	6	7	8	방콕	211	7	7	9
오스트리아	404	7	10	7	베를린	197	8	8	11
독일	390	8	8	9	바르셀로나	182	9	9	8
네덜란드	332	9	12	11	제네바	162	10	10	10

자료: US, International Meetings Statistics Report(매년 6월 발표자료 기준).

SECTION 01 국제회의 개념

1 국제회의 정의

국제회의란 국제적 이해에 관한 사항을 심의 · 결정하기 위하여 각국의 대표자에 의해서 개최되는 공식적인 회의로 참가자 간의 우호 증진이 목적인 친선회의, 전문 학술회의, 국가 간의 이해 조정을 위한 교섭회의, 국제기구의 사업결정을 위한 정기회의, 박람회, 세미나, 토론회, 심포지엄 등 다양한 목적을 가진 단체가 개최하는 회의를 말한다.

회의 시기는 정기적 혹은 비정기적으로 개최하는데 개최지를 정하는 것은 대륙 또는 국가를 이동하며 개최하고 각국의 유치경쟁 혹은 관례적 순번에 의해 결정되나, 정치적, 지리적 이유 등이 개최국 선정에 변수로 작용하게 되는 경우도 있다.

2 국제회의업에 대한 정의

우리나라 국제회의산업 육성에 관한 법률에 의하면 국제회의산업에 대한 정의는 다음의 〈표 10-3〉과 같다.

표 10-3 우리나라 국제회의산업 육성 법률에 의한 정의

산업종류	정의
국제회의	상당수의 외국인이 참가하는 회의(세미나 · 토론회 · 전시회 등을 포함한다)로서 대통령령으로 정하는 종류와 규모에 해당하는 것을 말한다.
국제회의산업	국제회의의 유치와 개최에 필요한 국제회의 시설, 서비스 등과 관련된 산업을 말한다.

국제회의 시설	국제회의의 개최에 필요한 회의시설, 전시시설 및 이와 관련된 부대시설 등으로서 대통령령으로 정하는 종류와 규모에 해당하는 것을 말한다.
국제회의도시	국제회의산업의 육성 · 진흥을 위하여 제14조에 따라 지정된 특별시 · 광역시 또는 시를 말한다.
국제회의 전담조직	국제회의산업의 진흥을 위하여 각종 사업을 수행하는 조직을 말한다.
국제회의산업 육성기반	국제회의 시설, 국제회의 전문인력, 전자국제회의체제, 국제회의 정보 등 국제회의의 유치 · 개최를 지원하고 촉진하는 시설, 인력, 체제, 정보 등을 말한다.
국제회의복합지구	국제회의 시설 및 국제회의집적시설이 집적되어 있는 지역으로서 제15조의2에 따라 지정된 지역을 말한다.
국제회의집적시설	국제회의복합지구 안에서 국제회의 시설의 집적화 및 운영 활성화에 기여하는 숙박시설, 판매시설, 공연장 등 대통령령으로 정하는 종류와 규모에 해당하는 시설로서 제15조의 3에 따라 지정된 시설을 말한다.

자료:우리나라 국제회의산업 육성 법률에 의한 정의(2017. 10).

3 국제기구의 정의

표 10-4 국제기구별 국제회의 정의

국제기구명	정의
UIA (Union of International Associations) 본부: 브뤼셀	전체 참가자 수 300명 이상 외국인 40% 이상 참가국 수 5개국 이상 3일 이상 본부: 브뤼셀
ICCA (International Congress & Convention Association) 본부: 암스테르담	참가국 수: 4개국 이상 참가자 수: 100명 이상
AACVB (Asian Association of Convention & Visitor Bureaus) 사무국: 마카오	아시아대륙 외 참가국 수 2개국 이상
한국관광공사	참가국 수 3개국 이상 외국인 참가 수 10명 이상 순수국제회의로 전시, 기타 행사를 포함하는 국제행사

국제회의가 유럽에서 하나의 '산업(meetings)'으로 가장 먼저 정착한 곳은 유럽지역으로 전 세계 국제회의의 약 50%를 개최하는 등 세계 컨벤션 산업의 중심지가 되어

왔다. 오늘날 컨벤션 산업이 고부가가치의 신종 산업으로 떠오르자 세계 각국은 켄벤션센터 건립, 국제회의 전문 요원의 양성을 통해 자국으로의 국제회의 유치에 총력을 기울이고 있다.

우리나라도 급속한 경제 성장과 국력 신장에 힘입어 세계 여러 국가들과 각 분야에서 교류를 확대해 왔으며, 항공망의 꾸준한 확충, 숙박 및 회의장 시설 등 국제회의의 기간 산업의 발전으로 국제회의를 비롯한 전시회, 이벤트 등 국제행사의 개최 건수가 해마다 증가 추세를 보이고 있다.

관광산업이 인터넷시대, 디지털혁명시대를 맞아 산업의 구조와 서비스 내용 면에서 근본적인 변화가 예상되고 있는 가운데, 컨벤션산업은 지식기반 관광산업으로서 새로운 각광을 받을 것으로 보인다. 지구촌 시대를 맞아 세계는 점점 하나의 생활권으로 개편되고 있는 가운데 지역별 · 국가별 교류와 협력이 더욱 활발해질 것으로 보이며 다양한 비정부기구(NGO)의 활동이 활발해짐에 따라 시민단체들의 국제적인 연대와 협력활동도 크게 늘어나게 되어 컨벤션 산업의 수요가 꾸준히 늘어날 것으로 예상된다.

SECTION 02 국제회의 시설의 종류와 규모

1 국제회의 시설

국제회의 시설은 전문회의시설 · 준회의시설 · 전시시설 및 부대시설로 구분하는데 전문회의시설은 다음 각 호의 요건을 모두 갖추어야 한다.

1) 전문회의시설

① 2천명 이상의 인원을 수용할 수 있는 대회의실이 있을 것
② 30명 이상의 인원을 수용할 수 있는 중 · 소회의실이 10실 이상 있을 것
③ 옥내와 옥외의 전시면적을 합쳐서 2천제곱미터 이상 확보하고 있을 것

준회의시설은 국제회의 개최에 필요한 회의실로 활용할 수 있는 호텔연회장 · 공연장 · 체육관 등의 시설로서 다음 각 호의 요건을 모두 갖추어야 한다.
① 200명 이상의 인원을 수용할 수 있는 대회의실이 있을 것
② 30명 이상의 인원을 수용할 수 있는 중 · 소회의실이 3실 이상 있을 것

전시시설은 다음 각 호의 요건을 모두 갖추어야 한다.
① 옥내와 옥외의 전시면적을 합쳐서 2천제곱미터 이상 확보하고 있을 것
② 30명 이상의 인원을 수용할 수 있는 중 · 소회의실이 5실 이상 있을 것

부대시설은 국제회의 개최와 전시의 편의를 위하여 제2항 및 제4항의 시설에 부속된 숙박시설 · 주차시설 · 음식점시설 · 휴식시설 · 판매시설 등으로 한다.

2 국제회의의 종류

1) 컨벤션(Convention)

회의 분야에서 가장 일반적으로 쓰이는 용어로서, 정보전달을 주목적으로 하는 정기집회에 많이 사용되며, 전시회를 수반하는 경우가 많다. 각 기구나 단체에서 개최하는 연차총회(Annual Meeting)의 의미로 쓰였으나, 요즘에는 총회, 휴회 기간 중 개최되는 각종 소규모 회의, 위원회 회의 등을 포괄적으로 의미하는 용어로 사용된다.

2) 콘퍼런스(Conference)

컨벤션과 거의 같은 의미를 가진 용어로서, 통상적으로 컨벤션에 비해 회의 진행상 토론회가 많이 열리고 회의 참가자들에게 토론 참여기회도 많이 주어진다. 또한, 컨벤션은 다수의 주제를 다루는 업계의 정기 회의에 자주 사용되는 반면, 콘퍼런스는 주로 과학, 기술, 학문 분야의 새로운 지식 습득 및 특정 문제점 연구를 위한 회의에 사용한다.

3) 컨그레스(Congress)

컨벤션과 같은 의미를 가진 용어로서, 유럽지역에서 빈번히 사용되며, 주로 국제 규모의 회의를 의미하나. 컨벤션이나 컨그레스는 본 회의와 사교행사 그리고 관광행사 등의 다양한 프로그램으로 편성되며 참가인원은 보통 수천 명에 이르기도 한다.

4) 포럼(Forum)

제시된 한 가지의 주제에 대해 상반된 견해를 가진 동일 분야의 전문가들이 사회자의 주도하에 청중 앞에서 벌이는 공개 토론회로서, 청중이 자유롭게 질의에 참여할 수 있으며, 사회자가 의견을 종합한다.

5) 심포지움(Symposium)

제시된 안건에 대해 전문가들이 다수의 청중 앞에서 벌이는 공개토론회로서, 포럼에 비해 다소의 형식을 갖추며, 청중의 질의 기회는 적게 주어진다.

6) 패널 디스커션(Panel Discussion)

청중이 모인 가운데 2~8명의 연사가 사회자의 주도하에 서로 다른 분야에서의 전문가적 견해를 발표하는 공개 토론회로서, 청중도 자신의 의견을 발표할 수 있다.

7) 워크숍(Workshop)

콘퍼런스, 컨벤션 또는 기타 회의의 한 부분으로 개최되는 짧은 교육프로그램으로, 30여 명 정도의 인원이 특정 문제나 과제에 관한 새로운 지식, 기술, 아이디어 등을 서로 교환한다.

8) 세미나(Seminar)

주로 교육목적을 띤 회의로서 30명 이하의 참가자가 참가자 1인의 주도하에 특정 분야에 대한 각자의 지식이나 경험을 발표, 토의한다

9) 미팅(Meeting)

모든 종류의 회의를 총칭하는 가장 포괄적인 용어이다.

10) 원격회의(Teleconference)

회의 참석자가 회의장소로 이동하지 않고 국가 간 또는 대륙 간 통신시설을 이용하여 회의를 개최한다. 회의 경비를 절약하고 준비없이도 회의를 개최할 수 있다는 장점이 있으며, 오늘날에는 각종 audio, video, graphics 및 컴퓨터 장비, 멀티미디어를 갖춘 고도의 통신기술을 활용하여 회의를 개최할 수 있으므로 그 발전이 주목되고 있다.

11) 총회(Assembly)

단체의 대표들이 모여 의사, 정책 등을 결정하고 위원회의 선출과 예산협의의 목적으로 모이는 공식적인 회의이다. 법안의 방향, 정책 문제, 내부위원회 선거 및 대차대조표 승인, 예산 등을 결정할 목적으로 회원 대표가 참석한 조직의 공식 회의 총회로서 일반적으로 특정 절차 규칙을 준수한다.

12) 클리닉(Clinic)

클리닉은 소그룹을 위해 특별한 기술을 훈련하고 교육하는 모임이다. 항공예약 담당자를 예로 들면, 'CRS(컴퓨터 예약시스템)를 어떻게 운용할 것인가' 등을 여기에서 배운다. 워크숍과 클리닉은 여러 날 계속되기도 한다.

13) 전시회(Exhibition)

전시회는 벤더(Vender: 판매자)에 의해 제공된 상품과 서비스의 전시모임을 말한다. 무역, 산업, 교육분야 또는 상품 및 서비스 판매업자들의 대규모 전시회는 회의를 수반하는 경우도 있으며, 이와는 반대로 전시회가 컨벤션이나 콘퍼런스의 한 부분으로 열리는 경우도 많다. 회의 기간 내내 또는 회의기간 중 며칠 동안 개최될 수 있다. 회의 행사의 일부로 진행되는 칵테일파티나 연회 행사에서 물품을 전시하는 소규모 형태로 이루어지기도 하고 회의가 열리는 호텔의 볼룸 전시장 또는 인근 전시장에서 대규모로 개최되기도 한다. Exposition은 주로 유럽에서 전시회를 말할 때 사용되는 용어이다.

14) 무역박람회(Trade Show 또는 Trade Fair)

무역박람회(교역전)는 부스를 이용하여 여러 판매자가 자사의 상품을 전시하는 형태의 행사를 말한다. 전시회와 매우 유사하나 다른 점은 컨벤션의 일부가 아닌 독립된 행사로 열린다는 것이다. 여러 날 지속되는 대형 박람회에는 참가자 수가 최고 50만 명을 넘는 경우도 있다.

15) 인센티브 관광(Incentive Travel)

기업에서 주어진 목적이나 목표달성을 위해 종업원(특히 판매원), 거래상(대리점업자), 거액 구매 고객들에게 관광이라는 형태로 동기 유발을 시키거나, 보상함으로써 생산효율성을 증대하고, 고객을 대상으로 광고효과를 유발하는 하나의 경영도구이다.

SECTION 03 CVB(Convention Visitors Bureau)의 역할과 기능

1 CVB의 정의

CVB는 회의 및 레저관광을 강화하기 위하여 지자체 차원에서 설립되는 지역마케팅조직으로 DMO(Destination Marketing Organization)의 1차적 형태이다. CVB의 모든 주요 기능은 'Sell the City'를 지원하는 것으로 지역경제의 활성화와 이미지 업그레이드를 꾀하는 데 그 목적이 있다.

2 CVB의 분류

1) 운영주체에 따른 분류

표 10-5 운영주체에 따른 분류

민간기구	민·관 합동 기구	행정기구
• 사업의 연속성, 전문성 높음 • 운영효율성 및 외부환경 대응 등 활동용이	• 정부의 재원확보 용이 • 민관 협력을 통한 시너지 효과	• 추진력 강함 • 재원확보 용이
• 재원확보의 어려움	• 조직구성원의 이질성 • 사업의 연속성, 운영의 독립성 한계	• 활동제약 • 환경변화 대응력 미약 • 창의적 책임경영 마인드 부족

2) 법적 성격에 따른 분류

표 10-6 법적 성격에 따른 분류

구분	비영리법인		임의단체	행정기구
	재단법인	사단법인		
장점	• 활동용이 • 안정성 강함	• 활동용이 • 안정성 강한 편	• 활동용이 • 안정성 약함	• 추진력 강함 • 안전성 확보
단점	• 재원확보 애로	• 재원확보 애로	• 조직의 법적 지원 약함	• 활동제약 • 환경변화 대응력 미약 • 창의적 책임경영 마인드 부족
중요사항	• 재원확보	• 구성원 확보	• 조직의 정체성 확립	• 제도적 정비 • 전문성 확보

3 CVB의 주요 기능

그림 10-1 CVB의 주요 기능

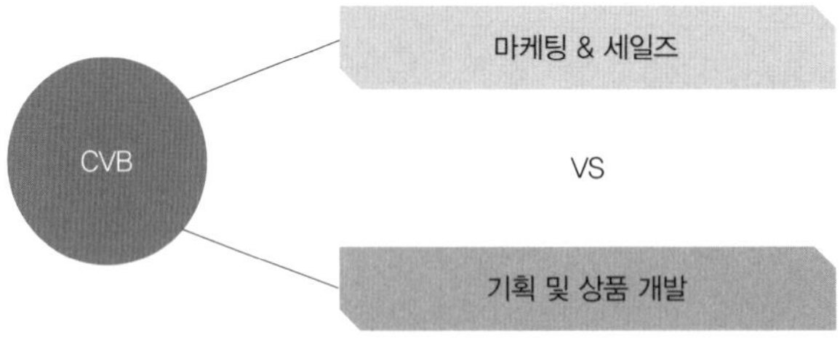

1) 마케팅과 세일즈

표 10-7 마케팅과 세일즈

CVB	Meeting 및 관광객들에 있어 도시를 매력적인 목적지로서 positon하기 위한 이미지 개발
	산업 및 공공 영역의 구성 요소들을 조율
	미팅 및 그룹 기획자들과 공동작업
	Meeting 및 관광 측면에 있어 수요자 및 buyer들 모두를 대변, 상호 이해의 충돌을 피할 수 있는 자치권 있는 기관이어야 함.
	도시 방문객의 질문 상황에 대응하고 필요로 하는 정보를 제공
	회의 및 관광산업에 있어서의 리더십을 제공

2) 기획 및 상품개발

그림 10-2 기획 및 상품개발

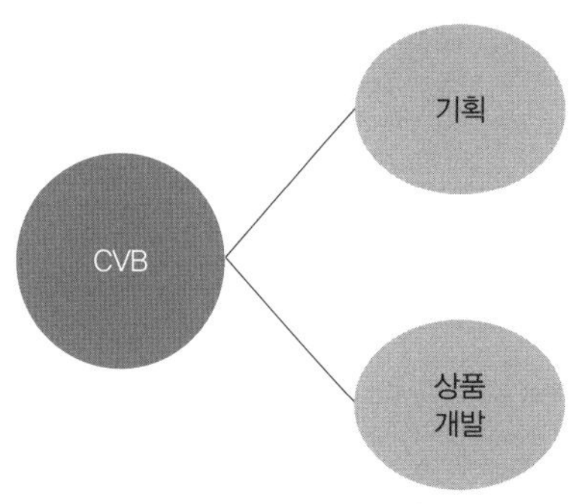

여행 목적지로서 도시를 보다 매력적이고 성공적인 곳으로 만들기 위한 목표를 설정하고 전략을 개발하고 적용하는 과정

'패키지 상품'을 포함 방문객이 사용하거나 구매할 관광지 및 서비스를 개발

3) 유치지원

- 컨벤션유치자문과 유치제안서 작성
- 유치프리젠테이션 자료작성 및 발표
- 사전공동마케팅활동 및 사전답사지원
- 지자체 및 정부지원을 위한 교섭활동(지자체장 유치지지서신, 유치/개최지 원금교섭 등)
- 중앙정부지원을 위한 교섭활동(유치컨벤션 관련 중앙, 정부기관, 한국관광공사 접촉 등)

4) 참가자 증대

- 전차대회참석 및 해외홍보
- 컨벤션시설 견적작성 및 예약주선
- 참가자 숙박장소 가격협상, 견적작성 및 예약주선
- 컨벤션업체(PCO, PEO, 광고기획자, 이벤트사 등) 주선
- 컨벤션투어 프로그램 지원: 행사개최 관광안내데스크 운영
- 근교 산업시찰 가능한 기관소개
- Offsite dinner 및 문화공연을 위한 장소, 케이터링 주선
- 참가자를 위한 홍보물 배포
- 통역, 현장진행요원 선발주선

- 언론홍보(Publicity) 주선

5) 개최지원

- 해외전차대회홍보부스
- 국내유관행사홍보부스
- 언론 및 전문지홍보

6) 국내·외 CVB의 재정조달방안

표 10-8 국내 · 외 CVB의 재정조달방안

구분	북미 CVBs	유럽 CVBs	일본 CVBs	국내 CVBs
재원조달	• BedTax(대부분)(객실비의 5%) • 호텔판매 • 후원 • 기타	• 지방 및 중앙정부지원(50%내외) • 회비 • 수익사업(간행물 발간, 호텔예약세, 기념품판매 수익	• 조성금 및 대부금 • 조성금:기본자산(조성금-정부, 시, 현 및 상공회의소 출자금) • 회원사 회비	• 대부분 지방정부 지원금

7) 해외 CVB의 재정조달방안

표 10-9 해외 CVB의 재정조달방안

시카고 컨벤션 & 관광뷰로(2008년)			니가타관광컨벤션협회(2009년)		
수입항목	금액(USD)	비율(%)	수입항목	금액(일본천엔)	비율(%)
Bed Tax	1,000,000	6.26	자산운영수입	5,390	2.15
로열티 및 기타수익	678,623	4.25	회비	10,995	4.39
현물수입	699,856	4.38	사업수입	12,059	4.81
주정부보조금	7,048,315	44.10	보조금	208,899	83.38
회비	2,353,444	14.73	기타수입 등	22	0.01
기금모금/후원금	1,893,517	11.85	적립금해약	13,188	5.26
합계	15,982,499	100.00	합계	250,553	100.00

4 국내 CVB 예산 중 지방비 비중

표 10-10 국내 CVB 예산 중 지방비 비중

구분	총예산	지방비	지방비 비율(%)
대구	971,506	719,506	74.1
부산	1,800,000	1,555,000	75.3
제주	942,000	942,000	100
대전	9,206,655	8,766,655	95.2
광주	975,200	665,200	83.7
서울	8,150,000	8,150,000	100
인천	568,000	438,000	77.1

5 지역 CVB 운영의 문제점

표 10-11 지역 CVB 운영의 문제점

CVB	CVB의 불안정한 재정구조	• 지역 CVB 출범과정의 충분한 준비 부족 • 외부 지원금에 대한 전적인 재정 의존
	조직의 영세함	• 인력부족과 신분 안정의 불안정성(대부분 CVB 10명 미만/높은 비정규직 비율)
	지역 CVB 간 과당 유치경쟁	• MICE 유치구조의 변화로 인한 지역 간 경쟁심화
	지역 CVB의 포지셔닝(Positioning) 문제	• 유사기능을 수행하는 조직들과의 업무영역 설정의 문제

자료: 지역CVB역할정립 방안, 문화관광연구원.

6 국제회의 지원사업

그림 10-3 보조금 지원 안내 및 신청

한국관광공사는 국제회의 참가 외래객 유치 확대 및 컨벤션 산업 활성화를 위하여 국제회의 지원사업을 매년 운영하고 있습니다.

■ 지원절차 및 방법

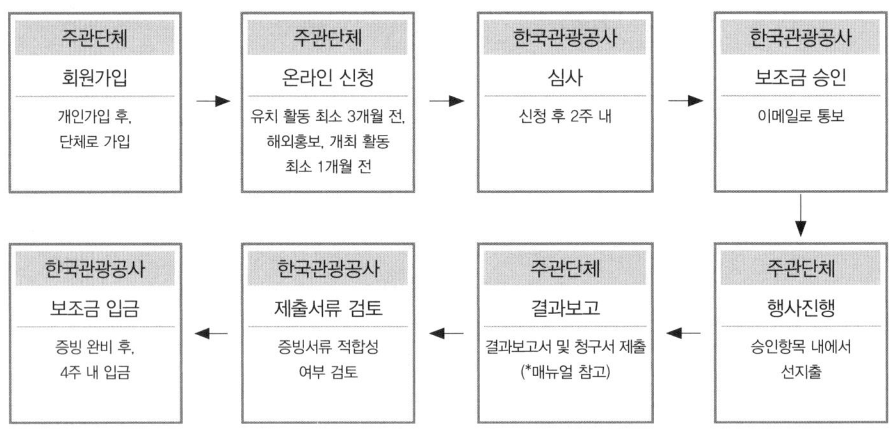

■ 지원대상

지원금 신청 주제
• 국내 주최 · 주관단체(학회, 협회, 조직위원회 등) • 국내 주최 · 주관단체의 위임을 받은 국내 기관(PCO 등) • 해외 주최단체의 위임을 받은 국내 기관(PCO 등)

SECTION 04 컨벤션 기획

1 전략적 기획

회의 기획을 위해서는 전체적인 프로세스에서 두뇌적 요소와 신체적 요소가 해당 회의의 특성에 맞게 적정하게 배분되어 균형을 이루도록 하는 것이 중요하다. 어떤 회의는 두뇌적 요소와 신체적 요소가 지나치게 한 쪽으로 치우쳐서 프로그램의 대부분이 먹고 몸을 지속적으로 움직이는 내용으로 구성되어 있는 경우가 있는데 이것은 회의의 효율성에 최대화 한 것이라고 할 수 없다. 신체적 요소는 동기부여를 통해 학습과 네트워킹에 대한 효과를 높이는 데 큰 영향을 미치는 것으로 장시간 회의를 진행할 경우 회의 운영에 중요한 기초가 되는 것이다. 적절한 신체적 요소가 갖추어졌을 때

그림 10-4 회의내용의 구성

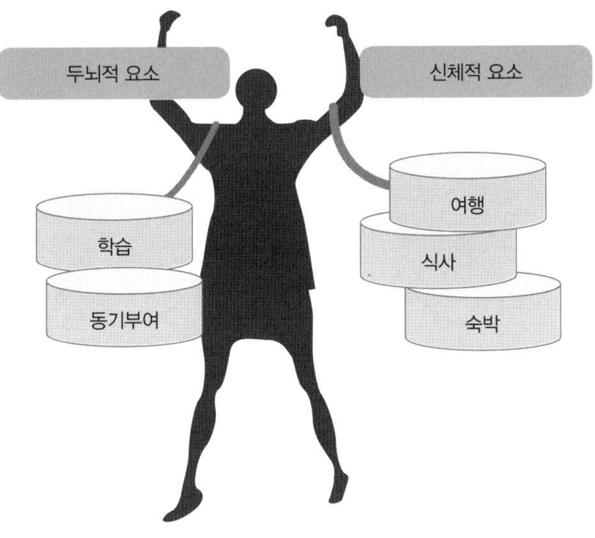

해당 회의에 대한 성공적인 결과로 연결되어질 수 있음을 간과해서는 안 될 것이다.

1) 컨벤션 기획의 프로세스

① 개최 목표(objectives) ② 참가자에 대한 정보(participants) ③ 개최시기(timing)
④ 개최장소(venue) ⑤ 프로그램(program) ⑥ 예산(budget) ⑦ 사후관리(feedback)

기획의 시작은 컨벤션 개최의 목표를 분석하는 일로 시작하여야 한다. 회의를 진행하는 동안 무엇을 어떻게 얼마나 효과적으로 표현할 것인가는 개최의 필요성과 그 중요성이 분명하게 제시되어야 컨벤션 참여자들의 다양한 기대를 충족시켜 줄 수 있기 때문이다. 회의를 개최하려는 주최자들이 말하는 개최목적은 대체적으로 다음의 〈표 10-12〉와 같다.

① 개최 목표(objectives)에 대한 충분한 이해가 필요

표 10-12 주최자별 컨벤션 개최 목적

주최자	개최 목적
정부	국가(지역)이미지 제고, 외교관계 수립, 관광객 유치, 국가(지역사회) 경제 발전, 투자 유치, 환경 개선 등
협회	회원모임 및 단합, 협회위상 제고, 학문적 발전, 정보교류, 협회기금 모집
기업	기업이미지 제고, 상품 및 서비스 판매 촉진, 홍보, 사원단합, 우수사원 포상, 정보교환, 의견교류, 신상품 소개 등

② 참가자에 대한 정보(participants)

먼저 컨벤션참가 대상자들에 대한 정확한 분석이 있어야 하며 그러한 분석을 통해 참가자의 다양한 욕구와 참가 목적에 부합할 수 있는 내용으로 구성할 수 있어야 한다. 참가자들은 그들이 원하는 것을 얻었을 때 높은 만족도를 통해 차기 회의에 대한 관심을 가지기 때문이다.

③ 개최시기(timing)

개최시기를 정할 때 고려해야 할 사항으로는 개최지의 성수기 및 비수기, 유사행사의 개최 여부, 개최지의 시설이용에 관한 임대료 검토 및 참가자들의 업무에서 주중 주말에 대한 사전 파악이 필요하다. 개최지에서 휴가기간이거나 국경일 혹은 휴일이 있을 경우도 고려하여야 한다.

④ 개최장소(venue)

개최장소에 대한 결정은 최대한 일찍 결정하는 것이 좋은데 개최장소의 특성에 따라 진행하는 프로그램의 내용이 매우 달라질 수도 있기 때문이다. 혹시 행사의 진행을 실, 내외 모두 사용하는 경우 관련 장비에 대한 사전 예약이 필요하며 준비해야 하는 시설과 설비의 경우 지자체에서 미리 신고하거나 허가를 받아야 하는 경우도 있다.

⑤ 프로그램(program)

회의목표에 적합하며 참가자들이 원하는 정보를 취득할 수 있도록 프로그램이 짜여져야 하며 프로그램이 진행되는 동안 참가자들끼리 즐거운 네크워크가 형성될 수 있어야 한다. 회의세션, 만찬, 관광, 전시, 테마파티 및 문화공연 등에서 회의목표와 개최지역 홍보의 성공적인 성과를 올릴 수 있도록 고려되어야 한다.

⑥ 예산(budget)

예산에 대한 배정은 운영을 맡은 기획사에게 가장 중요한 항목일 것이다. 컨벤션의 성공적인 결과를 위해서는 행사의 전체 내용이 최대한의 효과를 올릴 수 있도록 기획수립이 이루어져야 한다. 전체 프로그램이 진행되는 내내 참가자들에 대한 세심한 배려를 기울이며 성공적인 행사운영에 집중해야 한다.

⑦ 사후관리(feedback)

행사 후 먼저 참가자들에 대한 설문지 분석을 통해 참가자들의 욕구 충족도를 측정하여야 하며, 둘째, 행사운영의 자체적인 평가 분석으로 문제점과 개선방안에 대한 리포트가 만들어져야 한다. 마지막으로 참가자들에 대한 명함 외 연락처를 확보하고 정리하여 반드시 감사의 마음을 전하고 만약에 있을 수도 있는 다양한 피드백을 받는다.

2 전문기획사

1) 컨벤션전문기획사(PCO: Professional Convention Organizer)

PCO는 국제회의 전문용역업체로서 각종 국제회의, 전시회 등의 개최 관련 업무를 행사 주최측으로부터 위임받아 부분적 또는 전체적으로 대행해 줌으로써 회의 개최에 따른 인력과 예산의 효율적 관리, 시간과 자금의 절약, 세련된 회의 진행을 가능하게 해주는 업체를 말한다. PCO의 주요 업무는 다음과 같다.

① 국제회의유치, 회의전체의 운영, 회의예산의 편성
② 회의사무국업무대행: 각종 문서작성, 수송, 숙박 등 각종관련업체 수배
③ 동시통역, 일반통역의 제공
④ 회의의사록, 프로그램, 초대장 등 회의관련자료의 제작과 발송
⑤ 리셉션, 관광, 동반자프로그램 등 관련행사계획과 실시
⑥ 필요인력제공, 회의운영, 종합 컨설팅 등

2) 전시전문기획사(PEO: Professional Exhibition Organizer)

여기서의 전시회는 산업측면에서의 전시회로서 '유형' 또는 '무형'의 상품을 매개로 제한된 장소에서 일정한 기간 동안 구매자(참관객)와 생산자(전시자) 간의 거래를 목적으로 진행되는 마케팅활동을 의미한다. 기업이 전시회를 하는 목적은 다음과 같다.

① 신상품 소개 및 기존 상품 마케팅기회의 획득
② 정보수집 및 네트워킹 효과
③ 고객서비스지원 및 기업이미지 제고

3) 현지운영대행사(DMC: Destination Management Company)

DMC는 '지역전문가'로서 일반인들이 접할 수 없는 지역의 세세한 정보들을 파악

하고 있어 완벽에 가까운 프로그램 기획을 기대하는 기획가들의 요구에 맞춰 충분한 정보를 제공할 수 있다. 성공적인 DMC는 지역 내 다양한 인적, 물적 자원을 확보하여 운영하게 되며 DMC의 대표적인 자원은 다음과 같다.

① 포트폴리오(자사의 능력을 보여줄 소개서)
② 브랜드 가치(자사의 이미지 및 브랜드)
③ 행사경험(풍부한 경험 제시로 신뢰성)
④ 지역업체와의 네트워크(유리한 계약 체결 요건)

DMC의 업무진행절차는 다음과 같다.
① 잠재고객의 발굴
② 사업제안서 작성
③ 현장조사
④ 계약 및 행사진행
⑤ 사후관리

3 국제회의 및 전시장 시설

1) 세계 전시장 순서

표 10-13 세계 전시장 순서

순위	이름	국가	면적
1	Messe Hannover	독일	50만m^2
2	Fiera Milano	이태리	35만m^2
3	Messe Frankfurf	독일	32만m^2
4	Koelnmesse	독일	28만m^2
5	Messe Duesseldorf	독일	25만m^2
6	Feria Valencia	스페인	23만m^2
7	Paris Expo Porte de Versailles	프랑스	23만m^2

8	McCormick Place	미국	20만m²
9	The NEC	영국	20만m²
10	Paris Nord Villepinte	프랑스	19만m²

그림 10-5 2015년 전 세계 컨벤션센터 면적 순위 (단위: m^2)

자료: Statista(2016), www.Statista.com

이들 시설의 전시면적을 대륙별로 분석한 결과, 유럽은 총 763m²(52.8%)로 전시장 개수 비중인 44%보다 면적 비중이 더 높았는데, 이는 대규모 전시장이 주로 유럽에 집중되어 있다는 것을 보여준다. 이는 현재 대규모 국제전시회 시장을 유럽이 주도하고 있는 것과도 연관성이 매우 높다는 것을 시사한다. 아시아가 보유한 40개 전시장의 총 전시면적은 408m²(28.2%), 북미가 보유한 22개 시설의 총 전시면적은 218만m²(15.1%)로 나타났는데, 모두 전시장 개수 비중보다는 낮았다. 다음으로 남미 28만m²(2.0%), 중동 23만m²(1.6%), 아프리카 5만m²(0.3%) 순으로 나타났다. 아프리카에서는 남아프리카공화국의 요하네스버그엑스포센터(Expo Center Johannesburg)가 옥내 전시면적 5만m²로 유일하게 세계 100대 전시장에 포함되었다.

그림 10-6 세계 100대 전시장 대륙별 분포(옥내전시면적 5만m² 이상)

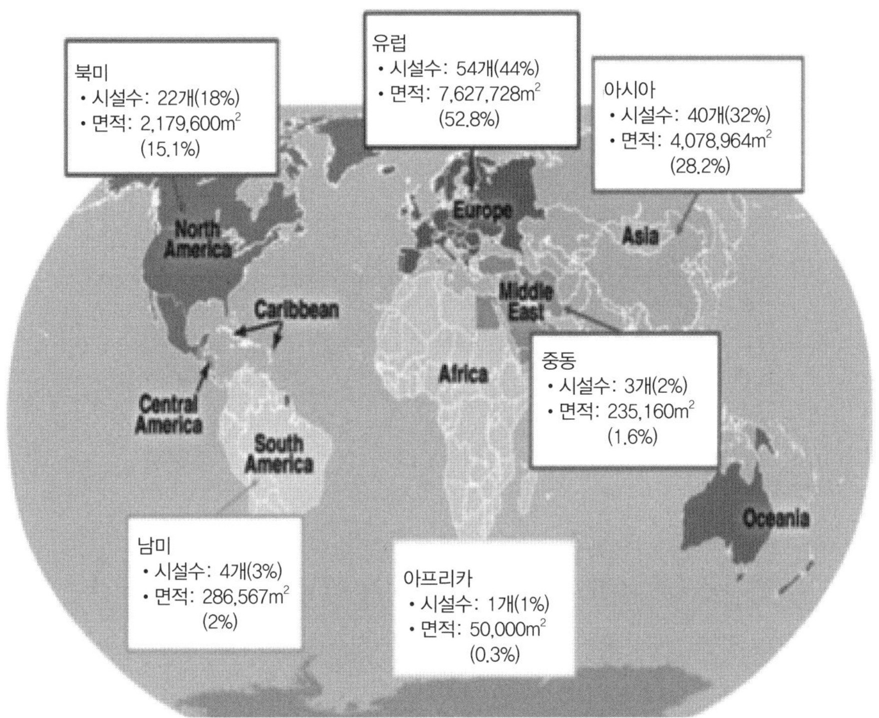

표 10-14 국제회의 개최 상위 5개국 숙박 및 교통 인프라 경쟁력 비교

(단위: 숙박: 인구 100명당 호텔객실 수, 교통: 7점 척도)

항목		미국		벨기에		싱가포르		한국		일본	
		점수	순위	점수	순위	점수	순위	점수	순위	점수	순위
숙박		1.6	17	0.7	49	1.0	32	0.2	97	1.1	27
교통	항공	6.0	2	3.8	38	5.3	6	4.1	31	4.5	19
	육상 · 해상	4.7	31	6.0	6	6.4	2	5.1	21	5.3	17

주: 총 141개국 대상.
자료: World Economic Forum(WEF), The Travel & Tourism Competitiveness Report 2015.

- Meeting 및 Convention 참가 시 주요 지출이 회의등록비와 숙박비에 집중되어 있으며 오락, 문화, 운동 관련 지출은 크지 않은 것으로 나타났다.
- Incentive 행사로 참가한 관광객들의 선호 방문지는 도심/쇼핑지역(71.3%)과 역

그림 10-7 2013년 항목별 외국인 참가자 1인당 평균 소비액

(단위: US$)

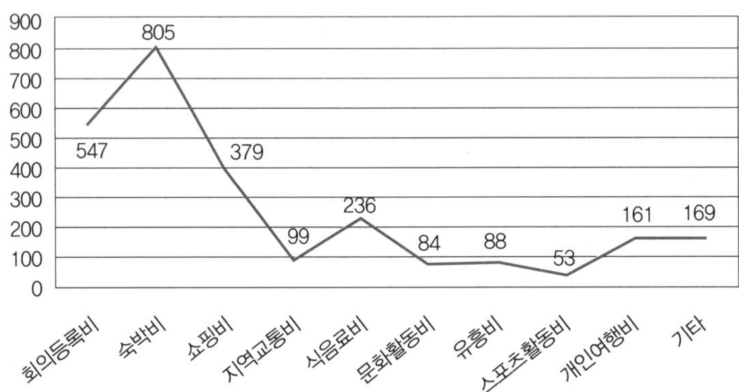

주: Meeting 및 Convention 참가자 기준.
자료: 한국관광공사, 2013 MICE 참가자조사, 2013.

사와 현지문화를 체험할 수 있는 관광(61.5%)으로 나타나 도시와 지역 유적지를 연계한 포상관광상품의 다양화가 필요한 것으로 나타났다.

표 10-15 주요 MICE도시 복합리조트 현황

	라스베가스	싱가포르	
		리조트월드 센토사 (Resort World Sentosa)	마리나베이샌즈 (Marina Bay Sands)
개장	1990년대	2010	2010
면적	총 99만㎡	49만㎡	55만㎡
투자금	호텔별 8억 달러~30억 달러 이상	49억 달러	58억 달러
개발회사	Las Vegas Sands 외	Genting Singapore	Las Vegas Sands
시설	만달레이 베이 컨벤션센터(16만㎡) 샌즈엑스포 컨벤션센터(11만㎡) 라스베가스 컨벤션센터(20만㎡) 카지노, 호텔, 공연장, 쇼핑몰 등	카지노, 컨벤션센터, 해양생태공원, 유니버셜 스튜디오, 박물관, 쇼핑센터, 호텔 6개	컨벤션센터(12만㎡), 호텔, 카지노, 콘서트홀, 쇼핑몰, 예술과학박물관, 경기장, 이벤트 광장
연간 방문객	도시 전체 방문객 4천만 명 Meeting and Convention 방문객 약 5백만 명(전체의 12.4%)	약 2천만 명	약 1천 5백만 명

생산	Meeting and Convention으로 인한 직접임금 13억 달러, 간접임금 21억 달러, 총생산 67억 달러	2011년 복합리조트 매출액 55억 달러 2012년 GDP 2,750억 달러 중 복합리조트 기여도 1.5~2%
고용	Meeting and Convention으로 인한 직접고용 33,100명, 간접고용 56,800명, 리조트 업계 전체 고용 27만 명	직간접 고용 6만 명

주: 국회문화관광산업연구포럼, 복합리조트 모델을 통한 창조적 문화산업발전 국제세미나 자료, 2013 및 류광훈, 해외사례로 보는 복합리조트개발의 과제, 한국관광정책, 2013 참고.

2) 아시아 주요도시 컨벤션센터 현황

MICE라는 용어를 본격적으로 사용한 국가는 싱가포르이다. 싱가포르는 관광산업이 침체기에 들어서기 시작한 2000년 초에 복합리조트 건립에 관심을 갖고 다각도로 카지노를 포함한 리조트 사업 유치를 추진하였다. 2004년 리센룽 총리의 적극적인 지원과 라스베가스에서 거대한 카지노 운영업체인 샌즈 그룹을 유치하는 것에 성공을 거두며 MICE 인프라 건설에 집중한 결과 2009년까지만 해도 마이너스 성장을 하던 싱

그림 10-8 아시아 주요도시 컨벤션센터 현황

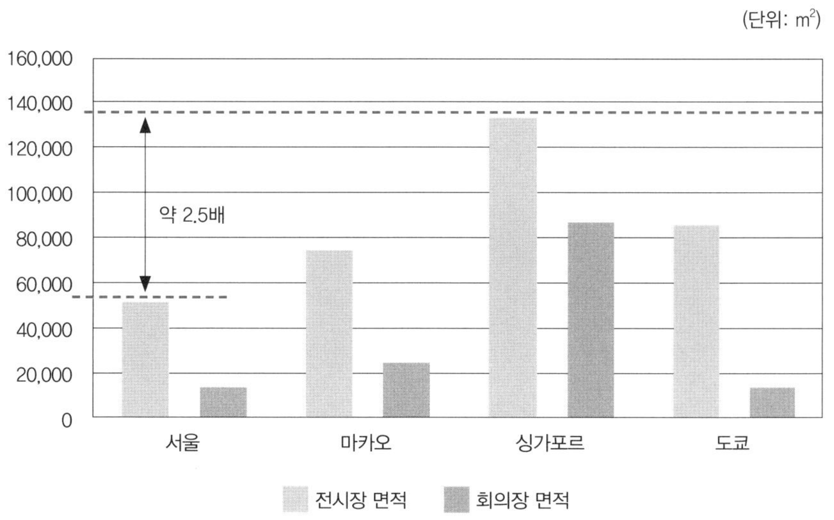

자료: 서울특별시, 서울MICE 육성 마스터플랜, 2013. 10. 25.

가포르의 경제성장률은 마리나베이샌즈와 월드센토사가 오픈한 2010년부터 14.5%의 플러스 경제성장률을 보이기 시작하였으며 아시아의 마이스산업 리더로서의 자리매김에 성공하였다.

3) 국내 국제회의 시설 현황

표 10-16 국제회의도시와 전문회의시설 (단위: m^2)

지역	컨벤션센터	회의장면적	전시장면적	개관년도
서울	COEX	11,123	36,007	1988
고양	KINTEX	13,303	108,483	2005
인천	송도컨벤시아	6,462	17,021	2008
대전	DCC	4,064	2,520	2008
대구	EXCO	7,436	23,000	2001
광주	KDJ Center	4,313	12,027	2005
경주	HICO	3,421	2,273	2014
창원	CECO	2,784	7,827	2005
부산	BEXCO	8,351	46,380	2001
제주	ICC Jeju	9,133	2,395	2003

자료: 2017. 9.

사례 

개최지 분석

코엑스(COEX)

1. 컨벤션 시설

코엑스는 개관한 이후 지금까지 글로벌 전시회와 국제회의 개최를 통한 국제교류의 장을 마련하고 글로벌 비즈니스 인프라를 두루 갖춘 국내 최고의 전시 문화, 관광의 명소로서 아시아 마이스 비즈니스의 중심으로 자리매김한 컨벤션 센터이며 회의와 전시운영의 전문성을 갖춘 인적자원과 편리한 주변 환경을 기반으로 2000년 ASEM(아시아, 유럽정상회의), 2010년 G20 정상회의, 2012년 핵안보 정상회의 등 매머드급 정상회의를 성공리에 치러내며, 전 세계에 우리나라 MICE 산업의 저력과 위치를 인지시키는 데 큰 역할을 해오고 있다.

지상 1층~4층, 총 36,007㎡(연면적 46만㎡)로 구성된 코엑스 전시컨벤션센터는, A~D홀의 4개 전문전시장(12개로 분리, 별도 운영 가능)과 7,000여 명을 동시에 수용할 수 있는 컨벤션홀을 비롯한 100개의 회의실, 그리고 최고의 편의시설과 첨단 관리 시스템을 겸비한 오피스빌딩을 갖추고 있을 뿐만 아니라, 2014년 뉴코엑스몰 오픈, 2015년 SM TOWN 개장 및 강남MICE관광특구지정 등, 무역센터 명소화와 글로벌화를 위한 문화-비즈니스 플랫폼으로 진화, 발전하고 있다.

2. 숙박

코엑스 주변에는 인터컨티넨탈 호텔을 비롯하여 많은 특급호텔과 제휴호텔들이 코엑스 행사에 참가하는 고객들을 맞이하고 있다.

3. 주변관광지

코엑스 아쿠아리움, 도산공원, 청담공원, 봉은사, 선정릉, 한강시민공원 잠실지구, 한강시민공원 잠원지구, 종합운동장, 석촌호수공원, 올림픽공원, 롯데월드 외.

4. 접근성

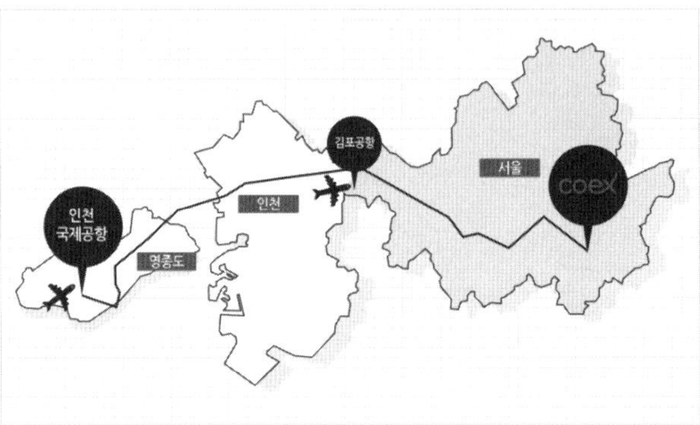

인천국제공항에서 약 60분으로, 지리적으로 국제회의 참석자의 교통편의가 유리함.

5. 확장 여부

전국 2개의 전시컨벤션센터를 위탁 운영하고 있는데 서울 양재동의 AT센터와 창원컨벤션센터이다.

킨텍스(KINTEX)

1. 컨벤션 시설

개관 후 2011년 9월 28일 킨텍스 제2전시장 개장으로 대한민국 전시산업을 대표하고 있고 전시면적 10만m^2 이상으로 아시아에서 4번째로 큰 국내 전시, 컨벤션센터로 정부와 지자체가 공동출자하여 설립한 국제 전시, 컨벤션 센터이다.

2. 숙박

초창기 킨텍스 주변에는 특급호텔도 없고 숙박업체가 부족하여 대다수 참가자들이 서울에서 이동하였으나 최근에는 2020년까지 4,260개의 객실확보를 목표로 킨텍스지구 및 한류월드지구에서 활발한 호텔건립이 추진되고 있다.

🛈 개발 세부정보

부지		호텔명	면적(m^2)	객실수	착공일	완공일	등급	추진상황
킨텍스 지구	★	KINTEX 호텔	15,000.0	330	'19.01	'21.2	비즈니스	추진 중
	①	미정 (플러스플랜)	4,053.1	427	'18.06	'20.12	비즈니스	추진 중
	②	미정(보람상조)	11,770.8	300	–	–	특 1급	추진 중
한류 월드 지구	–	MVL 호텔	7,139.1	377	'10.06	'13.08	특 1급	現, 운영중
	③	MVL 호텔 II (가칭)	6,543.7	398	'17.08	'19.11	3성급	공정율 약 5% 진행 중
	④	한류월드 호텔 (가칭)	10,458.0	350	–	–	특 1급	추진 중
	⑤	케이밸리 호텔	23,028.4	310	'16.08	'20.9	특 1급	공정율 약 10% 진행 중
	⑥	케이밸리 호텔 (가칭)	24,125.0	650	–	'21.12	비즈니스	추진 중
	⑦	SM관광 호텔	10,157.0	394	–	–	비즈니스	추진 중
	⑧	KRT 호텔	16,500.0	724	–	–	비즈니스	추진 중
계				4,260				

3. 주변관광지

라페스타

라페스타는 총 6개동, 연면적 2만 여평의 초대형 쇼핑몰로 길이 300m, 최대폭 28m의 문화의 거리 양 옆에 위치한 국내 최대 스트리트형 문화 쇼핑몰이다. 라페스타는 소비자의 라이프 스타일을 철저하게 분석하여 국내회 150여 개의 유명 패션을 기본으로 세계 각국의 식음시설, 뷰티, 클리닉 그리고 N세대들의 취향에 맞는 게임, 캐릭터 등 엄격한 심사를 거쳐 선별된 업종들로 구성되어 있다.

호수공원

동양 최대 규모의 인공 호수 공원으로 약 30만평 규모의 호수공원에 수변광장, 인공섬, 약호섬, 자연학습원, 팔각정, 야외무대, 보트장, 자전거 전용도로, 식물원, 인공폭포 등 다향한 시설과 자연경관을 갖추고 있어 고양시민을 비롯한 인근 수도

권 시민들의 새로운 휴식 공간으로 각광 받고 있다.

인공호수

고양시의 명물인 노래하는 분수는 음의 고조에 따라 입력되어 있는 값으로 나오는 단순한 음악분수가 아닌, 음악에 맞추어 수동을 분수 모양과 조합하여 조명과 각종 효과들을 연출하는 연출가의 뛰어난 음악에 대한 해석과 예술성을 요구하는 종합 창작 예술품이다.

4. 접근성

인천국제공항에서 약 1시간 소요되며 서울에서 50분 이내 지하철과 버스 등 대중교통으로 접근이 용이하다.

5. 확장 여부

2011년 제2전시장을 개장하여 아시아 국가 중 4번째로 단일 전시장 10만m^2의 대규모 국제 전시장을 갖추었으며 대한민국 전시산업을 대표하고 있다.

하이코(HICO)

1. 컨벤션 시설

HICO(HWABAEK INTERNATIONAL CONVENTION CENTER)에서 '화백(HWABAEK)'은 신라시대의 합의체회의기구에서 그 모티브를 가져 왔으며 가장 좋은 회의결과를 도출하기 위해 소통하는 '컨벤션'의 본질을 강조하기 위한 의미를 가진다.

2. 숙박

보문단지 내에 위치하여 세계적 체인호텔인 힐튼을 비롯하여 반경 3.5km이내 14개 호텔(2,518개 객실)이 집중되어 있으며 대명콘도를 비롯하여 전통한옥, 고택체험 등 4,000개 이상의 다양한 객실이 항시 준비되어 있다.

3. 관광

도시 전체가 하나의 박물관인 경주는 세계문화유산으로 등재된 불국사와 석굴암을 비롯하여 야간관광 1번지인 월지, 역사유적지와 남산, 양동전통마을, 사찰체험이 가능한 골굴사, 신라왕들의 왕릉이 밀집된 대릉원, 찬란한 신라시대의 과학기술을 보여주는 첨성대 외 수많은 유명관광지를 가지고 있으며 대한민국의 역사를 가장 잘 대표하는 관광목적지라고 할 수 있다.

4. 접근성

인천국제공항에서 KTX 열차로 2시간 40분, 서울역에서 2시간 10분 정도 소요되며 주변도시에는 포항공항(30km), 울산공항 60분(30km), 김해국제공항 90분(90km)이 위치해 있다.

5. 확장 여부

전시장을 확장하려는 계획을 갖고 있다.

* 여기서 다루지 않은 컨벤션센터에 관한 내용은 학습자의 과제로 남겨 둔다.

CHAPTER

11

리조트업

리조트업

SECTION 01 리조트의 개념과 의의

1 리조트의 어원

'Resort'의 어원은 프랑스의 'Resortier'에서 유래되었으며 Re+Sortier의 뜻이다. 여기서 'Re'는 'again', '재(再)', '다시'의 의미이며 'Sortier'는 'to go out'으로 자주 드나드는 장소를 의미한다.

2 리조트의 정의와 개념

영국의 Oxford 사전에 의하면 리조트의 정의는 '휴식과 건강, 회복을 위하여 종종 찾아가는 장소'로 설명되고 있으며 미국의 Webster 사전에서는 "A place to which people go often or generally, esp, one for rest or recreation, as on a vacation(사람들이 휴가, 레크리에이션, 또는 휴식을 위하여 종종 찾아가는 장소)"로 소개되어 있다.

우리나라의 『관광진흥법』에서는 "리조트산업은 관광객의 휴양이나 여가 사용을

표 11-1 리조트에 대한 개념

국가	개념
영국	휴식과 건강 회복을 위해 자주 찾아가는 장소
미국	사람들이 휴식이나 레크리에이션을 즐기기 위하여 종종 찾아가는 장소
일본	양호한 자연조건의 토지를 갖춘 넓은 지역으로 국민이 여가를 내어 체재하면서 스포츠, 레크리에이션, 교양 문화 활동, 휴양 집회 등의 다양한 활동을 할 수 있도록 종합적인 기능이 정비된 지역
한국	관광객이 휴양이나 여가사용을 위하여 일정한 장소에서 숙박, 음식, 운동, 오락시설, 민족, 문화자원 소개시설, 관람시설 등 휴양에 적합한 시설을 갖추어 이를 이용하게 하는 사업

위해 일정한 장소에서 음식, 숙박시설, 운동, 오락시설, 민속, 문화자원 소개시설, 관람시설 등 휴양에 적합한 시설을 갖추고 이를 이용하게 하는 사업"이라고 되어 있다. 또한 일본에서는 "양호한 자연조건의 토지를 갖춘 넓은 지역으로 국민이 여가 등을 이용하여 스포츠, 레크리에이션, 교양문화활동, 휴양집회 등 다양한 활동을 할 수 있도록 종합적인 기능을 정비한 지역"을 리조트로 설명하고 있다.

리조트에 대한 개념은 각국에서 조금씩 차이는 있지만 대체로 〈표 11-1〉과 같이 정리할 수 있다.

SECTION 02 리조트의 구성과 분류

1 리조트의 3요소

일반적으로 리조트에는 충분한 숙박시설과 다양한 숙박, 음식, 즐길거리로 골프, 스파, 스키 등의 레저시설이 갖추어져 있는데 특히 우리나라의 리조트에서는 콘도와 스키, 온천 혹은 골프시설이 잘 갖추어져 있는 것을 볼 수 있다.

그림 11-1 리조트의 3요소

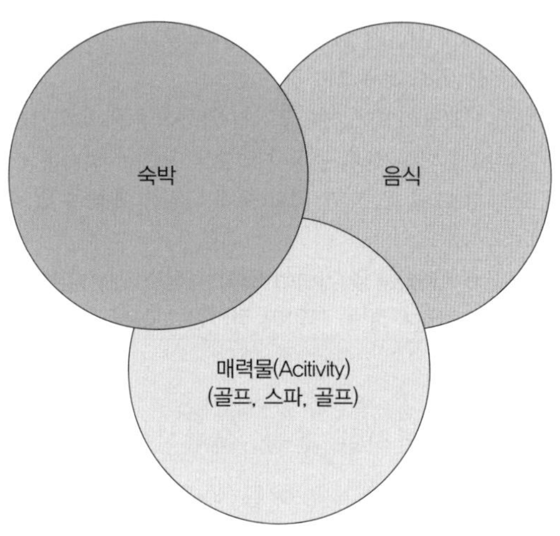

2 리조트의 입지요건에 따른 분류

표 11-2 리조트의 입지요건에 따른 분류

기본기능	입지여건분류	주요활동
숙박기능 (호텔, 콘도, 방갈로)	산악형(Mountain Resort)	골프, 스키, 등산, 행글라이더
	해안형(Beach Resort)	윈드서핑, 수상스키, 요트, 스킨스쿠버
	강/호수형(River/Lake Resort)	래프팅, 수상스키, 윈드서핑, 스킨스쿠버
	온천형(Spa Resort)	스파
	도시형(Urban Resort)	놀이공원, 공연장, 전시장, 동 · 식물원

리조트란 그 안에 머무는 동안 일상생활의 긴장감에서 완전히 벗어나 마음 속 가득히 평온하고 자유로운 심신을 유지하여 재충전에 필요한 에너지를 충분히 얻어 몇 번이고 다시 찾고 싶은 곳이어야 한다.

SECTION 03 리조트 경영의 특징

제조업에서 기술을 가지고 생산하는 제품과는 다르게 리조트사업은 자연자원을 배경으로 골프장, 온천 & 스파, 스키장, 마린스포츠 시설 외 호텔, 식당, 편의시설 등의 부대시설을 두루 갖추어 대규모 단지조성을 통한 무형의 서비스 상품을 창출해내는 사업이다. 그 특징을 요약해보면 다음과 같다.

첫째, 고정자산의 투자비율이 일반 기업에 비해 매우 높다. 최근 리조트기업은 숙박시설의 고급화와 부대시설 서비스 부각에 집중 투자하는 추세이며, 이러한 투자는 기업의 고정자산에 대한 과다한 부담을 지게 하는 결과로 나타난다.

둘째, 초기 투자비율이 크다. 리조트기업은 초반에 거대한 토지취득과 시설의 건설 및 기반시설 정비에 거액의 선행투자는 필수이며 이러한 초반 투자는 기존의 타 리조트보다 우월한 상품으로 인식되는 홍보효과를 내기도 한다.

셋째, 회수기간이 길어 장기투자의 성격을 갖는다. 즉, 리조트 건설 후 투자자본에 대한 회수기간을 20년에서 30년 이상으로 전망하는데 이는 대다수 타 산업에 매우 긴 기간이다.

넷째, 리조트사업은 인적 자원에 대한 의존성이 높다. 대규모 시설과 물적 서비스 외에도 고객의 취향을 재빨리 파악하고 신속, 정확한 서비스를 제공하는 이른바, 잘 교육받은 종사원의 역할은 리조트사업에서 무엇보다 중요한 상품이다.

다섯째, 날씨나 계절에 따른 수요의 불안정성 또한 부담요소로 작용한다.

SECTION 04 리조트의 종류

리조트의 종류에는 테마파크, 워터파크리조트, 골프리조트, 스키리조트, 마리나 리조트 등이 있다.

1 테마파크(Theme Park)

테마파크란 특정 주제를 중심으로 연계성 있는 매력물들을 전시 또는 구비하여 방문객들이 감동과 흥미를 가지고 오감을 통해 즐기고 체험할 수 있도록 조성해 놓은 공간으로 영어로는 'Theme Park', 'Amusement Park', 'Pleasure Garden' 등으로 호칭된다.

테마파크의 시작은 1583년 덴마크 코펜하겐의 바켄(Bakken)이 최초이며 17세기 유럽에는 여러 개의 테마공원이 운영된 것으로 나타나며, 영국 런던의 복스홀가든(Vauxhall, 1661)과 덴마크 코펜하겐의 티볼리(Tivoli, 1843)는 오늘날의 테마파크와 유사하게 놀이시설과 공원의 형태를 갖춘 것으로 보인다.

2 워터파크리조트

워터파크는 물놀이를 주제로 다양한 놀이시설을 갖추고 수영을 잘 못하는 사람들도 즐길 수 있도록 설계되어 있으며 레인 등의 수영시설보다는 워터 슬라이드, 파도풀, 스파 등의 시설에 중점을 맞춘 것이 특징이다. 규모와 지역에 따라 차이는 있지만 부모과 아이들이 함께 즐길 수 있도록 바데풀이나 일반 수영장 레인, 키즈풀 등을 부차적으로 갖추고 있는 곳도 있다. 오늘날의 워터파크는 기존의 온천, 스파, 사우나 등으로 상징되던 물의 가치가 최근 여러 형태로 다양화되고 확대되어 활용되기 시작한 것으로 미국, 독일, 일본등지에서 활발하게 성행하다 이제 성숙기로 옮겨가고 있는 상황이다.

한국에서는 1979년 경상남도 창녕군의 부곡하와이가 국내 최초 워터파크 형태로 문을 열었는데 부곡하와이는 조선시대 세조가 오랫동안 앓던 피부병을 고치기 위하여 머물렀던 온천지역으로 이미 알려져 있던 곳이다. 부곡하와이는 그 당시로는 파격적인 온천과 놀이시설을 갖추었고 당시 입장료 9천원으로 실내수영장, 온천, 식물원 등을 이용할 수 있었는데 국내 워터파크 및 물놀이 시설 중 유일무이하게 먹거리를 챙겨 입장할 수 있는 곳이었으며, 구내에 식당 등의 점포도 많이 있었다. 호황기에는 "나 이번에 하와이 다녀왔어. 부곡하와이."라는 유행어가 떠돌기도 했으며, 1980년대 트로트 가수들과 화려한 외국 댄서들이 이곳의 무대에서 공연을 하기도 했다. 1980년대부터 이곳에는 연간 200만명이 넘는 인파가 찾았고 해외여행이 자유롭지 못했던 시절, 어른들의 계모임, 학생들의 수학여행, 가족단위 온천여행에 신혼부부의 신혼여행까지 다양한 수요층에게 인기가 있었으며 특히 서민들의 휴양지로 오랫동안 그 유명세를 자랑했었다.

그러다 1996년 오늘날과 같은 개념의 워터파크로 경기도 용인에 위치한 에버랜드 리조트의 캐리비안 베이가 개장하였고 당시 국내에는 캐리비안 베이 외에 워터파크가 거의 없었으나 IMF 사태가 끝나고 국민 경제가 안정기에 들어서자 급증하여 현재는 전국에 걸쳐 수십 개의 워터파크가 개장하였다. 규모 면에서는 에버랜드나 오션월드처럼 큰 곳도 있으나 대다수는 리조트 내에 위치한 물놀이 시설 혹은 스파 콘셉트로 보면 된다.

수요에 있어 워터파크는 혼자서 즐기러 가는 경우도 일부 존재하지만 물놀이의 특성상 수요층은 크게 가족, 친구, 커플 등의 단위로 나눌 수 있는데 충북 유성 온천지구처럼 중국 관광객이 입장객의 다수를 차지한 경우도 있다. 물론 지역에 따라서는 가족, 친구, 커플가 대부분이며 여름 같은 특정 계절에 고객 쏠림 현상이 나타나며 전국적으로 연령대가 심각하게 낮아지는 현상도 나타난다.

1) 인공 파도풀(Wave Pool)

바다에서와 같은 파도를 실감나게 즐길 수 있도록 전문적인 기술을 사용하여 만든 것이 인공파도로 작은 수영장에서도 적용 가능하며 요즘에는 기술의 발전으로 점 차 다양한 파도를 연출하여 시설 내에서 서핑과 바디보드(body board)를 즐길 수 있는 큰 파도까지 만들어내고 있다.

인공 파도에서 유수풀은 천천히 자연스럽게 흐르는 물에 몸을 맡기고 한가롭게 물놀이를 즐기라고 붙여진 뜻의 '레이지 리버'로서 최근 인공터널과 계곡 유형의 시설을 연결하여 급속한 유속의 변화를 주어 스릴을 즐길 수 있게 하는 유형으로 변화하고 있으며 대규모 시설 없이도 설치 가능한 이점이 있다.

2) 워터슬라이드(Water Slide)

워터 슬라이드(water slide)는 수영장 시설 등에 설치되는 유희 시설이며, 긴 미끄럼틀의 일종으로 워터파크에서 사용될 목적으로 지어졌다. 여러 종류가 있는데 앉아서 타거나, 누워서 타기도 하고 엎드려서 타거나, 튜브 위에 타기도 한다. 출발하면서 곧바로 풀장이나 다이빙풀로 떨어지는 경우가 대부분이며, 가끔 워터 슬라이드의 끝부분이 물로 채워져 있어 속도를 줄이는 경우도 있다. 대부분의 워터파크에서 워터 슬라이드에는 키 제한과 몸무게 제한을 두고 있으며 경우에 따라 어린이와 65세 이상 노약자의 워터 슬라이드 탑승은 제한하고 있다. 다만 일부 슬라이드는 할머니, 할아버

지들도 동의서를 작성하면 탈 수 있다.

3) 온천 & 스파

온천(溫泉)은 화산활동 또는 높은 지열의 영향으로 데워진 지하수가 지표 위로 드러난 것을 말하며 우리나라에서는 25℃ 이상의 지하수를 온천으로 규정하고 있다. 스파의 어원은 라틴어의 "Salute Per Acqua(물의 힘으로 치료하는)"에서 유래되었는데 'Salute = 치료하는', 'Per = 의해', 'Acqua = 물'이라는 각 단어의 머릿글자를 따서 SPA(스파)로 불리게 되었다. 오늘날 온천과 달리 스파는 시간이 흐르면서 점차 그 기능이 변화하여 아로마 마사지, 헬스, 요가 등의 치료 목적 외에도 다양한 물놀이 시설의 추가로 마음에 위안을 주고 건강을 증진해주는 모든 시설과 서비스를 총칭해서 스파라고 부르고 있다.

3 골프리조트

1) 유래

골프의 기원으로 스코틀랜드 지방에서 양을 기르던 목동들이 끝이 구부러진 나뭇가지로 돌멩이를 날리는 민속놀이가 구기로 발전했다는 설이 있는데, 1744년 스코틀랜드에서 지금의 에딘버러 골프인협회의 전신인 신사골프협회(The Gentleman Golfersof Leith)가 조직되어 경기를 한 것이 골프클럽과 경기대회의 시초이다. 초기에는 실버클럽대회라 하여 실물 크기로 만든 은제 트로피를 만들어 쟁탈전을 벌였는데 이 협회의 의사록에 기재된 13개조의 골프규칙이 현행 골프규칙의 기반이 되었다

스코틀랜드의 세인트앤드루스에는 세계에서 가장 오래된 것으로 여겨지는 코스

(올드코스)가 있는데 이곳에서 1754년 5월 14일 22명이 모여 '더 소사이어티 오브 세인트앤드루스 골퍼즈'를 결성하였으며, 경기규칙의 제정, 핸디캡의 통일, 선수권 대회의 개최 및 운영을 담당하였다.

골프가 운동종목으로 활발해지자 클럽이나 볼을 전문적으로 만드는 직인이 나타났으며 이들은 골프 기술에도 능했기에 실기교습에 종사하여 프로페셔널로서 인정받았다. 1860년 제1회 영국 오픈 선수권 대회가 열린 것을 기점으로 1885년 영국 전역에서 아마추어 선수권 대회가 개최되었다.

19세기 후반에 영국에서 북미로 건너가 1873년 캐나다에 아메리카 대륙 최초로 로열몬트리올골프클럽이 창설되었으며, 1887년 미국 최초의 클럽과 코스를 자랑하는 폭스버그골프클럽이 발족되었다. 그 후 20년도 못되는 동안에 황금기를 구가함으로써 영국에 맞먹는 실력을 갖추게 되었다.

2) 골프의 구성요소

골프코스는 보통 18홀을 한 단위로 하며 18홀을 한 바퀴 도는 것을 1라운드라고 한다. 18홀에는 1번에서 18번까지 번호가 붙어있고 1번부터 9번 홀까지를 아웃(Out)코스라고 한다.

홀은 티잉 그라운드(teeing ground), 쓰루 더 그라운드(through the ground), 해저드(Hazard), 그린(green)으로 구성되어 있다. 각 홀의 구성요소는 티, 페어웨이, 그린, 러프, 해저드, 아웃 어브 바운드, 보행, 카트도로 등이다.

3) 기초적인 골프 용어

- 갤러리(Gallery) – 경기를 관전하는 관람객.
- 그린 자켓(Green jacket) – 우승자를 비유할 때 쓰는 말로 마스터즈대회의 우승자에게 녹색 상의를 입혀 주는 것에서 유래.
- 그랜드 슬램(Grand slam) – 4대 메이저 타이틀인 마스터즈, 브리티시오픈, US 오픈, PGA챔피언십의 대회를 한 해에 모두 석권하는 대기록.
- 퍼블릭 코스(Public course) – 회원제가 아니고 일반 대중에게도 개방된 골프장.
- 그린 피(Green fee) – 골프장 입장요금.
- 캐디(Caddie) – 플레이어의 보조원으로 캐디의 조언은 받아도 됨.
- 티(Tee) – 드라이버 샷을 하기 위해 볼을 올려놓는 나무못 또는 한 홀을 시작하는 지역으로 티 박스 또는 티 그라운드라고도 함.
- 티 그라운드(Tee ground) – 각 홀의 제1구를 치기 위해 두 클럽 길이의 지역.
- 티 업(Tee up) – 티 그라운드에서 티에 공을 올려놓는 행위.
- 티 오프(Tee off) – 첫 홀에서 볼을 처음으로 치는 것으로 플레이를 시작하는 것을 말함.
- 티 샷(Tee shot) – 티에서 볼을 치는 것으로 보통 티 업하고 침.
- 그립(Grip) – 클럽 샤프트의 손잡이로 가죽이나 고무로 감겨져 있는 부분 또는 샤프트를 쥐는 동작.
- 벙커(Bunker) – 주위보다 깊거나 표면의 흙을 노출시킨 지역 또는 모래로 되어 있는 장애물로 크로스 벙커, 사이드 벙커, 그린 벙커가 있음.
- 벙커 샷(Bunker shot) – 벙커 안에 떨어진 볼을 그린이나 페어웨이로 쳐내는 타법.
- 아웃 오브 바운즈(Out of bounds, OB) – 플레이 금지구역이며 대개 흰 말뚝으로 표시되어 있음.
- 페널티 스트로크(Penalty stroke) – 규칙위반에 대하여 벌타를 주는 것으로 룰에 의해서 플레이어 또는 한편의 스코어에 주어지는 타수.
- 페어웨이(Fairway) – 티 그라운드와 그린 사이의 잔디가 짧게 깎인 지역.
- 패스(Pass) – 경기의 원활한 진행을 위해 앞 조가 다음 조에게 먼저 경기를 할

수 있도록 양보하는 것.

- 홀(Hole) – 그린에 만들어 놓은 구멍을 말하며 깃대가 꽂혀있으며, 18개의 단위 코스를 의미하기도 함.
- 그린(Green) – 깃대와 홀컵이 있는 곳으로 잔디를 짧게 깎고 잘 다듬어 놓은 퍼팅을 하는 지역.
- 퍼팅 라인(Putting line) – 그린 위에서 퍼팅을 하기 위한 볼과 홀컵 사이의 라인.
- 퍼트(Putt) – 그린에서 퍼터로 볼을 홀에 넣기 위해 스트로크하는 것.
- 퍼터(Putter) – 단거리 퍼팅 전용클럽으로 헤드모양에 따라 T, D, L형으로 부르기도 함.
- 골프 코스(Golf course) – 골프 경기를 할 수 있게 조성된 경기장으로 정식 코스는 18홀 이상이며,규정 타수는 70~73타가 일반적임.
- 홀인원(Hole in one) – 티 그라운드에서 1타로 볼이 홀에 들어가는 것.
- 이글(Eagle) – 한 홀에서 파보다 2타수 적은 스코어.
- 버디(Birdie) – 한 홀에서 파보다 1타수 적은 스코어.
- 파(Par) – 티 그라운드를 출발하여 홀을 마치기까지의 정해진 기준 타수로 거리에 따라 파5(롱홀), 파4(미들 홀), 파3(숏홀)로 구별됨.
- 보기(Bogey) – 한 홀에서 파보다 1타수 많은 스코어.
- 더블 보기(Double bogey) – 한 홀에서 파보다 2타수 많은 스코어.
- 언더 파(Under par) – 규정 타수보다 적은 스코어를 통칭.
- 이븐(Even) – 파와 동타일 때 또는 승패를 가리기 어려울 때.

4 스키리조트

1) 유래

스키의 어원은 skid, skip, skate 등에서 유래되었으며 BC 3천년경부터 시작되어 러시아 동북부의 추운 지방인 Aldai와 Baikal호 지역을 중심으로 발전하기 시작하였다. 그 후 근대 스키는 1830년대 후반 노르웨이에서 시작되었으며 1879년에는 하스빌힐에서 제1회 스키점프대회가 개최되었다. 1924년 1월에는 프랑스 샤모니에서 제1회 동계올림픽을 개최하였으며 동년 2월에는 국제스키연맹(FIS: Federation International de ski)이 탄생되었다. 우리나라에서는 1904년 함경도 원산지역 신풍리에 최초의 스키장이 개설되었으며 1930년 2월 16일에 원산시에서 제1회 전조선스키선수권대회가 열렸고 1947년 2월에 제1회 전국스키선수권대회가 일본인과 한국인이 함께 참여하는 가운데 지리산 노고단에서 개최되었다. 1960년 제8회 미국 스쿼벨레 동계올림픽 때 처음으로 태극마크를 단 한국선수들이 참여함으로써 한국의 스키가 세계무대에 등장하는 계기가 되었다.

2) 스키리조트의 자연적 입지 조건

(1) 눈(적설)의 조건

① 눈의 3요소는 적설량, 적설기간, 적설질로써 적설량은 최소한 50cm 이상은 되어야 하고 1m 이상이면 안전하다.

② 적설기간은 눈이 녹지 않고 스키를 탈 수 있는 기간을 말하며 최소한 90일 이상이 되어야 적정하다고 할 수 있다.

③ 설질(눈의 질)은 건설과 습설과 구분하는데 건설이 좋으며 습설이나 싸락눈도 가능은 하나 활강질주의 스릴은 낮은 편이다.

(2) 기상조건

스키장리조트의 기상조건은 풍속과 일조량이 해당된다.

① 풍속은 통상 15m/sec 이하가 되어야 하며 그 이상이 되면 위험하므로 리프트 운행이 중단되어야 한다.

② 스키리조트 구별에서는 일조량이 많은 지역과 그늘진 지역을 구분해야 한다. 겨울철 스키시즌에는 1월부터 2월까지 오전, 정오, 오후에 세 차례 이상의 일조량을 측정하고 분석하여 그것을 근거로 스키리조트를 배치하는 것이 최상의 방법이라고 할 수 있다.

(3) 지형조건

① 면적: 스키리조트의 면적은 그 규모면에서 매우 다양하나 소규모 스키장이라고 해도 최소한 10ha 이상은 되어야 한다.

② 표고: 통상 500m 이상은 되어야 하며 800m 이상이면 더욱 좋고 표고의 수직거리는 최소한 70m 이상 최대 80m까지 가능하다.

③ 경사도: 초급자와 상급자에 따라 경사도의 차이는 분명히 있으나 일반적으로 초급자는 15~25% 정도의 완만한 곳이어야 하며 중급자는 25~40%, 상급자는 40~50% 정도의 경사도를 유지하는 것이 좋다.

④ 경사길이: 스키코스의 경사길이는 초급자는 20~50m, 중급자는 200~400m, 상급자는 300m 이상이 되어야 스키속력과 제동에 큰 무리가 없다.

⑤ 경사폭: 초급자인 경우 60m 이상은 되어야 부딪히거나 제동이 안전하며 중급자는 20~80m, 상급자는 20~60m 정도로 하는 것이 좋다.

표 11-3 스키장의 지형조건

구분	초급자	중급자	상급자
면적	최소 10ha 이상		
표고	• 보통: 50m 이상 • 우수: 800~1,700m 이하 • 수직차이: 70~800m		
경사도(%)	12~25	25~40	40~50
경사길이(m)	20~50	200~400	300 이상
경사폭(m)	60 이상	20~80	20~60

(4) 스키로프의 개요

스키슬로프는 스키리조트의 핵심이다. 따라서 스키슬로프의 개발에 따른 주요 고려사항은 다음과 같다.

① 초보자에 대한 연습장을 별도로 갖추고 안전성을 고려한다.

② 슬로프의 표면을 평탄하게 고르고 잔디를 파종한다.

③ 중간슬로프의 급경사 지역폭을 넓게 한다.

④ 스키실력 차이에 따른 슬로프를 분리시킨다.

⑤ 위험 표지판을 적절히 설치하여 위험에 대비한다.

5 마리나리조트

1) 마리나리조트의 개념

최근 주 52시간 근무제 시행으로 여가시간의 증대가 예상되며 해양성 레크리에이션에 대한 수요도 좀 더 다양화, 전문화될 필요가 있으며 수상 및 레크리에이션의 중심시설인 마리나리조트에는 세일링 요트, 모터요트, 수상오토바이, 수상스키, 서핑 등 해양 레저 활동의 유형이 다양화 되어지고 있다.

모든 타입의 오락용 보트를 위한 외곽시설, 계류시설, 수역시설을 구비함과 동시에 이에 따른 서비스를 제공하는 것으로서, 보팅, 수역시설, 육역시설, 서비스시설의 총체적 시설을 갖춘 곳을 의미한다. 이런 다양한 레저활동을 즐길 수 있는 체재를 위한 종합적인 해양 레저, 레크리에이션 시설 또는 지역을 마리나리조트라고 한다.

2) 마리나의 기본시설

(1) 방파제: 파도의 억제 및 요트의 보호를 위한 시설로서 마리나 시설 중 가설비용이 가장 큰 부분을 점하고 있으므로 방파제는 안전성을 검토하여 가급적 비용이 적게 들도록 계획해야 한다.

(2) 계류시설: 마리나의 가장 기본적인 기능으로서 수역과 보트를 고정시키기 위한 시설이다.

(3) 인양시설: 육상보관의 경우 요트의 출입 시 보트를 수면에서 인양해야 하며, 수면보관의 경우에도 수리, 보수, 점검을 위해 인양기능이 필요하다.

(4) 수리 및 급유 시설: 보트의 수리와 점검, 부품의 관리 및 폐오일의 처리 및 관리를 위한 요트 수선소가 필요하며, 요트의 연료보급 및 급수시설 등도 필요하다.

(5) 서비스 시설: 숙박시설과 상업시설로 나누며, 숙박시설은 호텔, 별장, 리조트 맨션 등이 있으며 상업시설은 레스토랑, 쇼핑센터 등이 있다.

(6) 클럽하우스: 복합적인 기능을 수행하기 위한 중심적 활동 시설로서 관리사무소, 로비, 홀, 휴게시설 등이 갖추어져 있다.

(7) 정보/교육기능: 고객을 위한 정보제공이 필요하며, 요트 및 보트의 초보이용자들을 위한 강습회 등의 교육시설과 기능을 필요로 한다.

3) 마리나리조트의 입지조건

(1) 자연환경적 조건

① 육지면: 주요 시설 및 부대시설이 위치할 수 있도록 하는 충분한 면적이 필요하다.

② 조류의 수위 및 파도: 조류의 수위차가 적어야 한다.

③ 기상: 마리나에 기상은 많은 영향을 끼치기 때문에 매우 중요하다.

④ 수심: 수심은 항만시설의 건설비에 영향을 준다.

(2) 활동상의 조건

① 바다의 상태: 파도타기, 요트타기에 있어 1m 전후의 파도가 필요하다.

② 지형: 항구 부근에 암초 등의 장애물이 없고 안전하게 활동할 수 있는 장소를 선정해야 한다.

(3) 사회적 조건

① 시장조건 및 교통조건: 편리성 측면에서 간선도로까지의 거리가 짧고 접근성이 좋은 것이 바람직하다.
② 환경조건: 대형선의 선로, 일반 배의 출입이 많은 곳은 피해야 하며, 수상스키, 스킨스쿠버 등 뱃놀이 외의 각종 레크리에이션에도 알맞는 장소가 바람직하다.

4) 국외 마리나리조트

(1) 프랑스

프랑스는 약 180km의 해안선을 가지고 있는 랑그독 루시옹이라는 광대한 지역을 정부와 민간기업이 함께 개발하였다. 프랑스가 랑그독 루시옹 리조트를 개발하게 된 이유는 프랑스 국민의 생활수준 향상으로 휴가 인구가 증가하면서 바캉스 인구의 해외 유출을 막고, 남유럽의 수려한 경관과 쾌청한 기후로 북유럽인의 남유럽 리조트 수요가 증가하면서 관광지의 수용능력 한계로 신규 관광지의 개발이 필요하게 되었기 때문이다.

주요 유치 시설로는 7개의 공항시설과 마리나 19개, 호텔, 콘도미니엄 등 그 외에도 각종 스포츠, 위락시설 등이 있다.

(2) 미국

미국은 유람선 보유 수가 955만 척으로 세계 1위이다. 미국 내에서 가장 유명한 마리나리조트는 '마리나 델 레이'이다. 마리나 델 레이는 1만여 척의 요트를 계류시킬 수 있는 세계 최대 규모의 요트항구이며, 임해 복합개발형, 공공주도형 개발방식에 의해 개발되었다.

(3) 호주

호주의 마리나 시설은 대표적으로 퀸즐랜드주의 남동부에 위치한 골드코스트를 볼 수 있다. 골드코스트는 4개의 시로 이루어진 연합도시이자 세계적인 해양 관광 도시이다. 서태평양에 면한 42km 정도의 해안선과 하구, 운하, 풍부한 구릉 등 천혜의 관광자원을 가지고 있으며 호주를 대표하는 관광지라기보다는 남반구 최대의 리조트 거점 도시이다.

(4) 영국

영국의 해양스포츠 관련 산업 규모는 2016년 예산 4조 2000억 원대였으며 총 3만 1600명이 관련 업계에 종사하고 해마다 200명 이상이 새롭게 일을 배우기 시작한다고 발표되었다. 국제 교역 규모는 1조 2000억 원대로 유럽과 북미가 주요 대상국인데 점차 아시아로의 성장세가 두드지게 나타났다.

2016년 48회를 맞이한 사우스햄튼 보트쇼에서는 수상계류장 2㎞에 초대형 요트 등 330척이 선보였으며 600개 이상의 브랜드 부스 장비가 전시를 선보였으며 영국 해양스포츠산업 관련 업체들이 탄탄하게 뿌리내리고 있음을 증명 하였다. 사우스햄튼 보트쇼는 1969년에 시작되었고 주최는 영국 보트산업협회의 자회사인 영국 해양 보트쇼가 맡았다. 주최 측은 사우스햄튼 보트쇼가 세계 10대 보트쇼라고 자랑했는데 특이한 점은 유럽에서 가장 큰 수상 보트쇼라는 것이다. 실제 대형 요트를 수상 계류장에서 전시한다. 이를 위해 무려 2㎞에 달하는 수상 계류장을 지난 7월부터 10주 동안 보완했다.

5) 국내 마리나리조트 현황

한국의 해안은 삼면이 바다로 둘러싸여 동해안의 해안선은 비교적 단조롭고, 남해안과 서해안의 남부는 해안성이 극도로 복잡한 전형적인 리아스식 해안을 구성하고 있다. 특히 남해안의 서부에는 2,000여 개의 섬이 분포하고 있어 해양레저 스포츠가 발달하기 위한 좋은 여건을 갖추고 있다. 그러나 이런 좋은 환경에도 불구하고 해외의 마리나와 비교하였을 때 마리나리조트라고 할 만한 지역은 없으나, 요트를 계류할 수 있는 마리나의 형태를 갖춘 곳은 2개소가 있다.

(1) 부산 수영만 요트 경기장

부산 수영만 요트 경기장은 아시안게임과 올림픽 요트경기대회를 개최한 곳으로 국내 최대의 시설을 갖춘 곳이다. 또한 수영만 해역은 요트를 타기에 적합한 자연여건을 갖추고 있어 매년 국내·외 요트경기대회가 개최되고 요트 매니아들이 많이 즐겨 찾는 곳이다. 그러나 규모가 대형인 것에 비해 시설은 단순한 편이며 거대한 복합형의 편의시설은 없는 것이 아쉽다.

(2) 충무마리나리조트

경남 통영시에 위치하고 있는 충무마리나리조트는 한국 최초의 육·해상 종합 리조트로서 미개발된 부분을 포함하여 총규모는 14,966m^2이며, 해상의 계류장은 통영시로부터 공유수면을 임대하여 사용하고 있다. 충무 바닷가에 위치한 콘도미니엄은 272실의 객실을 갖추고 있다.

그림 11-2 국내 마리나 개발 현황(2014년 1월)

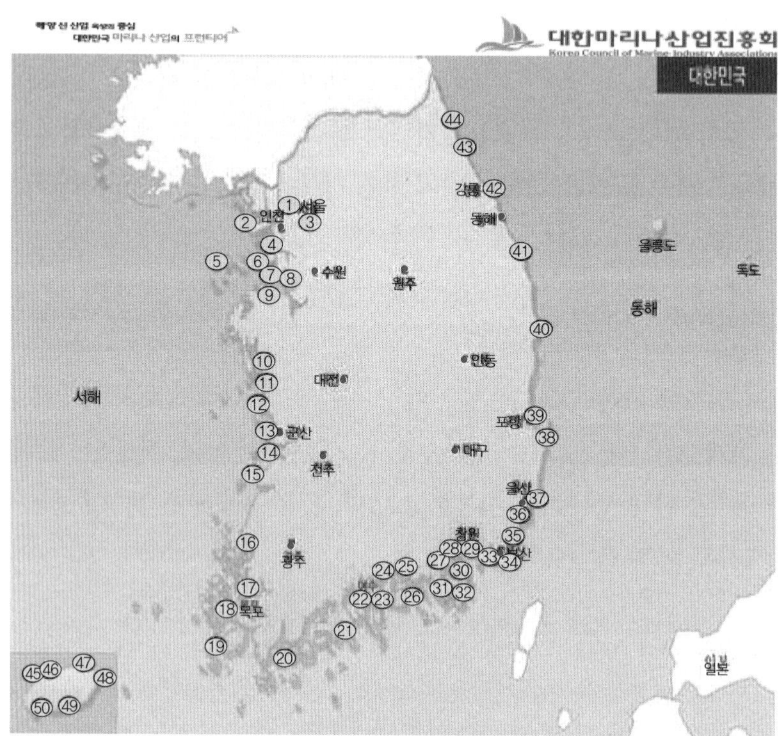

1. 아라	2. 왕산(거점)	3. 서울	4. 방아머리	5. 덕적도(거점)
6. 홀곶	7. 제부	8. 전곡(거점)	9. 석문	10. 오천
11. 보령	12. 홍원	13. 비응	14. 고군산(거점)	15. 격포
16. 함평	17. 목포(거점)	18. 화원	19. 팽목	20. 완도
21. 남월	22. 소호	23. 여수엑스포(거점)	24. 하동	25. 삼천포
26. 물건	27. 당항포	28. 구산	29. 명동(거점)	30. 사곡
31. 충무	32. 거제	33. 백운포	34. 부산 북항(거점)	35. 수영만(거점)
36. 진하(거점)	37. 고늘	38. 양포	39. 두호	40. 후포(거점)
41. 덕산	42. 강릉	43. 수산	44. 속초(거점)	45. 이호
46. 도두	47. 김녕	48. 신양(거점)	49. 강정	50. 중문

: 운영(17곳) : 개발(8곳) : 계획(25곳)

표 11-4 운영 중인 마리나 현황

분류	운영	개발	계획
수도권	김포, 전곡	왕산, 제부도	방아머리, 덕적도, 홀곶
충청권	보령	–	석문, 오천, 홍원
전북권	–	–	고군산, 비응
서남권	목포	함평	화원, 팽목
전남권	소호	–	완도, 남월
경남권	삼천포, 충무, 물건	사곡, 당항포	구산, 하동, 명동
부산권	수영만	–	부산 북항, 백운포
경북권	양포	–	두호, 후포, 고늘, 진하
강원권	강릉, 수산	속초	덕산
제주권	도두, 김녕, 중문	이호	강정, 신양

⊙ 서울마리나(운영), 격포마리나(운영), 거제마리나(개발), 여수 엑스포(계획)는 『제1차(2010–2019) 마리나항만 기본계획』에 지정되지 않은 항만

⊙ 거점형 마리나는 붉은색으로 표시

CHAPTER

12

관광교통업

CHAPTER 12 관광교통업

SECTION 01 항공관광교통

1 항공운송사업

항공운송사업(Air Transportation)이란 타인의 수요에 응하여 항공기를 사용하여 유상으로 여객 또는 화물을 운송하는 사업을 말하는 것으로, 항공법 제2조의 제32호, 제33호, 제34호에 의해 크게 국내항공운송사업과 국제항공운송사업, 소형항공운송사업으로 나눌 수 있다.

표 12-1 항공운송사업의 분류

국내항공운송사업	국내 정기편 운항	국내공항과 국내공항 사이에 일정한 노선을 정하고 정기적인 운항계획에 따라 운항하는 항공기 운항
	국내 부정기편 운항	국내에서 이루어지는 운항 중 정기편이 아닌 항공기 운항
국제항공운송사업	국제 정기편 운항	국내공항과 외국공항 사이 또는 외국공항과 외국공항 사이에 일정한 노선을 정하고 정기적인 운항계획에 따라 운항하는 항공기 운항
	국제 부정기편 운항	국내공항과 외국공항 사이 또는 외국공항과 외국공항 사이에 이루어지는 운항 중 정기편이 아닌 항공기 운항

국내항공운송사업이란 국토교통부령으로 정하는 일정 규모 이상의 항공기를 이용하여 운항을 하는 항공운송사업을 말하는 것이고 국제항공운송사업이란 국토교통부령으로 정하는 일정 규모 이상의 항공기를 이용하여 운항을 하는 항공운송사업을 말하며 소형항공운송사업이란 국내항공운송사업 및 국제항공운송사업 외의 항공운송사업을 말한다.

항공관광의 전 과정은 [그림 12-1]과 같다.

그림 12-1 항공관광의 전 과정

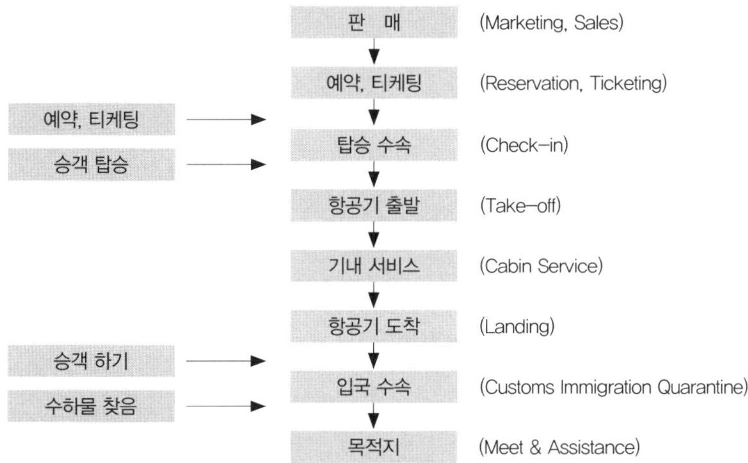

자료: 손대현(1993), "항공서비스산업의 본질과 이해에 관한 접근", 항공산업과 국방경제연구, 제15집, 한국항공산업연구소, p. 20.

1) ICAO의 항공사 분류

국제민간항공기구인 ICAO(International Civil Aviation Organization)은 일곱 가지 분류에 따라 아래와 같이 항공사를 분류하였다.

(1) 규모에 따른 분류

① Major air carrier

– 국내 간선노선 또는 국제선에서 정기항공운송서비스를 제공하는 항공사

- 광범위한 노선망을 이루는 비교적 큰 규모의 운송을 수행

② Regional carrier

- 단거리 정기 항공운송서비스를 제공하는 항공사
- 대부분 터보프롭 항공기 또는 소형 제트기를 운영
- 주요 도시 및 허브공항과 중/소형 커뮤니티를 연결

③ Feeder carrier

- 단거리 항공운송서비스를 제공
- 일반적으로 중/소형 항공기를 사용
- 허브공항과 지역 소도시를 연결

④ Commuter carrier

- Regional과 Feeder carrier의 항공운송서비스를 제공하나 더욱 잦은 point-to-point 서비스를 제공하는 항공사
- 50인승 이하의 소형항공기를 사용하여 EU 지역에만 해당되는 용어로, 대부분 소유권이 EU회원국에게 주어진 항공사

⑤ Mega carrier

- 큰 규모의 노선망을 갖춘 대형항공사
- 스스로 성장하는 경우도 있지만, 타 항공사의 지분획득, 합병, 전략적 제휴 등을 통해 규모 확대

(2) 운항유형에 따른 분류

① Scheduled air carrier

정기적인 일정으로 항공운송서비스를 제공하는 항공사(부정기 항공운항 서비스 포함)이다.

② Non-scheduled air carrier

정기적인 일정이 아닌 항공운항서비스를 제공하는 항공사이다.

③ Charter-carrier

전세운항(charter flight)만을 제공하는 부정기 항공사이다.

(3) 소유 및 지배구조에 따른 분류

① State-owned carrier

지분의 전부 또는 대부분을 국가(정부기관, 준 국영회사 등)가 소유한다.

② Private crrier

지분의 전부 또는 대부분을 민간영역에서 소유한다.

③ Joint-Venture carrier

둘 이상의 투자사가 공동으로 소유(다른 나라의 소유도 인정)한다.

(4) 사업모델특성에 따른 분류

① Full service carrier

- 광범위한 노선망을 운영(Network-carrier)
- 항공사에서 제공할 수 있는 거의 모든 서비스를 제공하는 국적기 또는 대형 항공사(다양한 좌석등급, 기내 엔터테인먼트, 기내식, 기내면세품 판매, 프리미엄등급 승객 회원을 위한 라운지 제공 등)

② No-frills carrier

Full-service carrier와 달리 간단하고 제한적인 기내서비스 제공 등 저비용 항공운송서비스 제공에 초점을 맞춘 항공사

③ Low-cost carrier

- 저비용 구조의 항공사로 낮은 운임을 제공하는 항공사
- 독립항공사 또는 대형항공사의 자회사, 항공사 그룹의 ex-charter arm 등의 형태

2 국내항공운송사업

1) 항공운송사업의 역사

한국인이 국내에서 처음으로 비행을 한 것은 1922년 12월 10일 서울에서 안창남(安昌男)에 의해서였다. 안창남은 청소년 시절인 1917년 9월 서울 용산에서 열린 미국인 아트 스미스의 곡예비행을 본 후 그 위용에 압도되어 비행기 조종사라는 꿈을 갖게 되었다. 1920년 10월 일본 도쿄 오쿠리(小栗) 비행학교를 졸업하고 1921년 5월에는 일본 민간 비행사 시험에 공동 1등으로 합격해 비행면허증을 받은 후 오쿠리 비행학교의 조교수로 활동하던 중 1922년 12월 10일 한국을 방문하여 여의도에서 이륙 후 남산과 창덕궁 상공을 도는 단독비행을 성공하였다.

1946년 민간항공사업의 시초가 된 조선항공사(Korean Aviation Company)는 서울과 이리, 서울과 광주를 운행하였고 2년 후인 1948년 10월에는 일본국 일등 조종면허를 가진 신용항(愼鏞項)에 의해 대한민국항공사(Korean National Airlines)가 설립되어 서울 · 강릉, 서울 · 광주 · 제주, 서울 · 옹진 등 정기운항 항로를 개시하게 되었다. 그러나 비행기 납치사건, 폭풍에 의한 돌발적인 사고 및 자본의 부족으로 인하여 운영이 어려워지자 한진상사가 인수하여 오늘날의 대한항공(Korean Air Line)에 이르게 되었다.

대한항공은 2018년 현재 166대의 항공기를 보유하고 있으며, 국내 13개 도시를 포함하여 전 세계 43개국 124개 도시를 취항하고 있다. 대한항공의 모그룹은 한진그룹으로 1945년 '한진상사'라는 명칭으로 인천에서 시작되었으며 1969년 한진그룹이 대한항공공사를 인수한 후, 1971년 우리나라 최초의 태평양 횡단 노선인 서울–LA 화물노선을 개척하고, 이듬해 LA까지 여객기가 취항하였다. 1972년에는 당시 최신 기종인 미국 보잉사의 B747 점보기와 에어버스사의 A300기종 6대를 구매하여 글로벌 항공사로 도약하기 위한 기반을 다졌고, 1973년에는 서울–파리 화물노선, 1975년에는 서울–파리 여객노선을 개설, 1979년 뉴욕 직항편 취항, 1980년대 여객, 화물 노선의 확대, 1994년 중국과의 항공협정 체결로 전 세계 하늘을 연결하는 노선망을 갖추었다.

한국에서 복수 민항시대가 시작된 것은 1988년 2월 24일 Asiana 항공이 항공운수사업면허를 취득하면서부터인데 이것은 KAL의 20년간 독점화시대가 종료되고 복수의 항공사가 안착되는 획기적인 사건이었다. 아시아나 항공은 1990년 1월 10일 국제노선으로 서울 · 도쿄를 첫 운항하고 곧이어 나고야, 홍콩, 대만, 방콕, 싱가포르 등 정기노선을 취항하였으며 항공사의 이미지 홍보와 적극적인 대고객 서비스에 집중하여 오늘날 국내 항공사들의 서비스 경쟁시대를 열었다.

아시아나 항공은 2005년 매출액 3조 원을 돌파하였고 2006년에는 매출액 기준 세계 35대 항공사에 진입하는 등 급성장을 이루었는데 이것은 두 가지로 분석할 수 있다. 첫째, 안전제일주의 정신으로 미국 보잉사의 자회사인 조종사 전문교육기관인 FSB(Flight Safty Boeing)에 조종사 훈련 및 평가과정을 위탁하는 등 인적 안전요소를 우선적으로 반영하고 있다. 둘째, 대고객 서비스를 위한 다양한 노력을 기울이고 있다는 것이다. 플라잉매직쇼, 스트레칭 서비스, 홀가분한 여행서비스 등의 다양한 서비스를 개발하고 있으며 고객의 만족도 향상을 위해 노력하고 있다.

2) 저비용항공사의 출현

저비용항공사(Low Cost Carrier)는 Low Cost Airline, No-Frills, Discount(Budget) Carrier 등으로 다양하게 표현되는 항공사로 기존 대형 풀 서비스 항공사(Full Service Airline, Trunk Carrier)에 비해 최소한의 기내 서비스를 제공하며 기내식이나 우선탑승, 좌석배정 그리고 수화물과 같은 부대 서비스에 대해서는 추가비용을 지불하게 하여 운영비용을 절감함으로써 항공 이용객에게 저렴한 요금을 제공하는 항공사로 정의한다.

전통적으로 항공사에서는 항공여행에 필요한 제반 서비스를 포괄적으로 포함하여 왕복여정을 기본상품으로 하는 비즈니스 모형을 운영하여 왔다. 그러나 항공시장의 규제완화와 그에 따른 항공사 간 경쟁 확대, 고객 욕구의 다양화 등은 기존 항공사의 비즈니스 모형에 변화를 가져오게 하였다. 고객의 입장에서는 불필요하거나 원하지 않는 서비스를 구매하지 않음으로써 저가에 항공서비스를 이용할 수 있게 되었고, 항공사 입장에서는 고객이 불필요하다고 여기는 서비스들을 분리하여 제공함으로써 운항비용을 낮추게 되었으며, 낮은 기본 운임을 제공하는 대신 고객이 선택적으로 서비스를 이용하게 하여 새로운 여객 수요를 창출할 수 있게 되었다. 대형항공사와 저비용항공사의 비지니스 모델을 비교하면 다음 〈표 12-2〉와 같다.

표 12-2 저비용항공사(LCC) 비지니스 모델 비교

특징	저비용항공사	대형항공사
브랜드	저운임	운임과 서비스
요금체계	단순요금	복잡한 요금체계
판매	온라인 직접 판매	다양한 판매경로(여행사, 온라인 등)
탑승수속	Ticketless	IATA 항공권, Ticketless
노선	지점 대 지점(Point- to- Point)	항공동맹을 통한 코드쉐어링(노선공유)
좌석등급	동일등급좌석	다양한 등급 좌석
항공기 운용	매우 높음	노조협약을 통한 중급운용
턴어라운드 시간	평균 25분	공항혼잡도나 인력에 따라 다양
항공기단	단일기종	다양한 기종
좌석	작은 좌석(Small pitch)	넓은 좌석(Generous pitch)
고객서비스	제한된 서비스	최상의 서비스
운용전략	여객운항에 집중	화물영업도 포함

자료 : 한국항공진흥협회, "저비용항공사 시장진입에 따른 영향평가 및 발전방안 수립".

대한항공과 아시아나항공으로 양분되던 국내 항공시장은 2005년 항공법 개정으로 저비용항공사 설립이 허용되면서 경쟁체제로 재편되었다. 2005년 8월 한성항공(2008년 10월 운항중단을 신청하였다가 2010년 9월 티웨이항공으로 사명을 변경)을 시작으로 2006년 제주항공, 2008년 취항한 진에어, 에어부산, 서울항공, 이스타항공, 에어인천 등 7개의 저비용항공사가 운영 중에 있다. 2016년 국토교통부 항공산업과 항공시장동향에 따르면 저비용항공사들의 탑승률은 2017년 2월 기준으로 진에어 93.3%, 티웨이항공 93.7%로 전년 대비 총체적으로 24.8% 증가한 수치를 보여 저비용항공사의 약진이 두드러진 것으로 나타났다.

3) 국내공항

표 12-3 국내공항 코드

공항명	공항코드		도시명
	IATA	ICAO	
인천국제공항	ICN	RKSI	인천/서울
김포국제공항	GMP	RKSS	서울
김해국제공항	PUS	RKPK	부산
제주국제공항	CJU	RKPC	제주
대구국제공항	TAE	RKTN	대구
청주국제공항	CJJ	RKTU	청주
광주공항	KWJ	RKJJ	광주
무안국제공항	MWX	RKJB	무안
양양국제공항	YNY	RKNY	양양/원주
울산공항	USN	RKPU	울산
사천공항	HIN	R KPS	사천
포항공항	KPO	RKTH	포항
군산공항	KUV	RKJK	군산
여수공항	RSU	RKJY	여수
원주공항	WJU	RKNW	원주
서울공항	SSN	RKSM	–
정석공항	JDG	RKPD	제주

출처: 저자 작성.

(1) 서울공항

서울공항 또는 서울비행장(Seoul Air Base, IATA: SSN, ICAO: RKSM)은 대한민국 경기도 성남시 수정구에 있는 공군 기지이다. 이곳에는 2개의 활주로(19/1, 20/2)가 있으며, 활주로에는 ILS가 갖추어져 있다. 서울공항은 군사시설 위주로 갖추어져 있기 때문에 민항기의 이착륙은 특수 목적을 수행하는 경우가 대부분이다. 대통령의 해외방문 및 해외 국빈들의 방한 시에 자주 이용되며, 비상 시 인천국제공항과 김포국제공항의 대체공항으로도 사용이 가능한 시설이 갖추어져 있다.

(2) 정석공항제주

정석비행장은 제주도 서귀포시 표선면에 위치한 대한항공의 조종사 훈련 비행장이다. 길이 2,330m에 폭 45m 활주로를 갖추고 있고 현재 한국항공대의 비행 훈련장으로도 사용되고 있다.

> "정석비행장은 안개 일수가 많고 활주로가 짧은데다 터미널 편의시설이 없지만 자가용 비행기나 부정기 항로론 활용할 수 있을 것"(원희룡 제주도지사, 2015.11.25, MBN뉴스, 매일경제)

표 12-4 국내항공사(2018. 8. 2 기준)

항공사	편명	취항지	
		국내선	국제선
대한항공	KE	광주, 군산, 대구, 부산, 사천, 여수, 서울(김포), 울산, 원주, 청주	국내 13개 도시, 국제선 43개국 124개 도시
아시아나항공	OZ	광주, 대구, 부산, 사천, 여수, 청주, 서울(김포), 무산	국내선 10개 도시, 국제선 21개국 63개 도시
에어부산	BX	김포, 대구, 울산, 제주	러시아, 동북아, 동남아, 대양주, 중앙아시아
이스타항공	ZE	군산, 김포, 청주, 부산	러시아, 동북아, 동남아
제주항공	7C	부산, 김포, 청주, 광주	상하이(푸동), 시안
진에어	LJ	제주: 부산, 김포, 광주, 청주,	대양주, 미주
티웨이항공	TW	제주: 광주, 대구, 무안, 김포	아시아, 대양주, 러시아
에어포항	RN	제주, 김포	–
에어서울	RS	–	일본, 동남아, 대양주

이스타항공은 2016년 9월 21일부로 복항되었다가 2달여만인 2016년 12월 1일부로 다시 단항이 결정되었다. 그리고 2017년 11월 30일부터 2018년 3월 24일까지 동계스케줄로 복항이 결정되었다. 사실상 동계 시즌 전용 노선으로 운항 중이고, 2018년 하계에도 운휴하며 8월 31일부로 복항이 예정되어 있다

2017년 3월 26일부터 필리핀항공의 마닐라행 노선이 주 2회(수/토) 운항하였으나 2018년 하계스케줄에서는 사라졌다. 대신 에어아시아 X가 2017년 12월 12일부로 주 4회(월/화/수/토) 쿠알라룸푸르 노선을 운항하기 시작하였다.

3 국제항공운송사업

표 12-5 세계 30대 공항 코드

순위	공항코드	공항	국가
1	ATL	Hartsfield – Jackson Atlanta international Airport	USA
2	PEK	Beijing capital international airport	CHINA
3	DXB	Dubai international Airport	UAE
4	HND	Tokyo Haneda Airport	JAPAN
5	LAX	Los Angeles international Airport	USA
6	ORD	O'Hare international Airport	USA
7	LHR	London Heathrow Airport	UK
8	HKG	Hong kong international Airport	HKG
9	PVG	Shanghai Pudong international Airport	CHINA
10	CDG	Paris – Charles de Gaulle Airport	FRANCE
11	AMS	Amsterdam Airport Schiphol	NETHLAND
12	DFW	Dallas/Fort Worth international Airpor	USA
13	CAN	Guangzhou Baiyun international Airport	CHINA
14	FRA	Frankfurt Airport	GERMAN
15	IST	Isanbul Ataturk Airport	TURKY
16	DEL	Indira Gandhi international Airport	INDIA
17	CGK	Soekarno – Hatta international Airport	INDONESIA
18	SIN	Singapore Changi Airport	SINGAPORE
19	ICN	Seoul Incheon international Airport	KOREA
20	DEN	Denver international Airport	–
21	BKK	Bangkok Suvarnabhumi Airport	–
22	JF K	John F. Kennedy international Airport(New York)	–
23	KUL	Kuala Lumpur international Airport	–
24	SFO	San Francisco international Airport	–
25	MAD	Madrid Barajas Airport	–
26	CTU	Chengdu Shuangliu international Airport	–
27	LAS	McCarran international Airport(Las Vegas)	–
28	BCN	Barcelona–El Prat Airport	–
29	BOM	Chhatrapati Shivaji international Airport(Mumbai, India)	–
30	YYZ	Toronto Pearson international Airport	–

자료: http://imfloresta.tistory.com/16(2018.8.6)

SECTION 02 철도교통

1 국내철도

우리나라의 철도산업은 1900년 4월 농상공부에 소속된 철도관련 일을 궁내부로 이관하여 단독부서인 철도원을 설치하면서 본격적으로 시작되었다. 같은 해 7월에 경인철도 전선을 개통하여 경성과 노량진을 오가는 경인 간 직통운전을 개시하였으며 9월에 다시 궁내부에서 서북철도국을 설치하고 경의선과 경원철도의 부설권을 관리하게 하였다. 11월에는 경인철도 개업식을 경성역(후에 서대문역으로 개칭)에서 거행하였는데 총 11개 정거장을 운영하였다.

1902년 5월에는 한국정부의 서북철도국, 경의철도 기공식을 서울 서대문 밖에서 거행하였으며 12월에 경인선과 경부선 철도 합병조약을 체결하였고 이듬해에는 일본 대본영의 내명으로 용산에서 개성까지의 구간에 대한 측량이 실시되었고 경인철도 구간인 서울과 평양 간 부설권이 대한철도회사에게 허가되었으나 9월에 일본과 경의철도에 대한 출자계약 체결로 경부철도회사에서 경인철도를 매수하여 합병하였다.

1904년 2월에 일본에 의해 서울~의주 간 군용철도 부설을 위한 임시군용철도감부 편성되었고 경부선 영등포~초량 간 전구간(445.6㎞) 운수영업 개시하였으며 경의선 용산~개성 간 개통이 있었고 군용철도인 경의선 용산~신의주 간에 1일 2왕복의 지정열차가 운전을 개시하였으며 1906년에 통감부에 철도관리국이 설치되었다.

1908년 4월에 최초로 급행열차인 야간열차가 부산~남대문 간을 식당차를 연결하여 운

행하였고 부산~신의주 간 직통 급행열차인『융희(隆熙)』호가 운행을 개시하였다.

1912년에는 부산~장춘 간 직통 급행운전을 개시하고 부산역과 신의주역에 '스테이션 호텔'을 개업하며 철도여행이 활성화 되는 계기를 만들었다. 1925년 경성역(현재 서울역)에 구내식당으로 서양식 레스토랑을 개업하여 영업을 시작하였다.

1927년에는 시베리아를 경유하여 아세아, 유럽 각국 간과 여객 및 수소화물의 연락운수를 개시하고 아시아 · 유럽의 국제여객 및 수화물연락운수 취급범위를 프라하, 빈, 로마까지 연장하였으며 아시아 · 유럽 연락열차가 부산에서 중국 신징(新京)으로 한국철도 1, 2등차를 직통운행하였다. 또한 영국이 1931년 아시아 · 유럽 연락운수에 가입하여 런던행 여객 및 단체를 취급하다가 1937년에는 소비에트연방을 경유하여 부산, 서울, 평양과 에스토니아, 라트비아, 리투아니아, 독일, 폴란드 간에 화물연락운수가 개시되었다.

표 12-6 서울역(경성역) ~ 유럽 간 철도여행

연도	내용
1927년	시베리아 경유, 아세아, 유럽 간 여객 및 수화물 연락운수 개시
1928년	아시아 · 유럽의 국제여객 및 수화물을 프라하, 빈, 로마까지 연장
1931년	영국이 동참하여 아시아 · 유럽 연락운수, 런던행 여객 및 단체 취급
1937년	소비에트연방을 경유, 부산, 서울, 평양과 에스토니아, 라트비아, 리투아니아, 독일, 폴란드 간에 화물연락운수가 개시

2 국외철도

20세기는 철도교통의 성숙기라고 할 수 있다. 선진국의 경우 철도노선이 신설된 예는 많지 않았지만, 고속운행이 실현되고 특수화물차가 개발되었으며 정교한 교통관리체계가 발달된 것을 비롯해 차량의 안락함이나 안전성이 증진되는 등 기술적인 측면에서 커다란 비약이 이루어졌다. 즉, 오늘날 전 세계 철도노선의 60% 정도는 그 궤도가 표준형으로서 1.435m 폭으로 제작되어 있으며 표준형 궤도 1개의 길이는 30m인 레일을 용접으로 연결하여 기차가 연결부위를 지나갈 때 진동이 없고 부드럽게 해 줌으로써 차량정비 비용도 절감된다.

소련 · 중국 · 일본 · 오스트레일리아 · 캐나다 등지에서는 주요 철도노선의 건설작업이 계속 진행되었고 러시아에서는 시베리아횡단철도가 복선화 되고 1970년까지 대부분의 철도 구간이 전철화되었을 뿐 아니라 많은 노선이 신설되어 세계에서 가장 긴 철도망을 보유하게 되었다. 중국 또한 지닝[濟寧]에서 몽골의 울란바토르까지 철도가 부설되었으며, 일본에서는 도쿄[東京]에서 오사카[大阪]까지 고속전철노선이 개통되었다. 오스트레일리아에서는 원래 각 주(州)마다 철로 궤도의 폭이 달라 어려움이 많았기 때문에 이를 해결하기 위해 표준궤도의 노선을 신설하기 시작했고, 캐나다에서도 앨버타 · 퀘벡 · 브리티시컬럼비아 주와 노스웨스트 준주 등지의 신개척지를 중심으로 철도건설이 활발하게 이루어졌다.

3 철도와 관광

1) 관광열차의 개념

관광열차는 기관차에 객차 등을 연결하여 관광객을 관광목적지까지 열차로 안전 · 신속 · 쾌적하게 이동시키는 중간매체 역할을 하며 열차를 이용하는 관광객에게 포괄적인 요금을 적용하여 여행전체 일정을 모두 책임지는 패키지 기능을 수행한다. 때로는 열차 그 자체가 매력적인 관광대상이 되기도 한다. 등산철도, 모노레일, 강삭

철도, 가공삭도, 특수삭도 등이 있다.

2) 패러다임의 변화

철도를 이용하여 단순히 거리를 이동하는 수단으로서의 역할에서 벗어나 색다른 체험을 할 수 있는 관광수단으로 변화하였다.

그림 12-2 철도와 관광

■ 철도관광의 패러다임

단순 장거리 이동수단에서 색다른 체험 관광수단으로 변화

구분	현재	새로운 패러다임
목적	단순 이동수단	• 창의적 콘셉트(Concept)를 가진 열차로 브랜드화
	점 對 점	• 흐름(면) 권역으로 융합
	단순히 보는 관광	• 체험, 힐링 및 지역경제 활성화, 일자리 창출
운영	단발성	• 지속성, 연결성
	지역축제 파생문화	• 관광지 개발, 여행과 힐링을 창조
	계열사 중심 협력	• 정부, 지자체, 지역기업 등과 협력

■ 철도관광 5대 벨트 구축

관광자원과 권역별 철도 네트워크 연계로 전국을 하나의 네트워크로 연결하는 철도관광벨트

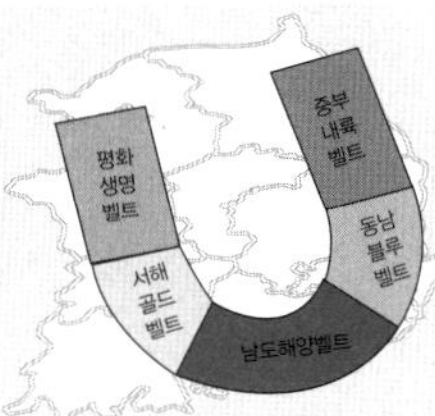

구축계획

관광권역	테마설정	개발구간	관광열차	운영
중부 내륙벨트	폐선지역을 철도로 되살리기	제천-철암-영주	O-Train	'13.04월
		분천-철암	V-Train	'13.04월
남도 해양벨트	남도의 역사와 해양레저	부산-여수엑스포	S-Train	'13.07월
평화 생명벨트	세계유일 DMZ, 평화와 생태보존	도라산-의정부-백마고지	DMZ Train	'13.10월
서해 골드벨트	숨은 보석같은 여행지	천안-익산	G-Train	'13.12월
동남 블루벨트	한국 근대화의 원동력	부산-포항	B-Train	'14.04월

■ 테마열차/체험프로그램 개발

색다른 체험 및 힐링(Healing) 제공, 도 · 농 특성 융합으로 지역경제 활성화 기여, 이를 위한 체험프로그램 및 테마열차 개발

■ 지역 기반 협력 네트워크 구축

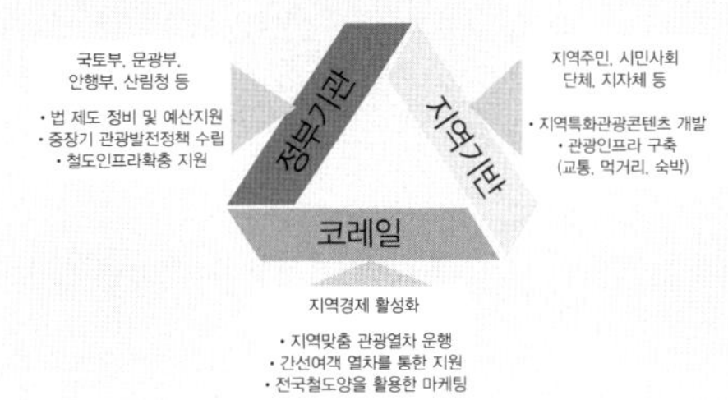

4 전국 KTX 열차 노선

1) 경부선

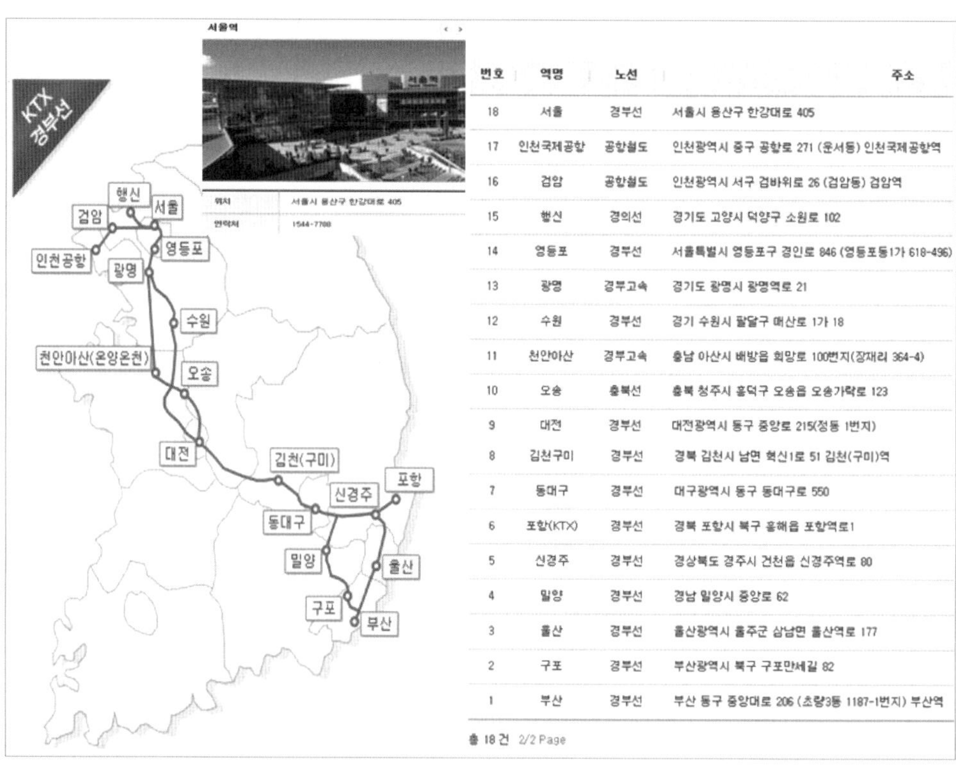

번호	역명	노선	주소
18	서울	경부선	서울시 용산구 한강대로 405
17	인천국제공항	공항철도	인천광역시 중구 공항로 271 (운서동) 인천국제공항역
16	검암	공항철도	인천광역시 서구 검바위로 26 (검암동) 검암역
15	행신	경의선	경기도 고양시 덕양구 소원로 102
14	영등포	경부선	서울특별시 영등포구 경인로 846 (영등포동1가 618-496)
13	광명	경부고속	경기도 광명시 광명역로 21
12	수원	경부선	경기 수원시 팔달구 매산로 1가 18
11	천안아산	경부고속	충남 아산시 배방읍 희망로 100번지(장재리 364-4)
10	오송	충북선	충북 청주시 흥덕구 오송읍 오송가락로 123
9	대전	경부선	대전광역시 동구 중앙로 215(정동 1번지)
8	김천구미	경부선	경북 김천시 남면 혁신1로 51 김천(구미)역
7	동대구	경부선	대구광역시 동구 동대구로 550
6	포항(KTX)	경부선	경북 포항시 북구 흥해읍 포항역로1
5	신경주	경부선	경상북도 경주시 건천읍 신경주역로 80
4	밀양	경부선	경남 밀양시 중앙로 62
3	울산	경부선	울산광역시 울주군 삼남면 울산역로 177
2	구포	경부선	부산광역시 북구 구포만세길 82
1	부산	경부선	부산 동구 중앙대로 206 (초량3동 1187-1번지) 부산역

총 18 건 2/2 Page

2) 호남선

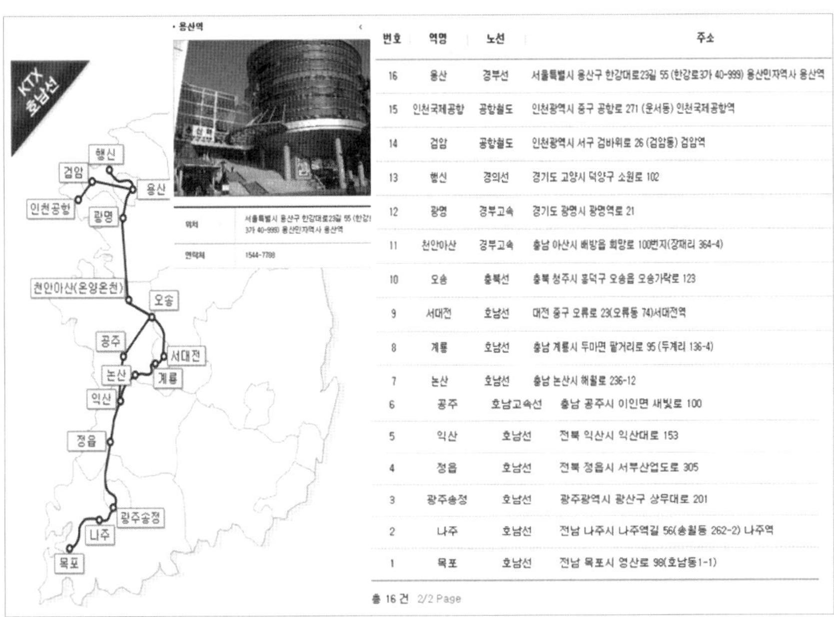

번호	역명	노선	주소
16	용산	경부선	서울특별시 용산구 한강대로23길 55 (한강로3가 40-999) 용산민자역사 용산역
15	인천국제공항	공항철도	인천광역시 중구 공항로 271 (운서동) 인천국제공항역
14	검암	공항철도	인천광역시 서구 검바위로 26 (검암동) 검암역
13	행신	경의선	경기도 고양시 덕양구 소원로 102
12	광명	경부고속	경기도 광명시 광명역로 21
11	천안아산	경부고속	충남 아산시 배방읍 희망로 100번지(장재리 364-4)
10	오송	충북선	충북 청주시 흥덕구 오송읍 오송가락로 123
9	서대전	호남선	대전 중구 오류로 23(오류동 74)서대전역
8	계룡	호남선	충남 계룡시 두마면 팥거리로 95 (두계리 136-4)
7	논산	호남선	충남 논산시 해월로 236-12
6	공주	호남고속선	충남 공주시 이인면 새빛로 100
5	익산	호남선	전북 익산시 익산대로 153
4	정읍	호남선	전북 정읍시 서부산업도로 305
3	광주송정	호남선	광주광역시 광산구 상무대로 201
2	나주	호남선	전남 나주시 나주역길 56(송월동 262-2) 나주역
1	목포	호남선	전남 목포시 영산로 98(호남동1-1)

총 16 건 2/2 Page

3) 경전선

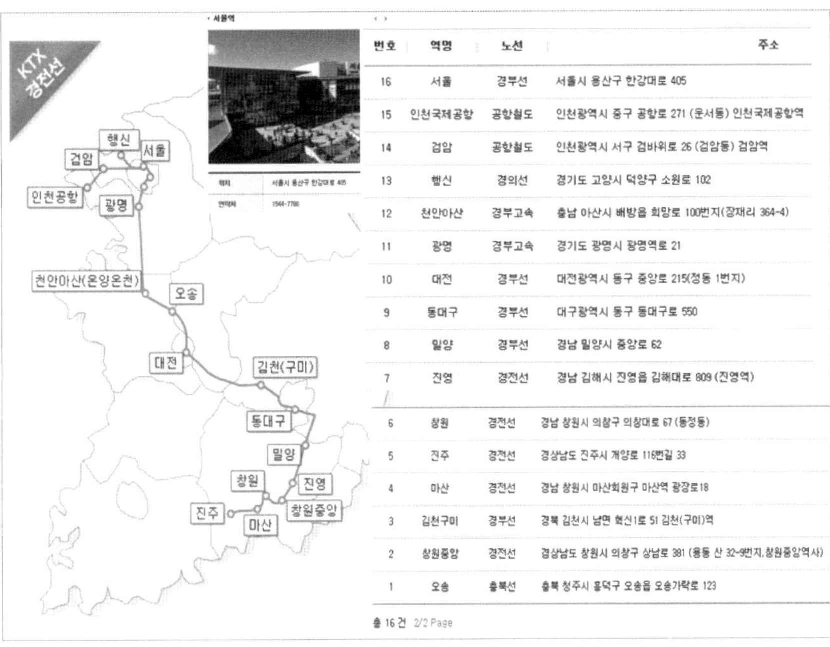

번호	역명	노선	주소
16	서울	경부선	서울시 용산구 한강대로 405
15	인천국제공항	공항철도	인천광역시 중구 공항로 271 (운서동) 인천국제공항역
14	검암	공항철도	인천광역시 서구 검바위로 26 (검암동) 검암역
13	행신	경의선	경기도 고양시 덕양구 소원로 102
12	천안아산	경부고속	충남 아산시 배방읍 희망로 100번지(장재리 364-4)
11	광명	경부고속	경기도 광명시 광명역로 21
10	대전	경부선	대전광역시 동구 중앙로 215(정동 1번지)
9	동대구	경부선	대구광역시 동구 동대구로 550
8	밀양	경부선	경남 밀양시 중앙로 62
7	진영	경전선	경남 김해시 진영읍 김해대로 809 (진영역)
6	창원	경전선	경남 창원시 의창구 의창대로 67 (동정동)
5	진주	경전선	경상남도 진주시 개양로 116번길 33
4	마산	경전선	경남 창원시 마산회원구 마산역 광장로18
3	김천구미	경부선	경북 김천시 남면 혁신1로 51 김천(구미)역
2	창원중앙	경전선	경상남도 창원시 의창구 상남로 381 (용동 산 32-9번지,창원중앙역사)
1	오송	충북선	충북 청주시 흥덕구 오송읍 오송가락로 123

총 16 건 2/2 Page

4) 전라선

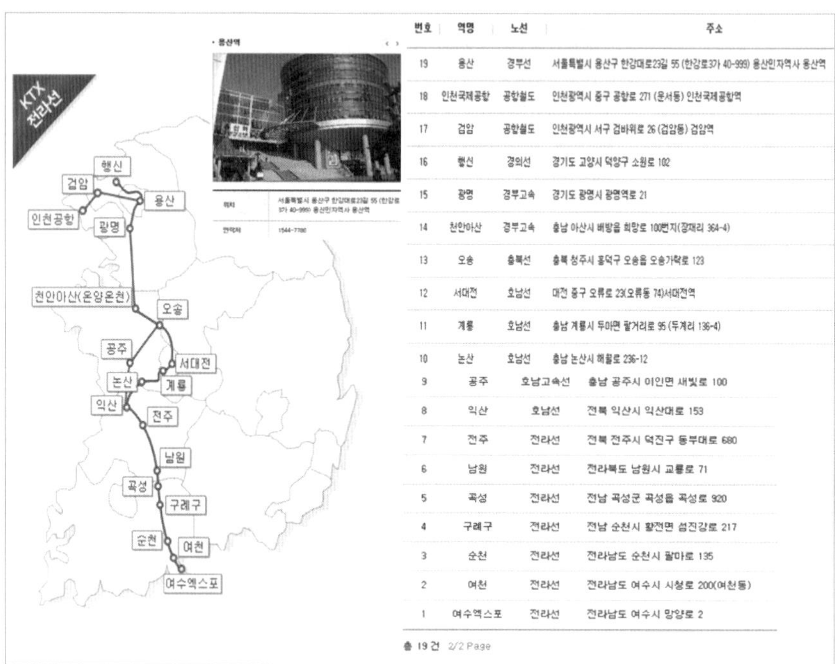

번호	역명	노선	주소
19	용산	경부선	서울특별시 용산구 한강대로23길 55 (한강로3가 40-999) 용산민자역사 용산역
18	인천국제공항	공항철도	인천광역시 중구 공항로 271 (운서동) 인천국제공항역
17	검암	공항철도	인천광역시 서구 검바위로 26 (검암동) 검암역
16	행신	경의선	경기도 고양시 덕양구 소원로 102
15	광명	경부고속	경기도 광명시 광명역로 21
14	천안아산	경부고속	충남 아산시 배방읍 희망로 100번지(장재리 364-4)
13	오송	충북선	충북 청주시 흥덕구 오송읍 오송가락로 123
12	서대전	호남선	대전 중구 오류로 23(오류동 74)서대전역
11	계룡	호남선	충남 계룡시 두마면 팥거리로 95 (두계리 136-4)
10	논산	호남선	충남 논산시 해월로 236-12
9	공주	호남고속선	충남 공주시 이인면 새빛로 100
8	익산	호남선	전북 익산시 익산대로 153
7	전주	전라선	전북 전주시 덕진구 동부대로 680
6	남원	전라선	전라북도 남원시 교룡로 71
5	곡성	전라선	전남 곡성군 곡성읍 곡성로 920
4	구례구	전라선	전남 순천시 황전면 섬진강로 217
3	순천	전라선	전라남도 순천시 팔마로 135
2	여천	전라선	전라남도 여수시 시청로 200(여천동)
1	여수엑스포	전라선	전라남도 여수시 망양로 2

총 19 건 2/2 Page

5) 강릉선

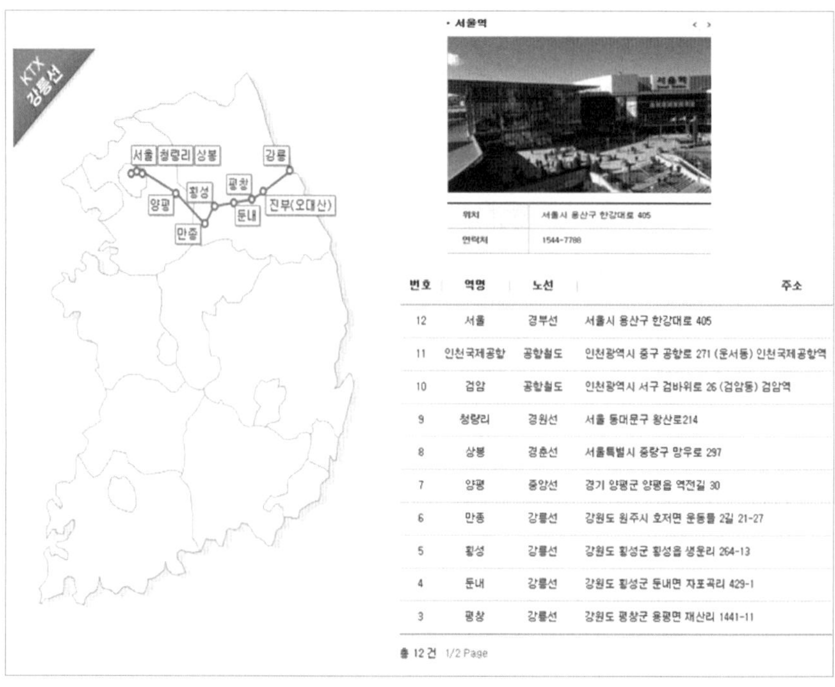

위치	서울시 용산구 한강대로 405
연락처	1544-7788

번호	역명	노선	주소
12	서울	경부선	서울시 용산구 한강대로 405
11	인천국제공항	공항철도	인천광역시 중구 공항로 271 (운서동) 인천국제공항역
10	검암	공항철도	인천광역시 서구 검바위로 26 (검암동) 검암역
9	청량리	경원선	서울 동대문구 왕산로214
8	상봉	경춘선	서울특별시 중랑구 망우로 297
7	양평	중앙선	경기 양평군 양평읍 역전길 30
6	만종	강릉선	강원도 원주시 호저면 운동들 2길 21-27
5	횡성	강릉선	강원도 횡성군 횡성읍 생운리 264-13
4	둔내	강릉선	강원도 횡성군 둔내면 자포곡리 429-1
3	평창	강릉선	강원도 평창군 용평면 재산리 1441-11

총 12 건 1/2 Page

5 국내 일반철도노선

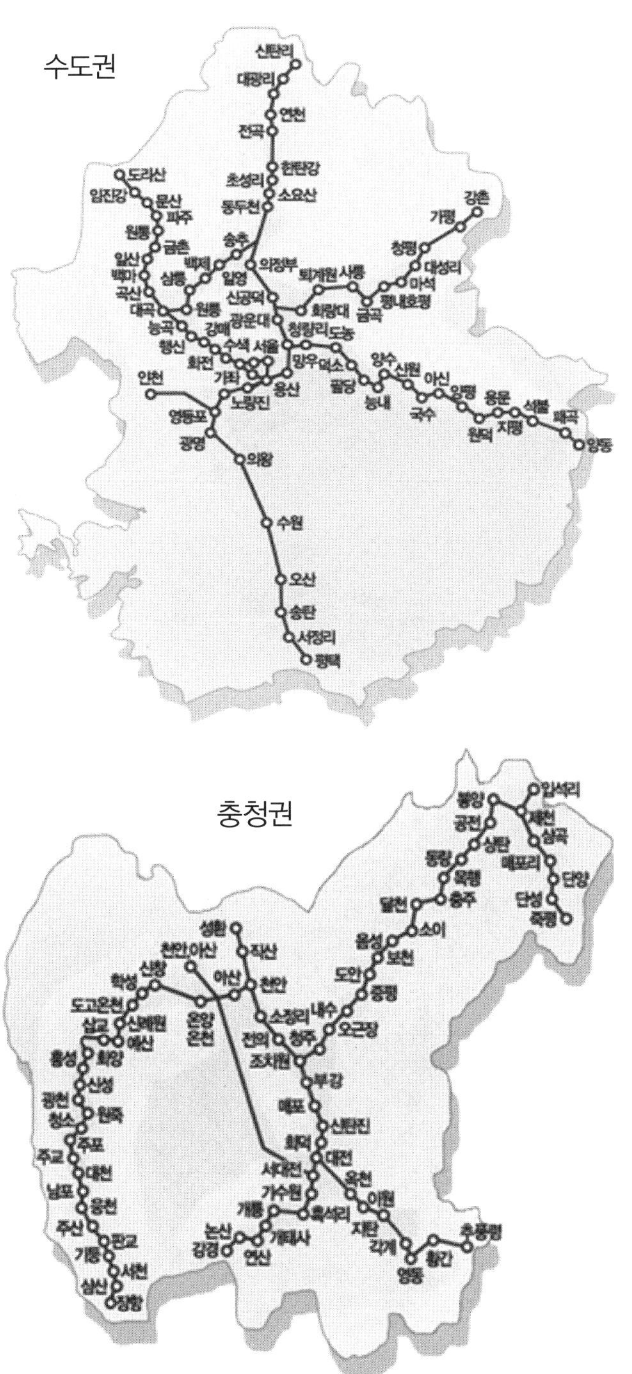
수도권
신탄리
대광리
연천
전곡
한탄강
초성리
소요산
동두천
도라산
임진강
문산
파주
월롱
금촌
일산
백마
곡산
대곡
능곡
행신
화전
송추
백제
삼릉
일영
원릉
강매
수색
가좌
의정부
신공덕
광운대
퇴계원
사릉
금곡
평내호평
마석
대성리
청평
가평
강촌
화랑대
청량리
도농
서울
망우
덕소
팔당
양수
신원
능내
아신
국수
양평
원덕
용문
지평
석불
매곡
양동
인천
영등포
노량진
용산
광명
의왕
수원
오산
송탄
서정리
평택
충청권
입석리
봉양
제천
공전
삼곡
상탄
동량
목행
매포리
단양
달천
충주
단성
죽령
소이
음성
보천
성환
직산
천안아산
아산
천안
신창
학성
도고온천
신례원
예산
십교
온양온천
도안
증평
내수
소정리
오근장
전의
청주
조치원
부강
매포
신탄진
회덕
대전
서대전
옥천
가수원
이원
개통
흑석리
지탄
각계
논신
개태사
강경
연산
영동
황간
추풍령
홍성
화양
신성
광천
청소
원죽
주포
주교
대천
남포
웅천
주산
판교
기동
서천
삼산
장항

강원권
춘천
백양리
남춘천
경강
강촌
김유정
강릉
정동진
묵호
동해
구절리
아우라지
나전
미로
정선
선평
신기
고사리
마차리
별어곡
증산
판대
동화
만종
원주
간현
반곡
신림
쌍룡
석항
영월
연하
예미
고한
자미원
사북
추전
도계
태백
통리
문곡
백산
철암
동점
경상권
동점
석포
승부
분천
춘양
임기
법전
거촌
봉화
희방사
풍기
문단
영주
봉성
녹동
현동
어등
평은
문수
옹천
개포
용궁
점촌
예천
미사
이하
안동
함창
운산
단촌
백원
의성
상주
청리
옥산
탑리
구미
사곡
우보
화본
직지사
이포
약목
왜관
신녕
봉림
김천
연화
신동
북영천
지천
대구
화산
영천
반야월
봉정
동대구
청천
임포
가천
금강
하양
건천
경산
삼성
남성현
청도
상동
밀양
삼랑진
낙동강
원동
덕산
한림정
화명
물금
구포
중리
창원
진례
진영
함안
군북
진주
완사
북천
횡천
하동
반성
마산
창원
중앙
장유
성주사
사상
가야
부산진
센텀
신해운대
범일
부전
진해
경화
부산
신항
부산
포항
부조
양자동
효자
안강
나원
서경주
경주
모량
불국사
죽동
입실
모화
호계
효문
태화강
덕하
남창
서생
월내
좌천
기장

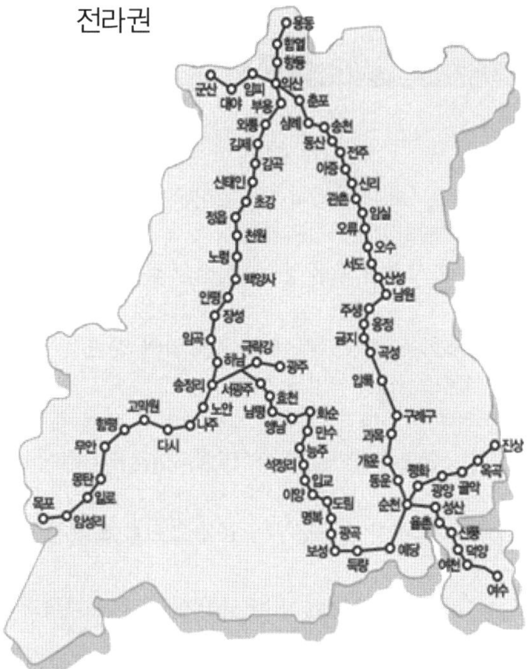

프리미엄 고속버스 추가·확대 운행횟수 노선도

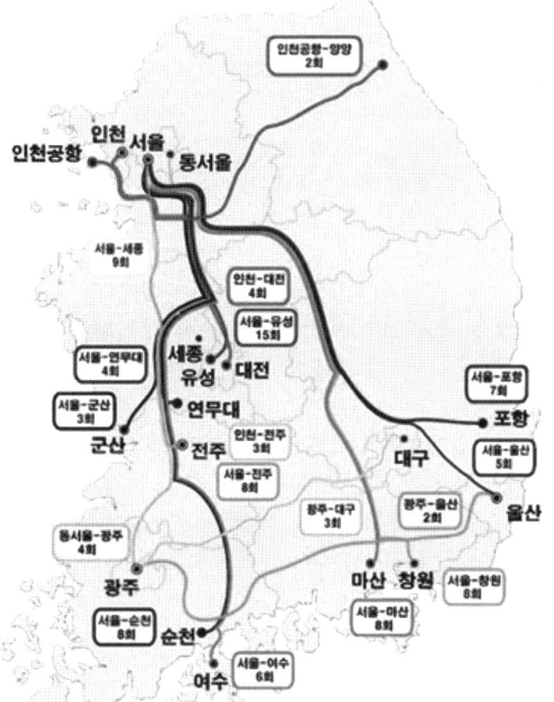

국토교통부 대중교통과(2018. 06. 24)

참고문헌

강재구, 최정자, 임미라, 박소영(2015), 「MICE산업의 이해」, 한올출판사.

고상동 · 원문규(2014), 「리조트 경영과 개발」, 백산출판사.

곽영진(1993), DEA를 이용한 대학도서관의 효율성추세분석, 「경영논총 IX(1)」, 「충남대학교」, 183-206.

구문모, 남장근, 이상직, 박진수, 조희문(1999), 지식서비스산업의 발전전략(1)-영상, 음반, 출장, 관광, 의류서비스, 교육서비스산업, 「산업연구원」.

김병문 · 김현지, 2010, 「국제관광의 이해」, 백산출판사.

김용상 · 정석중 · 이봉석 · 심인보 · 김천중 · 이주형 · 이미혜 · 김창수 · 이재섭 · 박승영(2017), 「관광학」, 백산출판사.

김재홍(2000), 도 · 농 통합 행정구역 개편이 지방정부의 효율성 변화에 미친 영향 연구, 「한국정책학회보」, 9(2).

김창완(2011), 마리나 항만 개발의 문제점 및 개선방안에 관한 연구, 한양대학교.

대한민국 하늘을 난 최초의 한국인 비행사 '안창남'.

문춘걸(1998), 자료포락분석법 및 그 변형기법을 통한 공공부문의 생산성 측정, 「한국조세연구원」.

손승태(1993), 일반적으로 인정된 변수집합을 이용한 국내 은행의 생산성 측정, 「추계학술연구발표논문집」. 「 한국경영학회」.

손정미(2012), 「컨벤션경영전략과 기획」, 한올출판사.

송용주(2016), MICE산업 인프라 구축의 문제점과 개선과제, 한국경제연구원, 16-09.

신유근 외(1988), 조직환경론, 다산출판사.

심동희, 김형경, 김재준(2001), 호텔산업의 효율성 분석. 「관광학연구」, 25(3).

양희원, 송운강(2013), '관광계절성에 관한 연구' 「관광학연구」, 37-7, pp. 129~148.

유도재(2006), 「리조트 경영론」, 백산출판사.

윤경준(1997), DEA를 통한 보건소의 효율성 측정, 「한국정책학회보」, 5(1).

윤대순 · 구본기 · 윤기명 · 이경숙 · 최현묵(2018), 여행업경영론, 기문사.

이상열(2016), '성공적인CVB 운영전략', 경주화백컨벤션뷰로 활성화 포럼. 2016.

이상직, 이태희, 김우곤(2000), 관광산업의 발전방안, 「산업연구원」.

이영조 외(2004), 행정학원론, 학우.

이창원, 최창현, 권해수(1998), 지방자치단체의 조직효과성 평가에 관한 연구: 계층분석절차 기법을 이용한 평가지표의 개발 및 적용, 「한국행정학보」, 32(1).

이창원, 최창현(1996), 『새조직론』. 대영문화사.

전용수 외(2002), 효율성 평가를 위한 자료포락분석, 인하대출판부.

정성채(2015), 「호텔경영론」, 백산출판사.

조영희(2010), "한국 일반항공사와 저가항공사의 서비스가치 결정요인에 관한 비교연구", 박사학

위논문, 경기대학교 대학원, 33-34.

조한철(1991), 한국관광산업의 국제경쟁력 강화방안, 「경주대 논문집」, vol. 3.

지봉구(2001), 정보화가 관광경쟁력에 미치는 영향에 관한 연구, 「한국관광정책학연구」, vol. 7.

최창현 역(1992), 행정조직이론, 대영문화사(Harmon, Michael M. and Meyer, Richard T.(1986), Organization Theory for Public Administration, Little Brown and Company).

최창현(1996), 조직사회학, 학문사.

한국관광공사, 『관광수지 흑자달성을 위한 관광진흥방안 연구』, 1993, 365~369쪽.

홍봉영, 김강정(2004), DEA에 의한 국내 호텔산업의 효율성 측정, 「관광학연구」 27(4), 105-126.

홍성화(2014), 「MICE 산업론」, 백산출판사.

Ahn, T., A. Charnes, and W. W. Cooper(1988), Some Statistical and DEA Evaluations of Relative Efficiencies of Public and Private Institutions of Higher Learning, 「Socio-Economic Planing Science」 Vol.22, No.6, 259-269.

Banker R.D. and Morey R.C.(1986) Efficiency analysis for exogenously fixed inputs and outputs, 「Ops. Res」., 34, 513-521.

Banker, R. D., A. Charnes, and W. W. Cooper(1984), Some Models for Estimating Technical and Scale Inefficiencies in Data Envelopment Analysis, 「Management Science」 Vol.30, No.9, 1078-1092.

Banker, R. D., R. F. Conrad, and R. P. Strauss(1986), A Comparative Application of Data Envelopment Analysis and Translog Methods: An Illustrative Study of Hospital Production, 「Management Science」 Vol.32, No.1, 30-44.

Bessent, A. M., E. W. Bessent, J. Kennington, and B. Regan(1982), An Application of Mathematical Programming to Assess Productivity in the Houston Independent School District, 「Management Science」 Vol.28, No.12, 1355-1367.

Brockett, P. L., B. Golany, and S. Li(1999), Analysis of Intertemporal Efficiency Trends Using Rank Statistics With an Application Evaluating the Macro Economic Performance of OECD Nations, 「Journal of Productivity Analysis」 Vol.11, No., 169-182.

Chan, P. S., and T. Sueyoshi(1991), Environmental-Change, Competition, Strategy, Structure and Firm Performance-an Application of Data Envelopment Analysis in the Airline Industry, 「International Journal of Systems Science」 Vol.22, No.9, 1625-1636.

Charnes A., Cooper W.W. and Rhodes E.(1978), Measuring the Efficiency of Decision making Units, Eur. 「J. Opl. Res 2」, 429-444.

Charnes A., Cooper W.W. and Rhodes E.(1981), Evaluating Program and Managerial Efficiency: An Application of Data Envelopment Analysis to Program Follow Through, 「Management Science」 Vol.27, No.6, 668-697.

Debreu, G.(1951), the Coefficient of Resource Utilization, 「Economerica」 Vol.19, 273-292.

Farrell M.J. and Fieldhouse M.(1962) Estimating efficient production functions under increasing returns to scale, 「J.R. Statis. Soc. Series A 125」, 252-267.

Farrell M.J.(1957) The measurement of productive efficiency, 「J.R. Statis. Soc. Series A 120」, 253–281.

Fernandes, E., and R. R. Pacheco(2002), Efficient Use of Airport Capacity, 「Transportation Research: Part A」 Vol.7, 225–238.

Fried, H. O., C. A. K. Lovell, and P. Vanden Esckaut(1993), Evaluating the Performance of US Credit Unions, 「Journal of Banking & Finance」 Vol.17, 251–265.

Fried, H. O., S. S. Schmidt, and S. Yaisawarng(1998), Productive, Scale and Scope Efficiencies in U.S. Hospital–based Nursing Homes, 「INFOR」 Vol.36, No.3, 103–119.

Gillen, D., and A. Lall(1997),Developing Measures of Airport Productivity and Performence: An Application of Data Envelopment Analysis, Transportation Research: Part E: 「Logistics and Transportation Review」 Vol.33, No.4,261–273.

Giokas, D. I.(2001), Greek Hospitals: How Well Their Resources are Used, 「Omega」 Vol.29, 73–83.

Glass, J. C., D. G. McKillop, and G. O'Rourke(1998), A Cost Indirect Evaluation of Productivity Change in UK Universities, 「Journal of Productivity Analysis」 Vol.10, No.2, 153–175.

Golany, B., and S. Thore(1997), The Economic and Social Performance of Nations: Efficiency and Return to Scale, 「Socio–Economic Planning Science」 Vol.31, No.3, 191–204.

Grosskopf, S., D. Margaritis, and V. Valdmanis(1995), Estimating Output Substitutability of Hospital Service: A Distance Function Approach, 「European Journal of Operational Research」 Vol.80, No.3, 575–587.

Herzberg(1993), Frederick The Motivation to Work, Routledge Maslow, Abraham(1954). Motivation and Personality, New York: Harper & Low.

Johnes, G., and J. Johnes(1993), Measuring the Research Performance of UK Economics Department: An Application of Data Envelopment Analysis, 「Oxford Economic Papers」 Vol.45, No.2, 332–347.

Kao, C and YC Lin, Comparing University Libraries of Different University Size, 「LIBRA」, 49(3) Sep. 1999, pp. 150–158.

Koopmans, T. C.(1951), An Analysis of Production as an Efficient Combination of Activity Analysis of Production and Allocation(T. C. Koopmans, Ed.), 33–97. Wiley, New York.

Kooreman, P.(1994), Nursing Home Care in the Netherlands: A Nonparametric Efficiency Analysis, 「Journal of Health Economics」 Vol.13, No.3, 301–316.

Lewin, A. Y., R. C. Morey, and T. J. Cook(1982), Evaluating the Administrative Efficiency of Courts, 「Omega」 Vol.10, No.4, 42–49.

Martin, J. C., and C. Roman(2001), An Application of DEA to Measure the Efficiency of Spanish Airports Prior to Privatization, 「Journal of Air Transport Management」Vol.7, 149–157.

McGregor, Douglas(1960), The Human Side of Enterprise, New York: Mcgraw–Hill.

Mensah, Y. M., and S.–H. Li(1993), Measuring Production Efficiency in a Not–for–profit Setting: An Extension, 「Accounting Review」 Vol.68, No.1, 66–88.

Miller, S. M., and A. G. Noulas(1996), The Technical Efficiency of Large Bank Production, 「Journal of Banking & Finance」Vol.20, No.3, 495–509.

Morey, M. R., and R. C. Morey(1999), Mutual Fund Performance Appraisals: A Multi–horizon Perspective with Endogenous Benchmarking, 「Omega」Vol.27, No.2, 241–258.

Nyman, J. A., D. L. Bricker, and D. Link(1990), Technical Efficiency in Nursing Homes, 「Medical Care」Vol.28, No.6, 541–551.

Olesen, O. B., and N. C. Petersen(2002), The Use of Data Envelopment Analysis with Probabilistic Assurance Regions for Measuring Hospital Efficiency, 「Journal of Productivity Analysis」Vol.17, No,1–2, 83–109.

Parkan, C., and M.–L. Wu(1999), Measurement of the Performance of an Investment Bank using the Operational Competitiveness Rating Procedure, 「Omega」Vol.27, No.2, 201–217.

Pels, E., P. Nijkamp, and P. Rietveld(2001), Relative Efficiency of European Airports, 「Transport Policy」Vol.8, 183–192.

Raab, R., and R. Lichty(1997), An Efficiency Analysis of Minnesota Counties: A Data Envelopment Analysis Using 1993 IMPLAN Input–Output Analysis, 「Journal of Regional Analysis and Policy」Vol.27, No.1, 75–93.

Rosko, M. D.(1999), Impact of Internal and External Environmental Pressures on Hospital Inefficiency, 「Health Care Management Science」Vol.2, 63–74.

Sarrico, C. S., S. M. Hogan, R. G. Dyson, and A.D. Athanassopoulos(1997), Data Envelopment Analysis and University Selection, 「Journal of the Operational Research Society」Vol.48, No.12, 1163–1177.

SEIFORD L.M.(1989) A bibliography of data envelopment analysis, Working paper, Dept of Industrial Engineering and Operations Research, University of Amherst, MA 01003, USA.

SEIFORD L.M., and R. M. Thhrall(1990), Recent Developments in DEA: The Mathematical Programming Approach to Frontier Analysis, 「Journal of Economics」Vol.46, No.1–2, 154–163.

Sherman, H. D., and F. Gold(1985), Bank Branch Operating Efficiency: Evaluation with Data Envelopment Analysis, 「Journal of Banking and Finance」Vol.9, No.2, 297–315.

Simeone, W. J., and H. C. Li(1997), Credit Union Performance: An Evaluation of Rhode Island Institution, 「American Business Review」Vol.15, No.1, 99–105.

Taylor, Frederick W.(1967), The Principles of Scientific Management, NewYork: W. W. Norton & Company.

Thanassoulis, E.(1995), Assessing Police Forces in England and Wales using Data Envelopment Analysis, 「European Journal of Operational Research」Vol.87, No.3, 641–657.

Weber, Max(1947), The Theory of Social and Economic Organization, trans, A. M. Parsons and T Parsons, New York Free Press.

Yue, P.(1992), Data Envelopment Analysis and Commercial Bank Performance: A Primer with Applications to Missouri Banks, Federal Reserve Bank of St. 「Louis Review」Vol.74, No.1, 31–45.

Zhu, J.(2001), Multidimensional Quality–of–life Measure with an Application to Fortune's Best

Cities, 「Socio-Economic Planning Science」 Vol.35, 263-284.

http://100.daum.net/encyclopedia/view/14XXE0052272

http://bio-translation.blogspot.com/2015/12/golf-dictionary.html#!/2015/12/golf-dictionary.html

http://blog.daum.net/_blog/BlogTypeView.do?blogid=0s03L&articleno=309&_bloghome_menu=recenttext

http://cafe.daum.net/Ttransportation

http://cafe.daum.net/Ttransportation/2eqg

http://hyojinpark.tistory.com/90

http://info.korail.com/mbs/www/subview.jsp?id=www_010102070000)(한국철도공사)

http://seogwipo.grandculture.net/Contents?local=seogwipo&dataType=01&contents_id=GC04600323

http://www.jisikmall.com/557309.%EB%A7%88%EB%A6%AC%EB%82%98+%EB%A6%AC%EC%A1%B0%ED%8A%B8

http://www.jisikmall.com/557309.%EB%A7%88%EB%A6%AC%EB%82%98+%EB%A6%AC%EC%A1%B0%ED%8A%B8

http://www.kcomia.or.kr/xe/korea/135695

http://www.kintex.com/client/c040201/c040201_01.jsp

http://www.kookje.co.kr/news2011/asp/newsbody.asp?code=0200&key=20161010.22019195127 (영국의 해양스포츠)

http://www.law.go.kr/lsEfInfoP.do?lsiSeq=182059

http://www.letskorail.com/ebizprd/stationKtxList.do

http://www.museum.seoul.kr/archive/archiveList.do?type=D&arcvGroupNo=2837

http://www.vauxhallgardens.com/vauxhall_gardens_briefhistory_page.html

https://ko.wikipedia.org/wiki/%EA%B2%8C%EC%8A%A4%ED%8A%B8%ED%95%98%EC%9A%B0%EC%8A%A4

https://m.visitkorea.or.kr/LocalAreaMain.do?method=getDetailDB&cid=128811

https://prezi.com/dnkrpw8zyfxj/presentation/

https://www.hotelrating.or.kr/syst_intro.do

https://www.pinterest.co.kr/pin/512214157610856776/

https://www.thevintagenews.com/2016/10/31/this-is-the-oldest-amusement-park-in-the-world/

https://www.tripadvisor.com/TravelersChoice-Hotels-cTop-g1

https://www.tripadvisor.com/TravelersChoice-Hotels-cTop-g294196

https://www.youthhostel.or.kr/

찾아보기

ㅈ

공저자 소개

최창현

- 뉴욕주립대 행정학 및 정책학 박사, 금강대 글로벌 융합학부 초빙교수, 한국행정학회 부회장, 한국조직학회 회장, 문광부 컨텐츠 미래전략 포럼 연구위원, 관동대 관광학부 겸임교수
- 뉴욕주립대 록펠러 행정대학원 객원교수, RPI 테크노 경영대학원 초빙교수, University of South Carolina 대학 초빙교수, 파고다 외국어학원 TOEIC 강사 역임
- 문화력으로서 한류이야기, 카오스경영, *Introducing Public Administration: Made Simple for TOEIC*, 조사방법론, 행정학으로의 초대, 정책학으로의 초대, 국력이란 무엇인가, 행복이 뭘까요?, 복잡계로 바라본 조직관리 등 40여 권의 저서, 공저 및 역서가 있고 국력요소 중 소프트파워로서의 문화경쟁력 비교분석 연구 등 논문 40여 편이 있다.

임선희

- 현재 경주대학교 항공 · 관광경영학부 조교수, 영어영문학 학사로 영국 스털링대학과 본머쓰 대학에서 수학 후 국제관광경영학 석사, 경주대학교에서 '스토리텔링을 통한 문화유산관광 콘텐츠활성화전략' 연구로 관광학박사학위 취득. 대동대학교 겸임교수 및 동의대학교 등에서 국제회의 및 국제관광 강의, 국내 · 외 호텔에서 근무.
- 전 사)대한관광경영학회 이사역임. 현 사)한국마이스융합리더스포럼 이사, 사)경상북도 마이스관광진흥원 원장 역임.
- 논문으로는 '스토리텔링을 통한 문화유산관광 활성화방안 – 프랑스 앙보와즈고성의 야간스펙터클 사례를 중심으로–' 외 문화유산관광활성화 방안 관련 및 호텔, 컨벤션관련 연구가 있으며 저서로는 '호텔영어', '영화로 보는 관광 · 호텔영어', '문화력으로서 한류 이야기'가 있다.

관광학개론

초판발행 2019년 2월 15일

지은이 최창현 · 임선희
펴낸이 안종만

편 집 배근하
표지디자인 권효진
기획/마케팅 정연환
제 작 우인도 · 고철민

펴낸곳 (주) 박영사
서울시 종로구 새문안로 3길 36, 1601
등록 1959. 3. 11. 제300-1959-1호(倫)
전 화 02)733-6771
f a x 02)736-4818
e-mail pys@pybook.co.kr
homepage www.pybook.co.kr
ISBN 979-11-3030682-7 93320

copyright©최창현 · 임선희, 2019, Printed in Korea

* 잘못된 책은 바꿔드립니다. 본서의 무단복제행위를 금합니다.
* 저자와 협의하여 인지첩부를 생략합니다.

정 가 22,000원